AF425945

HISTÓRIA CONTEMPORÂNEA

Direcção da Colecção História Contemporânea
Maria Manuela Tavares Ribeiro

Os originais enviados são sujeitos a apreciação científica por *referees*

Coordenação Editorial
Maria João Padez Ferreira de Castro

Edição
Imprensa da Universidade de Coimbra
Email: imprensauc@ci.uc.pt
URL: http://www.uc.pt/imprensa_uc
Vendas online: http://siglv.uc.pt/imprensa/

Design
António Barros

Pré-Impressão
António Resende

Print by
CreateSpace

ISBN
978-989-8074-85-0

ISBN Digital
978-989-26-0417-6

DOI
http://dx.doi.org/10.14195/978-989-26-0417-6

Depósito Legal
297975/09

Obra publicada com a colaboração de:

SÉRGIO NETO

COLÓNIA MÁRTIR COLÓNIA MODELO

Cabo Verde no pensamento ultramarino português

(1925-1965)

IMPRENSA DA UNIVERSIDADE DE COIMBRA
COIMBRA UNIVERSITY PRESS

2 0 0 9 • C O I M B R A

<h1 style="text-align:center">Sumário</h1>

Agradecimentos 7

Prefácio 9

Introdução 17

I – Propaganda, colonialismo e antropologia 25

1.1. O Homem europeu e o (continente) africano 25

    1.1.1. No reino do Outro 25

    1.1.2. Se Deus criou e Linée classificou, que fez Gobineau? 28

    1.1.3. Deus criou o Homem e o Português criou o Mulato 39

1.2. O pensamento colonial português – entre o Terceiro e o Quinto Império 47

    1.2.1. Nos tempos da «mística imperial» 47

    1.2.2. O Luso-tropicalismo – nova ideologia ou velha crença? 59

II – Cabo Verde na encruzilhada de três continentes 73

2.1. Colonos, escravos e corsários 73

2.2. Nativismo, regionalismo e nacionalismo 80

    a) Do nativismo 85

    b) Do regionalismo 88

    c) Do nacionalismo 93

2.3. Cabo Verde visto por Gilberto Freyre ou a história de um múltiplo
mal-entendido 98

III – A construção do paradigma luso-tropical 113

3.1. Nos tempos do «Cabo Seco» 113

    3.1.1. Desventuras da «colónia mártir» 113

    3.1.2. Das ilhas adjacentes ao Portugal crioulo 122

    3.1.3. Cabo Verde na África misteriosa 133

3.2. Continuidades e rupturas do paradigma 142

    3.2.1. A resposta da propaganda 142

a) O modelo 142

b) Na imprensa do regime 145

c) Na imprensa africana em Portugal 148

d) Outros ecos 150

3.2.2. A sentinela lusíada, chave do Atlântico 155

3.2.3. A(s) voz(es) do Boletim de Propaganda e Informação 164

IV – VISÕES DE CABO VERDE 177

4.1. A colónia à luz da metrópole 177

4.1.1. Sob o signo do mar 177

4.1.2. A morna como fado tropical 181

4.2. Cabo Verde no roteiro do Mundo Português 184

4.2.1. S. Tomé e Príncipe ou o modelo concorrente 184

4.2.2. Um destino luso-tropical para Angola? 190

4.2.3. Do Atlântico médio às margens do Mandovi 195

CONCLUSÕES 201

FONTES E BIBLIOGRAFIA 207

Periódicos 207

Artigos e Livros 209

Bibliografia 218

Agradecimentos

Como não poderia deixar de suceder, o trabalho que se segue é também o resultado do contributo amigo de diversas pessoas. A elas e às instituições que apoiaram a investigação uma homenagem é devida. Enunciar todas extravasaria, sem dúvida, o curto espaço usualmente reservado a uma rubrica desta natureza. Mas, como a amizade não ocupa lugar, aqui ficam os agradecimentos julgados necessários.

Começando pelas instituições, cumpre dirigir uma palavra de reconhecimento à Fundação Calouste Gulbenkian, cujo Prémio Estímulo à Investigação atribuído foi determinante para custear as duas viagens de estudo empreendidas a Cabo Verde e uma outra a S. Tomé e Príncipe, assim como todo o processo que agora culmina. Ao Centro de Estudos Interdisciplinares do Século XX (CEIS20), no qual fui integrado na qualidade de bolseiro/colaborador, um especial obrigado por todas as facilidades concedidas. À Biblioteca Geral da Universidade de Coimbra e ao Arquivo Histórico Nacional de Cabo Verde, espaços onde passei muito tempo em busca de respostas, uma menção de apreço, sobretudo aos seus funcionários.

E, muito embora, em tom irónico, Umberto Eco refira que não é mais do que a sua obrigação (do orientador) auxiliar, cabe também, e sobretudo, expressar um largo reconhecimento ao meu orientador, mestre e amigo, o Doutor Luís Reis Torgal, cujos conselhos se mostraram inestimáveis em todas as fases do trabalho. Tal agradecimento estende-se à Doutora Maria Manuela Tavares Ribeiro e ao Doutor Fernando Catroga.

De igual modo, a todos aqueles que me acompanharam de mais próximo, ou seja, no dia-a-dia, endereço a minha sentida gratidão: à Cathy, pelos seus incentivos chegados d'aquém e d'além mar; aos colegas/amigos em Coimbra, José Mendes, Nuno Novais e Mauro Gaspar; à Ângela Semedo e à Mavilde Santos, leitoras atentas do texto final; e ao meu irmão David.

À Clara, em especial, pelo seu permanente incentivo e a sua indefectível disponibilidade. Do longo percurso que foi feito desde o início do mestrado até às etapas finais do trabalho. Para ela vai o maior agradecimento de todos.

Finalmente, aos meus pais, pelos motivos óbvios, dedico as páginas que seguem.

Colónia Mártir, Colónia Modelo é um livro que se lê de um só fôlego, tão aprazível que é o modo como o autor penetra na polémica sobre as visões da sociedade cabo-verdiana do século XX. Numa linguagem clara e apelativa, Sérgio Neto constrói um percurso em torno das diferentes visões do arquipélago, tanto numa perspectiva do imaginário colonial português, como das diferentes visões cabo-verdianas, revisitando neste último caso, como afirma, "a problemática do trinómio nativismo/regionalismo/nacionalismo e do binómio Europa/África". E é um percurso sempre aliciante, seja viajando entre as leituras negativistas da mestiçagem que marcaram a perspectiva colonial até às primeiras décadas do século XX e a transformação do arquipélago em "colónia modelo", exemplo da tolerância racial e cultural própria da colonização portuguesa; ou através da procura de uma relação lógica entre as diferentes leituras cabo-verdianas que ajude a compreender as suas ligações essenciais, "num processo gradativo, em espiral, [em que] todas as gerações se integram, se sucedem e retomam, a um nível cada vez mais empenhado, a defesa do arquipélago".

Estamos perante um texto de uma grande riqueza e que suscita uma multiplicidade de questões. Contudo, três questões parecem-me essenciais e muito oportunas, em particular, pelas inter-relações que podemos estabelecer entre elas. Em primeiro lugar, o modo como emerge e se desenvolve a visão de "colónia modelo" e o papel legitimador que reveste a adopção das teses do *luso-tropicalismo* de Gilberto Freyre. Esta é a questão central que o autor coloca, com o objectivo de "desmontar" a imagética construída, procurando traçar as suas origens, compreender as suas principais características e acompanhar a sua evolução nas décadas que iriam anteceder o fim do colonialismo.

Como contraponto, Sérgio Neto analisa o percurso do *regionalismo* cabo-verdiano, desenvolvido pela geração dos *claridosos* e seus seguidores. Este movimento acaba por ganhar uma posição central na leitura das visões cabo-verdianas, em particular, pelas inter-relações que se podem estabelecer, quer com a evolução do *luso-tropicalismo* do Estado Novo, quer com a génese e desenvolvimento do nacionalismo cabo-verdiano. Estamos, é certo, num terreno ainda movediço, onde as polémicas (e mesmo as paixões) continuam a ser dominantes, mas o autor tem a perfeita noção disso, donde as cautelas que parecem atravessar o seu discurso. A leitura aqui proposta pelo autor traz-nos contribuições muito importantes, em particular no que concerne às possíveis inter-relações entre o *regionalismo* cabo-verdiano e o *luso-tropicalismo* do Estado Novo. E permite-nos algumas interrogações, pertinentes e oportunas: podemos assumir que existe uma convergência entre aquelas duas perspectivas, numa "osmose que rodeou o desenrolar de todo o processo"? Se sim, qual a natureza dessa convergência? Ou, pelo contrário, será que a construção do *luso-tropicalismo* apenas aproveitou a afirmação da "diferenciação regional" e da *cabo-verdianidade* como apoio para o objectivo que era fazer do arquipélago o exemplo por excelência do "paradigma da colonização lusa"? Não teve o projecto *claridoso* capacidade de afirmação autónoma, enquanto momento fundamental no desenvolvimento da identidade cabo-verdiana?

Esta última interrogação liga-se estreitamente a uma terceira questão, mas agora no quadro do percurso cabo-verdiano e que surge, em toda a sua essência, numa interrogação colocada por Sérgio Neto: "como não inserir essa revista [*Claridade*] num processo de continuidade que veio a desembocar no nacionalismo e na conquista da independência?" Esta interrogação remete-nos directamente para a dualidade da visão cabo-verdiana que tem marcado o debate interno, sobretudo a partir das leituras críticas feitas ao *regionalismo claridoso*. E de uma dualidade que não só se reproduziu no debate cabo-verdiano pós-independência, como também penetrou a própria academia portuguesa. No cerne desta dualidade continuam a estar as diferentes interpretações do processo de formação da moderna sociedade cabo-verdiana e do papel desempenhado pela mestiçagem. Talvez valha a pena revisitar, num breve percurso, o processo de transição na sociedade cabo-verdiana do século XIX, para se ver a sua natureza particular e compreender o desafio que acabou por colocar aos intelectuais cabo-verdianos.

As características do século XX cabo-verdiano devem ser, em grande medida, compreendidas à luz das transformações sociais e económicas observadas durante o século XIX[1]. De facto, foi durante a primeira metade deste século que se tornou irreversível o declínio do antigo regime colonial estabelecido após o começo do povoamento. Os principais sintomas desse declínio, já secular, eram a decadência económica e do comércio com o exterior, a desagregação das estruturas morgadio-senhoriais e a intensificação da conflitualidade social, agravados pelas crises periódicas de seca e de colheitas. Mas foi, também, durante a primeira metade do século que se acentuou o movimento profundo de transformação da sociedade, com o crescimento da população livre, o alargamento da sua esfera de intervenção

---

[1] As considerações seguintes sobre as transformações da sociedade cabo-verdiana durante o século XIX são baseadas em. Estêvão, João. "Cabo Verde". *In*: Serrão, Joel e Marques, A. H. de Oliveira. *Nova História da Expansão Portuguesa*. Volume X, *O Império Africano 1825-1890*, coordenação de Valentim Alexandre e Jill Dias. Lisboa, Editorial Estampa, 1998, pp. 167-210. [O texto deste capítulo tinha como título original "Cabo Verde no Século XIX: Permanências e Rupturas"].

e, sobretudo, com a intensificação da mestiçagem. A *classe intermédia*[2] tinha já uma dimensão largamente maioritária, o que exprimia um elevado grau de desestruturação da antiga pirâmide económica e social. E foi da conjugação desse movimento de transformação com um conjunto de factores novos que se criaram as condições de reestruturação da sociedade e as bases para a reconstrução da pirâmide num sentido não racial. As rupturas verificaram-se, principalmente, durante a segunda metade do século XIX, mas os seus efeitos foram-se combinando lentamente, num longo período de transição que se prolongou bem para dentro do século XX.

As décadas de 50 e 60 de Oitocentos constituíram um período charneira nessa evolução. Foi nesses anos que se verificou o mais longo período de escassez de chuvas, quase ininterrupto de 1850 a 1866 e com graves consequências nos planos ecológico, agrícola e demográfico. A emigração intensificou-se e transformou-se num fenómeno permanente e com influência decisiva na evolução da sociedade. No plano social, foi um período de grande instabilidade e inquietação, principalmente no que concerne à instituição escravista, onde a relação senhor-escravo sofria um certo afrouxamento. Foi nessas décadas que se iniciou o processo legal de desmantelamento do antigo regime colonial, com a aprovação do conjunto da legislação abolicionista relativamente aos morgados e à escravatura. No plano imperial, foi o momento de lançamento das bases da nova política colonial, com a passagem para uma situação de predomínio do comércio "lícito" e para o arranque da colonização africana, mas com efeitos decisivos na mudança do regime colonial em Cabo Verde. As décadas de 50 e 60 constituíram, portanto, o momento em que começaram a actuar os factores que acabariam por impulsionar o movimento de transformação económica e social.

A emigração constitui um fenómeno permanente na história da sociedade cabo-verdiana. No entanto, foi a partir do século XIX que ela se transformou num importante factor de mudança social e económica, não só pela dimensão e pela continuidade dos fluxos, mas principalmente pela forma específica de articulação que estabeleceu entre o arquipélago e o "mundo" do Atlântico. O seu efeito imediato foi a criação de um fluxo físico de saída, que atenuava a pressão para o crescimento populacional, mas que acabou por ter consequências importantes sobre a evolução da sociedade, em particular, com o fluxo de entrada de remessas e com o retorno de emigrantes, que regressavam em melhores condições económicas.

O crescimento da população livre teve consequências decisivas, em particular no que se refere ao uso da terra. Ainda que juridicamente se mantivesse a existência da propriedade vinculada, a sua utilização era cada

---

[2] António Carreira, por exemplo, fala em três classes: uma "classe dominante", uma "classe intermédia" e os escravos. A "classe intermédia", maioritariamente localizada nas ilhas do grupo de Barlavento e que integrava sesmeiros, rendeiros e parceiros, profissionais de ofícios e pequenos comerciantes, era um grupo social bastante amplo e constituído por mestiços, *forros* e brancos. (Carreira, António. *Migrações nas Ilhas de Cabo Verde*. Lisboa, Universidade Nova de Lisboa, 1976).

vez mais partilhada com os mestiços e libertos que, assim, iam entrando na posse da terra como rendeiros. Isto correspondia, na prática, a um processo de desagregação da grande propriedade fundiária e uma forma de "intromissão" da *classe intermédia* no seio dos morgados. Neste contexto, a portaria de abolição[3] introduziu a possibilidade da compra e venda da terra anteriormente vinculada e abriu caminho para eventuais modificações na estrutura jurídica da propriedade. Por outro lado, as estruturas escravistas eram fortemente pressionadas pelo crescimento da população livre, quebra do poder dos morgados, desagregação da propriedade fundiária e pela crise económica e social. O processo das abolições não só correspondia à necessidade de absorção das modificações que se processavam na sociedade cabo-verdiana e que tinham começado a criar fortes contradições internas, como traduzia a pressão de um ambiente internacional cada vez mais propício à supressão do tráfico e da escravatura. O processo legal de abolição do morgadio e da escravatura criou, assim, novas condições institucionais, em cujo quadro se processou o desenvolvimento da sociedade crioula e a ascensão económica da *classe intermédia*.

A partir do começo da década de 50, as relações de Portugal com as suas possessões africanas foram marcadas por um vasto conjunto de medidas que, globalmente, visavam garantir e proteger a sua ocupação efectiva e que, esgotado o ciclo do Brasil, evidenciavam o novo interesse para com a colonização africana. Em Cabo Verde, essas medidas integraram e condicionaram o processo de transição económica e social que então se vivia. Além das disposições sobre a propriedade fundiária e sobre o trabalho escravo, podemos considerar, entre outras, as medidas de política aduaneira, as reformas da administração pública e financeira, o processo de unificação monetária e a criação do banco colonial. Estas medidas ajudaram a estabelecer um novo sistema colonial, que acabou por criar novos espaços de crescimento e de afirmação da *classe intermédia*, sobretudo através do funcionalismo público e dos serviços em geral.

Podemos dizer que as abolições permitiram a conclusão do processo de libertação da servidão, bem como a libertação da terra vinculada; que o novo sistema colonial recriou o quadro global de funcionamento da sociedade; e que a emigração possibilitou um mecanismo importante de captação de meios económicos necessários para incrementar o alargamento do espaço de intervenção dos mestiços e dos libertos. Estes efeitos conjugaram-se num sentido de mudança que se consubstanciou na ascensão da *classe intermédia* e na consequente recriação da pirâmide económica e social. Foi, contudo, um processo lento, na medida em que a acção dos factores se prolongou no tempo e de forma desfasada, pelo que a conju-

---

[3] Lei de 19 de Maio de 1863 (*Diário de Lisboa* de 20 de Maio de 1863) mandada publicar em Cabo Verde pela portaria n° 199, de 10 de Outubro de 1864, e inserida no *Boletim Oficial* de Cabo Verde n.º 44, de 26 de Novembro do mesmo ano.

gação dos efeitos só se revelou um fenómeno significativo e generalizado nas primeiras décadas do século xx[4].

O desafio que se colocava aos intelectuais cabo-verdianos era, portanto, o de compreender o processo de evolução social em Cabo Verde, a transformação de uma sociedade escravocrata numa sociedade baseada numa estrutura de classes e num sentido de evolução progressivamente não racial, bem como o papel desempenhado pela mestiçagem. Um factor decisivo nesse processo foi o progressivo empobrecimento da antiga *classe dominante* e a lenta, mas segura, ascensão da *classe intermédia* (maioritariamente mestiça), que acabou por ir ocupando as posições-chave nas estruturas económicas e sociais do arquipélago. Um dos primeiros autores a ocupar-se do tema foi Henrique Teixeira de Sousa em dois artigos publicados na revista Claridade[5], onde o autor analisava o processo de transformação da estrutura social da ilha do Fogo e já indiciava o percurso simbólico do funco para o sobrado. Contudo, foram os trabalhos de Gabriel Mariano[6] aqueles que mais aprofundaram o tema da transformação social e do papel da mestiçagem e que, como afirma Sérgio Neto, inverteu o *luso-tropicalismo* ao colocar no funco (e não no sobrado) "o laboratório exacto" do processamento da síntese de culturas e ao conceber o processo de transformação social como um percurso do funco para o sobrado.

A compreensão do processo de transformação social é completada, no ideário *claridoso*, pelo modo como se analisa o comportamento do homem das ilhas e a sua relação com o ambiente envolvente. Não uma leitura simplesmente contemplativa, como menorizam alguns críticos, mas uma busca de identificação com o meio, do cabo-verdiano com a sua terra, como refere Gabriel Mariano. O objectivo é, pois, o de entender e revelar o "Cabo Verde cabo-verdiano" e, por isso mesmo, "apreender as angústias, os conflitos, as inquietações do caboverdeano, entendido este como um ser definível por um conjunto concreto de relações: geográficas, económicas, sociais e aprofundando-se, por conseguinte, o conhecimento do homem crioulo, da sua movimentação no espaço e no tempo"[7]. Isto traduzia uma

---

[4] Teixeira de Sousa, por exemplo, refere que a dominação económica dos "brancos autóctones" (descendentes da classe senhorial) alcançou o começo do século XX e que foi do "segundo quartel em diante" que a "sucessão dos mestiços na posse dos bens da terra" marca o começo da nova sociedade foguense (Sousa, Henrique Teixeira de. "Sobrados, lojas & funcos". *Claridade*, n.º 8, Maio, 1958, pp. 2-8).

[5] "Sobrados, lojas & funcos", já citado e "A estrutura social da ilha do Fogo em 1940", *Claridade*, n.º 5, 1947: 42-44.

[6] Mariano, Gabriel. "A mestiçagem: seu papel na formação da sociedade caboverdeana". *Suplemento Literário*, n.º 1, 1958, pp. 11-24. "Do funco ao sobrado ou o 'mundo' que o mulato criou". *In: Colóquios Cabo-Verdianos*. Lisboa, Junta de Investigações do Ultramar ("Estudos de Ciências Políticas e Sociais" n.º 22), 1959, pp. 23-49.

[7] Mariano, Gabriel. "Inquietação e serenidade: aspectos da insularidade na poesia de Cabo Verde". *In: Cultura Caboverdeana. Ensaios*. Lisboa, Vega, 1991, p. 98.

opção, uma tomada de atitude, reivindicando a condição de cabo-verdiano e propondo uma visão cabo-verdiana do arquipélago.

Compreender o processo económico e social cabo-verdiano, reivindicar um modo particular de afirmação da cabo-verdianidade, aprofundar o conhecimento do homem crioulo e da sua relação com o seu meio, tudo são componentes de um projecto global, que é também, por isso, um projecto de assunção da autonomia total. Alberto Carvalho, aquando das comemorações do cinquentenário do lançamento da revista *Claridade*, afirmou em relação aos seus fundadores: "na tradição do Liceu do Mindelo (...), os intelectuais científico-positivistas vieram nomear (...) a comunidade da nação como 'ser-em-si', assumindo-se 'para-si' com a rasura da figura do 'outro', madura para equacionar os seus próprios problemas (difícil é ser capaz de formular um problema, não achar-lhe a solução)"[8]. No mesmo sentido, o ensaísta Alfredo Margarido afirmou que o romance *Chiquinho* "se mostra um texto *descolonizado*", ou seja, "o romance de Baltazar Lopes assume a responsabilidade de cabo-verdianizar o arquipélago, excluindo os portugueses de toda e qualquer discussão referente ao destino das ilhas e dos homens". Daí defender que o romance "passa da esfera da colonização para a assunção total da autonomia, (...) um dos pilares da teoria política da gente da *Claridade*[9].

Assumir o *regionalismo* como um projecto de autonomia e, em particular, como um momento fundamental na afirmação da identidade cabo-verdiana implica uma reformulação do debate e uma reavaliação de muitas das leituras críticas que se fizeram do movimento *claridoso*. Um exemplo significativo dessa reavaliação partiu do escritor e ensaísta angolano Mário de Andrade, cujas posições ao longo dos anos ganham peso pelo lugar de destaque que ocupou no seio da geração de 50. Co-editor de várias antologias de poesia, justificou a não inclusão de poetas cabo-verdianos na antologia de 1953 (*Caderno de Poesia Negra de Expressão Portuguesa*, organizado em colaboração com Francisco José Tenreiro) porque a poesia das ilhas não se integrava no objectivo de afirmação da *negritude*, enquanto negação da assimilação. Muito embora a poesia cabo-verdiana esteja presente nas antologias de 1958 e de 1967, contudo, os poetas da *Claridade* foram sujeitos a uma crítica contundente, considerando que "não se atacaram ao fundamento dos *dramas da terra* (a seca, a fome e a emigração) e muito menos perspectivaram a superação das atitudes resignadamente contemplativas". Daí que a sua poesia se tenha afastado "do inquérito aos sentimentos populares" e tenham "passado

---

[8] Carvalho, Alberto. "Claridade: o novo sobre os destroços do antigo". Comunicação ao Simpósio Claridade, reproduzido no jornal *África* (Lisboa), ano 1, n.º 17, 26 de Novembro de 1986, p. 3.

[9] Margarido, Alfredo. "Chiquinho': um romance não português ou antiportuguês?". *In*: *Estudos sobre literaturas das nações africanas de língua portuguesa*. Lisboa, A Regra do Jogo, 1980, p. 460.

ao lado do clamor das massas das ilhas"[10]. Uma visão completamente diferente foi apresentada no *Simpósio Claridade*, em 1986, onde Mário de Andrade justificou assim as razões da sua autocrítica: "pensamos ter suficientemente esclarecido que a nossa leitura da *Claridade* esteve, durante largo tempo, eivada de preconceitos — seja dito aqui, no que nos toca pessoalmente, à guisa de autocrítica. Movidos pela impaciência de uma literatura 'engagée', com imperativos formais recortados no apelo directo, escapou-nos o enraizamento da sua temática no meio social cabo-verdiano, pensando então que a poesia dos claridosos se teria afastado do inquérito aos sentimentos populares". Trata-se, ao fim e ao cabo, do reconhecimento da *Claridade* como um "marco cultural expressivo da identidade colectiva" cabo-verdiana[11].

Este processo de reavaliação do legado *claridoso* ganhou importância em Cabo Verde a partir do final da década de 1980 e, sobretudo, com a abertura democrática realizada em 1991. Muito embora essa reavaliação tenha caminhado a par com a perda de influência do *nacionalismo africanista*, contudo, continua muito visível a permanência de uma mesma dualidade de visões do percurso e da identidade do cabo-verdiano. Por isso mesmo, este livro de Sérgio Neto constitui uma contribuição importante para a clarificação das raízes desta polémica.

João Estêvão
Professor do Instituto Superior de Economia
e Gestão da Universidade Técnica de Lisboa

---

[10] Andrade, Mário de. *Antologia Temática da Poesia Africana*. Volume I, *Noite Grávida de Punhais*. Lisboa, Sá da Costa, p. 5.

[11] *Idem*. "Uma nova Claridade". Comunicação ao Simpósio Claridade, reproduzido no jornal *África* (Lisboa), ano 1, n.º 18, 10 de Dezembro de 1986, p. 3.

*Esta gente de Cabo Verde é uma das
grandes curiosidades do Arquipélago*

Henrique Galvão, 1944

Se «o mito é o nada que é tudo», como quis Fernando Pessoa, muito naturalmente ocorre perguntar a partir de que instante e, sobretudo, pela mão de quem, esse «nada-tudo» começa a ser alguma coisa?

Na verdade, seja na voz anónima, mas não anódina do povo, na pena dos poetas ou nas imagens habilmente difundidas pela publicidade e pela propaganda, o mito constitui sempre um ideal dificilmente atingível pela mesma realidade que o inspirou. Exemplos existem, porém, caso das idiossincrasias dos povos, capazes de desafiar tal juízo. É que, ao levarem-se em linha de conta os traços «psicológicos» de uma nação, muitas vezes torna-se impossível discernir quem se impõe a quem: se o mito à realidade ou a realidade ao mito?

Quando o jornalista cabo-verdiano Mário Leite deu a publicar, em 1937, no *Boletim da Sociedade de Geografia de Lisboa*, um artigo intitulado *Apontamentos para a história das ilhas de Cabo Verde*, o arquipélago não somente atravessava um momento de renovação literária importante na construção da sua identidade nacional — com o surgimento da revista *Claridade* —, bem como estava em vias de se tornar um paradigma da colonização portuguesa. Estas duas circunstâncias, à primeira vista contrárias, possuem vários denominadores comuns que se prendem com uma «redescoberta», na metrópole e nas ilhas, de toda uma série de premissas e de elementos, sobretudo de ordem cultural, que Cabo Verde pareceu subitamente capaz de manifestar de forma mais visível.

O mencionado artigo de Mário Leite pretendia documentar diversos testemunhos portugueses, que iam desde Eça de Queirós até aos catálogos das exposições coloniais no estrangeiro, colocando-os sob o signo do desconhecimento de Cabo Verde. Confrontava, neste sentido, a dupla imagem das ilhas, a um tempo «verdejantes» e «secas», «produtivas» e «estéreis» e «encantadoras» e «doentias», bem como as não menos dúplices impressões acerca da sua gente: ora *«civilizada*, activa, generosa, admirável, ora *negra*, indolente, desconfiada, odienta»[1].

A que se deveria tal disparidade de critérios, quando de há muito a esta parte o arquipélago era objecto de estudo e palco da visita de portugueses e estrangeiros? Tal era a pergunta que Mário Leite colocava a si mesmo[2].

Anos volvidos, Manuel Ferreira, escritor neo-realista português que consagrou boa parte da sua vida ao estudo das literaturas africanas e, em particular, da cabo-verdiana, igualmente se questionou acerca da discordância dos relatos produzidos sobre o arquipélago. Numa das suas obras mais importantes, *A Aventura Crioula*[3], o autor colocava em epígrafe cinco citações, das quais três atestavam que, tanto em Portugal quanto no mundo, as ilhas de Cabo Verde pouco mais eram do que alguns pontos no mapa.

Ainda hoje, para boa parte dos portugueses, essas ilhas atlânticas, descobertas pelos navegadores seus antepassados há meio milénio, são mais um destino de férias balneares (as ilhas do Sal e da Boavista) e pátria de origem de uma das maiores comunidades imigrantes aqui residente, do que propriamente um dos parceiros da Comunidade de Países de Língua

---

[1] Mário Leite, «Apontamentos para a história das ilhas de Cabo Verde», in *Boletim da Sociedade de Geografia de Lisboa*, Maio e Junho de 1937, série 55.ª, n.ᵒˢ 5 e 6, p. 195.

[2] Numa segunda parte do seu artigo, a descrição de alguns costumes dos locais, incidindo, particularmente, na vivência quotidiana dos pescadores, adensava ainda mais as dúvidas acerca da «verdadeira» imagem de Cabo Verde.

[3] Manuel Ferreira, *A Aventura Crioula*. Lisboa: Ulisseia, 1967.

Portuguesa (CPLP) ou um país com grandes afinidades culturais. Conhece-se, é certo, a morna, mas não os seus poetas. Estuda-se a literatura, mas não tanto a história. O seu presente e as suas aspirações, um pouco à semelhança do que sucede com outros países lusófonos, parecem-nos de certa forma distantes.

Não deve surpreender tal visão do mundo. Corresponde, em muitos aspectos, ao certeiro diagnóstico gizado em 1978, já em contexto pós-revolucionário e pós-colonial, por Eduardo Lourenço, em *O Labirinto da Saudade*[4]. Aqui se dava conta da dúbia relação dos portugueses com o (ex-)império. Uma relação tão complexa como o sentimento que o autor escolhia para intitular o seu livro. Uma relação pautada pelo desencontro entre a triunfal mitologia fabricada durante décadas pela propaganda e o aparente desinteresse pelo desmoronar do edifício imperial. Mas, ao mesmo tempo, uma permanente nostalgia do passado quatrocentista e quinhentista, patenteada na toponímia das ruas, ainda saudosa do «Império Português», ou, nos últimos anos, a nível oficial, na assertiva Expo '98 e na cerimónia de abertura do Euro 2004. Sendo discutível se essa grande exposição consagrada aos oceanos realmente logrou voltar uma página ou se, pelo contrário, foi mais sensível ao presente, limitando-se a responder à Expo '92, de Sevilha, ou mesmo ao passado, teatralizando numa outra veia o nacionalismo/universalismo da Exposição do Mundo Português, de 1940, não restam dúvidas de que demonstrou a possibilidade de desligar o expansionismo marítimo de outrora da ideologia estadonovista.

Sabemos hoje o quanto as visões identitárias podem ser fruto de um processo de construção mais ou menos demorado no tempo, o qual passa por uma série de metamorfoses, ponderações, acertos e simplificações. No que se refere a Cabo Verde, o regime de Salazar ensaiou manter certas coordenadas ideológicas provenientes da Monarquia Constitucional e da Primeira República. Prometeu a concessão da adjacência, elogiou o elevado grau de «civilização» dos ilhéus — chegando até a apartá-los dos demais

---

[4] Eduardo Lourenço, *O Labirinto da Saudade. Psicanálise mítica do destino português*. Lisboa: Publicações D. Quixote, 1978.

africanos — e louvou o seu papel na promoção dos outros espaços ultra-marinos.

Se, na prática, tal visão paternalista procurou escamotear a exploração económica do povo cabo-verdiano que, confrontado com a penúria e a fome, emigrava para as mortíferas roças de S. Tomé e Príncipe, assim como visou instigar a formação de quadros subalternos para o preenchimento das vagas do funcionalismo público ultramarino, a verdade é que todos estes pressupostos ideológicos, a partir dos finais dos anos 20 do século passado, receberam um novo fôlego. No entanto, não frutificarão de imediato as ideias defendidas por alguns vultos literários nacionais, propensos em estabelecer paralelos entre as ilhas de Cabo Verde e o Brasil e/ou Portugal, como José Osório de Oliveira e Augusto Casimiro. Seria preciso aguardar pelos anos 40 e 50, para Cabo Verde — doravante erigido em modelo multirracial e multicultural da «gesta» colonizadora portuguesa, verdadeiro paradigma de tolerância rácico-cultural a exibir perante os anticolonialistas — ser catapultado para o coração da ideologia ultramarina.

O presente trabalho tem, pois, como objectivo, tentar desmontar esta imagética, quer situando as suas origens, quer caracterizando a sua evolução. A cronologia abarca o período compreendido entre a criação da Agência-Geral das Colónias, em 1925, e o primeiro ano em que o periódico oficioso *Cabo Verde - Boletim de Propaganda e Informação* (1949-1964), uma das fontes mais importantes para o conhecimento do arquipélago no século XX, deixou de ser publicado.

Acresce que a documentação consultada se fixou na imprensa ultramarina, dado o seu papel de charneira entre os periódicos não especializados e as obras monográficas específicas. O mesmo é dizer aquela imprensa que buscava, através de artigos literariamente descritivos, convencer o público escolar e letrado a aderir à causa colonial. Porque, mais do que qualquer outro, este recurso cativava a imaginação e engendrava percepções românticas dos espaços colonizados, despertando «vocações» coloniais[5].

---

[5] Está por fazer uma análise de fundo a este género periodístico, verdadeiro incubador de mitos.

Em todo o caso, este texto pretende ser o corolário de um trabalho de pesquisa iniciado há alguns anos a esta parte com o patrocínio de um Prémio Estímulo à Investigação, da Fundação Calouste Gulbenkian, o qual resultou numa Dissertação de Mestrado, apresentada à Faculdade de Letras da Universidade de Coimbra.

Com efeito, muito embora a questão cultural do arquipélago tenha já sido alvo de numerosos trabalhos oriundos dos mais diversos quadrantes, necessário se torna (re)avaliar, do ponto de vista da ideologia, o lugar de Cabo Verde no conjunto do espaço colonial português, uma vez que, numa perspectiva económica, o território, mercê da sua escassez em recursos naturais, nem sempre granjeou as opiniões mais favoráveis.

Neste sentido, resulta pertinente inquirir se esta «imagem» económica de «carência» não terá reforçado, numa espécie de mecanismo compensatório, aqueloutra ligada à «pujança» cultural desde muito cedo atribuída a Cabo Verde. De resto, a dicotomia (desfasamento) entre exploração económica e ideologia colonial tem sido objecto de debate historiográfico, devendo-se mencionar Richard Hammond, defensor da discutível tese de que a sobrevivência do império colonial português, nos séculos XIX e XX, se deveria mais à nostalgia do passado expansionista e menos ao vector económico[6].

O texto que aqui se segue, dividido em quatro capítulos, começa, num primeiro, por caracterizar e situar o nascimento dos estereótipos surgidos em redor dos diferentes grupos humanos, detendo-se nas visões europeias do homem africano. É tecida uma linha de pensamento que procure comprovar que tal imagética, primeiramente ligada a uma matriz religiosa medieval, habituada a relacionar a epiderme negra com elementos demoníacos, se metamorfoseou, nos séculos XVIII e XIX, a partir de critérios pseudo-científicos, em considerações acerca da pretensa inferioridade física, mental, intelectual e moral do africano. Afinal, o imperialismo colonial europeu oitocentista sustentava, numa lógica etnocêntrica, essa necessidade de melhor conhecer o Outro para o dominar.

---

[6] Ver: Richard Hammond, *Portugal and Africa (1815-1910). A study in uneconomic imperialism*. Stanford: Stanford University Press, 1966.

O mesmo seja dito quanto às leituras feitas em torno da mestiçagem, fenómeno quase sempre encarado com as maiores reservas por parte das autoridades civis e religiosas e que, no caso português, apesar do famoso adágio acerca da «criação» do mulato[7], nem sempre colheu as maiores simpatias. Visto que, também, a ciência oitocentista e a ideologia colonial dos inícios do século xx lhe contrapuseram um cepticismo cauteloso, esta última temática será abordada de um ponto de vista cultural. Tentar-se-á responder à seguinte questão: em que medida a tradicional crença numa eventual degenerescência física imputada à miscigenação não terá evoluído, sob a influência dos avanços científicos, para a convicção de que o mestiço padeceria de idêntico declínio aos níveis intelectual, moral e artístico? Nesta ordem de ideias, é pertinente confrontar tal questão com muitas das descrições portuguesas de Cabo Verde, as quais descortinavam uma inata «instabilidade» no mestiço desse arquipélago.

O primeiro capítulo analisa, ainda, a ideologia colonial legada pela Monarquia Constitucional e a Primeira República ao Estado Novo. Visa esboçar a sua evolução, assim como identificar os pontos-chave e traçar algumas notas acerca dos meios através dos quais a propaganda difundia, em Portugal e no estrangeiro, a ideia de que o colonialismo português era diferente dos outros colonialismos europeus. A fechar, uma última alínea aprofunda esta auto-imagem que, a partir dos anos 50, recebeu um alento novo por parte da sociologia luso-tropical, do brasileiro Gilberto Freyre, como derradeiro baluarte ideológico estadonovista em face da imparável expansão do pensamento anticolonial.

O segundo capítulo versa directamente Cabo Verde. A primeira alínea consiste num breve bosquejo acerca da história do arquipélago até aos alvores do século passado. Seguem-se dois outros pontos, em forma de reflexão, discutindo a problemática do trinómio nativismo/regionalismo/nacionalismo e do binómio Europa/África. No que se refere a estes aspectos, é passada em revista a especificidade do nacionalismo africano e do caso concreto cabo-verdiano, nomeadamente, a partir do cotejo com as mais

---

[7] «Deus criou o Homem, e o Português criou o Mulato». Existem variantes.

recentes obras surgidas nos campos da historiografia[8], da sociologia[9], da literatura[10] e da etnologia[11].

De igual modo se levam em linha de conta os variados aspectos gravitando em torno de um problema muito esgrimido: a determinação da cultura predominante em Cabo Verde, se a de origem europeia (portuguesa) ou a de cunho africano? Neste caso particular, é evocada a passagem de Gilberto Freyre pelo arquipélago e a polémica que os seus escritos aí geraram, especialmente, o que consideramos ser uma revitalização — um tanto paradoxal, se nos lembrarmos dos postulados da sua tese — da crença na «incaracterização» mestiça.

Um terceiro capítulo, mais longo, traça o rumo do arquipélago de Cabo Verde no imaginário colonial contemporâneo português. Começa, pois, por descrever as pessimistas imagens do «cabo seco» e da «colónia mártir» — expressões ainda comuns na Primeira República —, focando a crescente valorização cultural do arquipélago, a partir dos inícios dos anos 30. Depois, apresentam-se as diferentes visões então surgidas/desenvolvidas: do «Portugal exilado no Atlântico» ao «Brasil miniatural»; da «mais esquecida das colónias» ao «arquipélago adjacente»; do «inferno das estiagens» ao «paraíso das mornas»; enfim, da «colónia mártir» à «colónia modelo». Complementarmente, é seguida a evolução de tal ideologia nas décadas subsequentes.

Por fim, numa tentativa de desmontagem da mitologia colonial, disposta a ver Cabo Verde como um prolongamento português e exemplo a seguir no ultramar, o derradeiro capítulo coloca, lado a lado, Cabo Verde e metrópole, e Cabo Verde e três outras ex-parcelas ultramarinas portuguesas

---

[8] João Nobre de Oliveira, *A Imprensa Cabo-verdiana (1820-1975)*. Macau: Fundação Macau, 2002.

[9] Gabriel Fernandes, *A diluição da África. Uma interpretação da saga identitária cabo-verdiana no panorama político (pós)colonial*. Florianópolis: Editora da Universidade Federal de Santa Catarina, 2002; e *Em busca da nação. Notas para uma reinterpretação do Cabo Verde crioulo*. Florianópolis: Editora da Universidade Federal de Santa Catarina, 2006.

[10] José Carlos Gomes dos Anjos, *Intelectuais, literatura e poder em Cabo Verde*. Porto Alegre – Praia: Universidade Federal do Rio Grande do Sul do Brasil – Instituto Nacional de Investigação e Patrimónios Culturais de Cabo Verde, 2002.

[11] Manuel Brito-Semedo, *A construção da identidade nacional. Análise da imprensa entre 1877 e 1975*. Praia: Instituto da Biblioteca Nacional e do Livro, 2006.

(S. Tomé e Príncipe, Angola e Goa). Este último capítulo recorre a alguns retratos da época sobre a «índole» lusa, comparando-os com idênticas formulações acerca do «carácter» cabo-verdiano. As diversas analogias demandam, assim, comprovar até que ponto o ilhéu chegou a ser encarado como um português «tropicalizado». E a ligação entre ambos, por isso mesmo, julgada indissolúvel. 24

Alfeizerão, Março de 2009

I

PROPAGANDA, COLONIALISMO E ANTROPOLOGIA

1.1. O Homem europeu e o (continente) africano

1.1.1. No reino do Outro

Nos tempos em que África ainda não era tida por «berço da humanidade», dela se dizendo não possuir história, nem ter obsequiado o mundo com algum invento, teoria científica, concepção filosófica, ou contar sequer nos seus anais com alguma obra artística digna desse nome, nesses tempos que, de bom grado, chegaram até à segunda metade do século XX[1], os seus habitantes foram objecto de uma contínua reelaboração mental e simbólica por parte das ideologias vigentes na Europa Moderna e Contemporânea. Muitas foram as impressões alimentadas acerca dos africanos: desde o «gentio», que o missionarismo cristão pretendia baptizar e converter, até ao *unfitted* do Darwinismo Social, condenado a extinguir-se por selecção natural, passando pelo «incivilizado», que o Iluminismo ambicionava resgatar das trevas da barbárie. Coincidiam, normalmente, em dois pontos: imputar-lhes uma inata inferioridade de ordem física, mental, intelectual, organizacional ou moral; e, em segundo lugar, dada a diversidade de povos e certa incompreensão do recém-chegado perante os costumes daqueles, tender a amalgamá-los num único feixe sob a mesma designação, a fim de simplificar a tarefa de categorizar pessoas culturalmente diferentes.

---

[1] Cf. Joseph Ki-Zerbo, *História da África Negra*. Mem Martins: Publicações Europa-América, 1999, 1.º vol., pp. 10-14.

25

Remontando aos antigos gregos uma primeira ideia de «Europa»[2], de igual modo o processo de «construção» do Outro[3] se realizou no decorrer dos séculos que mediaram a Antiguidade Clássica e a Época Contemporânea. Evidentemente que, ao falar-se em construção do Outro, não devem ser levadas em linha de conta as características desta ou daquela cultura, mas mais as imagens e os lugares-comuns ideados a partir do ponto de vista do observador, com base nas suas próprias referências e expectativas[4].

Assim, a «elaboração» da Ásia enquanto pátria de *bárbaros* e terra faustosa dos tesouros das grandes monarquias dinásticas, povoada por gente imersa numa peculiar indolência, começou logo com Heródoto[5]. Refira-se que esta sorte de categorias mentais sobreviveu quase incólume na consciência europeia[6], sendo provável que a imagem de «indolência» ou «apatia» tenha tido origem no império persa, cujo exército, quando da tentativa de invasão da Hélade, no século V a.C., padeceu de falta de mobilidade, devido à impossibilidade de garantir uma logística adequada à movimentação de um tão grande número de efectivos.

O mesmo seja dito em relação às campanhas de Alexandre Magno, que vieram encontrar o império de Dario III militarmente mal preparado, não logrando resistir à maior mobilidade dos macedónios em campo de batalha. Dir-se-ia que o facto de os persas, como depois outros povos, viverem opulentamente, os predispunha a imobilizarem-se a fim de melhor vigiar os tesouros. Trata-se, talvez, de um estereótipo nascido no Neolítico, em virtude de a riqueza extraída das novas actividades da pastorícia e da

---

[2] Cf. Maria Manuela Tavares Ribeiro, *A Ideia de Europa, Uma perspectiva Histórica*. Coimbra: Quarteto, 2003, pp. 20-21.

[3] Aqui entendido enquanto indivíduo portador de uma cultura tida por exógena a essa mesma Europa.

[4] Cf. José da Silva Horta, «A representação do africano na literatura de viagens, do Senegal à Serra Leoa (1453-1508)», in *Mare Liberum*, 1991, n.º 2, p. 209.

[5] Cf. Heikki Mikkeli, *Europa, Storia di un'ideia e di un'identitá*. Bologna: Società Editrice il Mulino, 2002, pp. 17-18.

[6] Um exemplo entre muitos: em determinada passagem do clássico de terror, *Frankenstein*, de Mary Shelly (1818), fala-se dos «indolentes asiáticos, do génio espantoso e da inteligência dos gregos; das guerras e belas qualidades dos romanos».

agricultura implicar a sedentarização. Terá permanecido a região do «Crescente Fértil» para sempre ligada a tal estereótipo?

Já a ideia do *bárbaro* vindo de Leste revivesceria com as invasões dos mongóis[7], no século XIII, e as incursões turcas no Mediterrâneo e nos Balcãs, nos alvores e na plena Época Moderna. Seria, também, cavalo-de-batalha da propaganda aliada, no decorrer da Primeira Guerra Mundial, assimilando-se os alemães e o «militarismo prussiano» às hordas hunas e germânicas dos tempos do Baixo-Império Romano.

No que toca a África, foram os romanos a fornecer algumas das mais significativas impressões da Antiguidade. No entanto, uma vez que as fronteiras do império nunca transpuseram o actual Magreb, o olhar romano confinou-se aos exemplos maiores do Egipto dos faraós e à antiga colónia fenícia de Cartago — e estas civilizações, em boa verdade, comungavam mais do cadinho cultural do Próximo Oriente. Por conseguinte, o conhecimento da África «profunda», até então muito epidérmico, apenas se concretizaria alguns séculos mais tarde.

Ainda que, na Idade Média, Ibn Battuta, um explorador natural de Fez, tivesse, na sua longa vida de viajante, percorrido longas distâncias no interior da África Negra, logrando atingir as margens do rio Níger, o relato das suas aventuras — espécie de versão muçulmana do *Livro das Maravilhas*, de Marco Polo — somente foi «descoberto» em 1818. Daí decorre o carácter pioneiro da literatura de viagens resultante dos Descobrimentos Portugueses.

Muitas vezes descrita como género menor, esta forma literária consagrou o «exotismo», que deve ser distinguido de «cosmopolitismo», pois este «toma o estrangeiro, particularmente [d]os países mais afastados, como quadro de obra literária»[8]. Mas, ao mesmo tempo, cabe apartar a literatura de viagens daqueloutras categorias que apelam para o «fabuloso», o «mítico» e o «fantástico», pois, tal género, mais do que evocar espaços imaginários e simbólicos,

---

[7] Aqui a ideia contrária a provar a inconsistência do estereótipo, visto que os mongóis possuíram um dos exércitos mais móveis da história.

[8] Maria Leonor Buescu, «O Exotismo ou a 'estética do diverso' na Literatura Portuguesa», in Ana Maria Falcão, Maria Teresa Nascimento e Maria Luísa Leal (org.), *Literatura de viagem, narrativa, história, mito*. Colóquio de Literatura. Lisboa: Edições Cosmos, 1997, p. 566.

busca antes «recolher vivências e imagens recorrentes»[9]. Numa palavra e para sintetizar, a partir do estudo de Maria Leonor Buescu que temos vindo a seguir: o exotismo é a capacidade de «sentir o prazer do diverso»[10].

Uma avaliação genérica dos relatos produzidos a partir dos contactos com autóctones africanos, entre os séculos XV e XVIII, permite apurar três níveis de representações. Temos, desta maneira, o «corpo», as «crenças» e os «parâmetros de civilização» ou «modo de viver»[11]. Se, relativamente aos traços físicos, a pigmentação epidérmica sempre foi a característica mais (des)valorizada, já as crenças, e aqui entrando muito concretamente a religião, suscitaram um marcado contraste. A evangelização, ou a sua tentativa, seria uma resposta no sentido de homogeneizar — mais tarde dir-se-ia «civilizar» — o Outro.

No que se refere à representação do «modo de viver», matéria acerca da qual mais discorreram estes textos, prevaleceu a atitude de procura de analogias com o substrato cultural do observador, o que gerou o surgimento de alguns estereótipos que persistiram no tempo. Foram os casos da pretensa inferioridade espiritual do negro (animismo), da sua «selvajaria» (crueldade e antropofagia[12]), da consabida indolência, da infantilidade e da tendência à traição, ao engano, ao roubo e à embriaguez — todos temas mais tarde retomados e desenvolvidos com uma roupagem pseudo-científica.

1.1.2. Se Deus criou e Linée classificou, que fez Gobineau?

Desde os primórdios que a busca das origens se impôs ao espírito humano. Em última análise, trata-se de uma defesa perante o fluxo ininterrupto e caótico dos acontecimentos, assim como da obsessiva demanda

---

[9] *Idem, ibidem*, p. 567.

[10] *Idem, ibidem*, p. 567.

[11] Cf. José da Silva Horta, «O Africano: produção textual e representações (séculos XV-XVII)», in Fernando Cristóvão (coord.), *Condicionantes Culturais da Literatura de Viagens – Estudos e Bibliografias*. Lisboa: Edições Cosmos, Centro de Literaturas de Expressão Portuguesa da Universidade de Lisboa, 1999, p. 275.

[12] Cf. Luciana Steganano Picchio, *Mar Aberto. Viagens dos Portugueses*. Lisboa: Editorial Caminho, 1999, pp. 143-239.

para conferir um sentido à vida e ao mundo. Sabemos como, para os antigos, a questão das linhagens foi determinante. O ser-se, aqui e agora, de nada valia se alguém não tivesse sido primeiro. Comungar do sangue e dos feitos de um homem que, com o correr dos tempos, na ladainha monocordicamente repetida pelos descendentes (legítimos?), ganhava o estatuto de herói ou semideus, constituía uma honra. Justificar a pertença a um passado remoto, que se desejava próximo, revelava-se um acto fundamental, tanto mais que o futuro era encarado como um lento caminho para a decadência.

De acordo com tal concepção cíclica do tempo — designada por eterno retorno e segundo a qual o mundo envelheceria, sofrendo renovações periódicas —, o passado era visto como uma Idade do Ouro, cujos gestos e atitudes primordiais deveriam ser imitados e repetidos a fim de se restaurar a plenitude das origens[13]. Nesta ordem de ideias, recordar e (re)elaborar longas e complexas genealogias respondia à necessidade básica de manter um vínculo com «aquele tempo».

Durante séculos, homens e povos alimentaram-se destas crenças. Desde os primitivos panteões divinos, cujas relações tinham por base os laços sanguíneos, até aos escritores da bíblia, que teciam linhas de antepassados a partir de um ancestral comum. Por acaso, não reconstituem as páginas da *Teogonia* e da *Ilíada*, obras chave da cultura ocidental, outras tantas filiações de deuses, heróis e homens? Não procuraram os romanos nas suas lendas, fosse através das figuras dos gémeos Rómulo e Remo, fosse pela ascendência troiana de Eneias, remontar aos deuses? Não responderiam os livros de linhagens dos nobres da Idade Média ao mesmo propósito? E que dizer, então, do caso português, quando, numa tentativa de contrariar a absorção espanhola, após a perda da independência, os monges cistercienses de Alcobaça, Frei Bernardo de Brito e Frei António Brandão, fizeram, na *Monarquia Lusitana*, os portugueses descender de Adão e Eva? Em última instância, o próprio «milagre de Ourique» aí descrito, o mito fundador por excelência, não deixa também ele de estabelecer uma filiação, na medida em que busca ligar o nascimento do país e os destinos da gente portuguesa ao sangue e à vontade de Cristo.

---

[13] Cf. Mircea Eliade, *O Mito do Eterno Retorno*. Lisboa: Edições 70, 1993, pp. 19-20.

Léon Poliakov, que se tem dedicado ao estudo da história judaica recente e das «fontes do racismo e do nacionalismo», relacionou o despontar do «mito ariano»[14] com esta incessante necessidade de conhecer as «raízes». Refere-se o autor à crescente atracção dos europeus por outras culturas, algo que já se materializara nos elementos exóticos carreados pela literatura de viagens dos Descobrimentos Portugueses e na criação de lugares-comuns, como o do «bom selvagem» ou o do «velho sábio chinês».

De qualquer forma, não seria em relação aos índios da América, sobre os quais se engendrou o mito do «bom selvagem», ou aos negros africanos, julgados próximos dos símios, que o emergente racismo europeu mais procuraria cavar distâncias. Para todos os efeitos, a antropologia, munindo-se da bitola caucasiana, poucos traços comuns ousava descortinar nestes últimos.

Foi na tentativa de se libertar da «estreiteza dos horizontes judeus-cristãos[15]», de superar o mito da descendência universal de Adão e de situar as origens numa perspectiva não religiosa, de acordo com o processo de secularização em curso, que, no Ocidente, se começou a conceder validade às ideias que localizavam o aparecimento do primeiro povo nas margens do Mar Cáspio. Ulteriormente, Voltaire e os cientistas do Iluminismo tenderam a deslocar o «berço» mais para Oriente, fixando-o no espaço compreendido entre os vales do Indo e do Ganges. Schlegel, nos alvores de Oitocentos, na esteira de diversas expedições inglesas à Índia, fazendo uso da filologia, forneceu um contributo decisivo para a invenção do mito ariano, o suposto antepassado do moderno europeu[16].

A chave desta «descoberta» assentou no conhecimento do sânscrito, antiga língua do Industão com a qual se haviam lavrado numerosos textos sagrados hindus e cujo parentesco filológico com os radicais das línguas europeias pareceu a muitos olhos por demais evidente. Negava-se, pois, de uma assentada, a suposta raiz linguística hebraica e o mito do Éden, fazen-

---

[14] Léon Poliakov, *O Mito Ariano. Ensaio sobre as fontes do racismo e dos nacionalismos.* S. Paulo: Editora Perspectiva, 1985.

[15] *Idem, ibidem*, p. 161.

[16] Cf. Fernando Catroga, «A História Começou a Oriente», in Ana Maria Rodrigues (coord.), *O Orientalismo em Portugal (séculos XVI-XX).* Lisboa: Comissão Nacional para a Comemoração dos Descobrimentos Portugueses, 1999, p. 268.

do-se remontar a origem para além das concepções bíblicas[17]. Na Alemanha, sintomaticamente, ao fazer-se equivaler o termo «ária» a «aristocrata» e ao decretar-se a sua língua a mais próxima do sânscrito, ou seja, a menos corrompida pelo contacto com outros povos, estabelecia-se a equação «pureza linguística» igual a «pureza racial», com os desenvolvimentos que se conhecem.

Mais importante: à luz desta ideia e sob os auspícios do progresso das ciências antropológicas, abriam-se as portas à delineação de taxionomias raciais, ganhando o tradicional anti-semitismo religioso uma coloração cada vez mais de índole rácica. Por outro lado, estabeleciam-se diferenças quanto aos ramos descendentes dos arianos ou árias: um primeiro, que teria migrado rumo à Europa em várias levas, apresentava qualidades como a «mobilidade» e o «dinamismo» — qualidades inerentes ao próprio processo de deslocação; enquanto o ramo asiático, tendo permanecido na Índia e nas zonas contíguas, mergulhara numa «decadência estática», na «imobilidade» e na «apatia» — características essas que muitos autores não se coibiram de julgar responsáveis pelo «atraso» tecnológico da Ásia[18].

A expedição napoleónica ao Egipto, em 1798, na qual participaram intelectuais e artistas, em muito motivou uma renovada atenção pelo Oriente. O Orientalismo, «no sentido mais estrito [...] uma área de estudo»[19], abarcando uma (demasiadamente) vasta região geográfica, que se estendia do Cairo a Tóquio, converteu-se numa das matérias mais atractivas do século XIX, cativando estudiosos de quase todas as disciplinas. Estes últimos, preferindo, regra geral, as fontes escritas aos documentos arqueológicos e etnográficos, tendiam, como assinalou Edward Said, a privilegiar o período clássico das culturas em apreço, tomando os povos actuais por pobres herdeiros de um passado glorioso[20].

---

[17] Cf. Léon Poliakov, *O Mito Ariano. Ensaio sobre as fontes do racismo e dos nacionalismos*, pp. 168-173.

[18] Cf. Fernando Catroga, «História e Ciências Sociais em Oliveira Martins», in Luís Reis Torgal, José Amado Mendes e Fernando Catroga, *História da História em Portugal*. Lisboa: Temas e Debates, 1998, pp. 156-157.

[19] Edward Said, *Orientalismo*, Lisboa. Edições Cotovia: 2004, p. 57.

[20] Cf. *idem, ibidem*, pp. 58-60.

O mesmo sucedeu na criação literária, com uma plêiade de escritores a entregar-se à recolha, tradução e adaptação ao gosto europeu de textos provenientes da literatura popular e erudita dessas paragens. Desde a sensualidade luxuriante e erótica das *Mil e uma Noites* às sugestivas *Ruba'iyat*, do poeta persa Omar Khayyám, sem esquecer os poemas védicos e o *Código de Manu*, antigo livro hinduísta de preceitos morais, que Friedrich Nietzsche, na crítica empreendida contra o Cristianismo, contrapôs à ética contida nos Evangelhos. De resto, o mesmo Nietzsche que, na sua obra capital, *Assim falou Zaratustra*, não desdenhava escolher um protagonista de origem persa, aí apregoando a supostamente oriental ideia do eterno retorno.

Outros intelectuais, apoiando-se no «pitoresco» local e nas filosofias budistas, escreveram livros imbuídos de uma mensagem orientalizante. Hermann Hesse, em *Siddartha* (1922), apresentava uma visão da sociedade indiana vacilando entre o mundo material corrompido e um universo espiritual ideal, devendo impor-se, apesar de árdua, a conquista deste último. Fernando Pessoa recuperava o modelo das ruba'iyat e redigia, na mesma veia, quase duas centenas destes pequenos poemas. William Beckford, viajante e romancista britânico que chegou a aportar em Portugal, escrevia *Vathek* (1782), um conto narrando as desventuras de um califa abássida cioso por tudo sentir e conhecer, numa óbvia alegoria à «sensualidade oriental». Deste conto, o compositor português Luís de Freitas Branco idearia, em 1913, um poema sinfónico homónimo, como também outros músicos volviam o olhar para leste em busca de inspiração. O russo Nicolai Rimsky-Korsakov assinava uma *Suite Scheherazade* (1888). O austríaco Gustav Mahler, sob versos chineses do século IX, compunha *A Canção da Terra* (1909). Alexander Zemlinsky, seu compatriota, seleccionava poemas do escritor bengali Rabindranath Tagore, Prémio Nobel da Literatura em 1913, para escrever a *Sinfonia Lírica* (1922). Poder-se-iam multiplicar os exemplos.

Todas estas leituras tiveram, no que concerne à questão colonial — candente a partir da década de 70 e, sobretudo, com o Congresso de Berlim, em 1884-1885 — consequências de indesmentível valor. Seriam o «dinamismo» e a «mobilidade» dos meios e das gentes europeias, os quais, de há uns séculos a esta parte, corriam mundo, a triunfar. Virtude considerada ariana, esta capacidade de deslocação espacial ilimitada casou-se com a metáfora da concessão da «chama» civilizacional às «raças inferiores», tidas por imersas na obscuridade.

O apreço pelo movimento encontrou realmente na imagem da luz, ou melhor, do «facho», um grande destino. Hegel ilustrou a história da humanidade como uma caminhada rumo à perfeição, trocando os povos mais avançados entre si uma espécie de testemunho olímpico chamejante. A passagem do testemunho pressagiaria a decadência para o antigo portador e um período de vanguarda da humanidade para o novo. Assim teria sucedido com os persas, vencedores em todo o Oriente, mas vencidos nas Guerras Médicas (batalhas de Maratona, Salamina e Plateias) e definitivamente conquistados por Alexandre Magno, transitando o facho para a posse dos gregos e depois dos romanos. O crepúsculo do império de Roma, às mãos dos povos germânicos, teria ditado, por seu turno, uma deslocação da vanguarda das margens do Mediterrâneo para a Europa Ocidental e Central.

No decorrer deste processo ir-se-ia realizando a ideia de Liberdade: persas (despotismo — liberdade de um); gregos/romanos (oligarquia e democracia/república — liberdade de alguns); povos germânicos (sociedades tribais/clãs — liberdade de todos)[21]. O fim da história chegaria na figura das sociedades contemporâneas, com a Alemanha à cabeça, encarnando o Estado o papel de garante das liberdades.

Evidentemente que o raciocínio de Hegel, como todas as grandes sistematizações, continha em si o pecado da generalização excessiva. Comparava uma série de culturas diferenciadas no espaço e no tempo com base no critério único da organização política. O esquema traçado encerrava, ainda, imprecisões factuais, mas abria caminho a futuras interpretações da mais variada ordem, com destaque para as de sabor racista. Postulava, sim, tal como o movimento aparente do sol — novamente a luz — e à semelhança das migrações arianas, uma deslocação no eixo Este/Oeste ou Oriente/Oci-

---

21 Cf. Karl Löwith, *O Sentido da História*. Lisboa: Edições 70, 1991, p. 63.

dente, quer distinguindo valorativamente dois lugares civilizacionais, quer entrevendo, nas sucessivas trocas de testemunho, a dinâmica inerente ao curso da história.

Poder-se-ia contra-argumentar que os principais sujeitos expostos aos remoques racistas, os judeus e os africanos, exibiam similares qualidades de mobilidade. Que dizer da diáspora do povo errante por excelência, passe a expressão?

O facto é que a mobilidade dos judeus significava mais a vagabundagem de um povo sem pátria e não tanto o dinamismo espacial dos povos criadores de nações: os colonizadores europeus. O desenvolvimento do pensamento anti-semita, na segunda metade do século XIX, e os apócrifos *Protocolos dos Sábios de Sião*, vieram mesmo adicionar uma nota de «parasitismo» e de conluio à pretensa inconstância do judeu. A sua mobilidade, ao tocar todos os países, demandaria exaurir os recursos e assegurar o domínio mundial. Havia (re)nascido a tese da conspiração sionista, metaforizada na figura do polvo e dos seus envolventes tentáculos[22].

Relativamente aos africanos, a sua mobilidade fora-lhes imposta do exterior, pois, colonizado(re)s à força no Novo Mundo, não se reconheciam actores de primeiro plano nesse palco. Descritos como indolentes, neles, a ideia de movimento apenas se corporizaria numa das suas manifestações mais criticadas e de pronto associada ao primitivismo — o batuque, actividade «patética e demoníaca»[23], um desperdício de energia útil ao trabalho. Festa dionisíaca, o batuque traria à superfície, qual exercício psicanalítico freudiano, os atavismos mais recônditos e os instintos mais primários, expressos numa sensualidade «bestial» e num abandono completo. O «desregramento», inflamado pela «exacerbação da embriaguez», chegaria «às raias do inconcebível»[24] — leiam-se práticas orgiásticas —, anulando até nos «homens de cor europeizados» a «película» de civilização entretanto adquirida.

---

[22] Ver: Hannah Arendt, *As origens do totalitarismo*. Lisboa: Publicações D. Quixote, 2006, pp. 1-157.

[23] Manuel Ferreira, «Colá San Jon», in *O Mundo Português*, 1934, vol. I, p. 34.

[24] Emílio Castelo Branco, «O Batuque», in *O Mundo Português*, 1938, vol. V, p. 462.

Mas, antes de o Iluminismo e a Antropologia oitocentista emprestarem um agasalho pseudo-científico à visão europeia do negro africano, já os estudiosos medievais, baseados na Bíblia, haviam inferido da subalternidade daquele aos olhos de Deus. O episódio é sobejamente conhecido: Cam, um dos três filhos de Noé, tendo observado a nudez do pai, fora condenado a servir os seus irmãos, Jafé e Sem[25]. Por seu lado, a «exegese rabínica e, depois dela, a exegese protestante», imputaram-lhe «os crimes de castração e incesto»[26]. O pensamento ocidental, fiel aos esquemas de categorização ternária, logo fizera corresponder os descendentes dos filhos de Noé aos ditos três ramos raciais maiores, aos três continentes então conhecidos e mesmo às três ordens do Feudalismo. Diferenciando-se dominadores e dominados, fornecia-se uma justificação para a escravatura nos tempos modernos, na medida em que Cam seria o pai de todos os africanos.

A descoberta da América e dos seus habitantes, no século XV, veio colocar alguns entraves à efabulação, que a criatividade dos comentadores da bíblia contornou, fantasiando um quarto descendente de Noé, antepassado de todos os índios americanos. Ensaiou-se ver, no novo continente, o paraíso perdido do Éden, e, na ausência de pudor de muitos dos seus habitantes, a pureza original perdida com a «falta» de Adão e Eva. Intermináveis discussões acerca da humanidade dos índios encheram os claustros e os salões das academias, inferindo-se que a sua «inocência» das coisas do século se prendia com uma ligação ainda umbilical à Natureza.

O Iluminismo resgatou o estereótipo com o fito de exemplificar o homem «naturalmente bom», o homem «em estado puro», o «bom selvagem» que a sociedade corrompe; distinguindo-o, pelo menos do ponto de vista teórico, do «mau selvagem», do «cruel», «bestial» e «idólatra» africano. Veja-se, neste

---

[25] Um artigo datado de 1938, da autoria do estudioso brasileiro Mário de Andrade, ostentando o título de «A superstição da cor preta», concluía da seguinte maneira: «querendo castigar os israelitas, Deus tirou-lhes a pátria; querendo castigar os filhos de Cam, deu-lhes a cor. Por acaso virá um dia em que celebremos o homem, liberto de suas trágicas superstições?», in *Boletim da Sociedade Luso-africana do Rio de Janeiro*, Dezembro de 1938, Série 52.ª, n.ᵒˢ 5 e 6, p. 50.

[26] Léon Poliakov, *O Mito Ariano. Ensaio sobre as fontes do racismo e dos nacionalismos*, p. 110.

particular, como o primeiro grande crítico da colonização, Bartolomeu de las Casas[27] — e depois António Vieira, para o caso português —, se empenhou em defender a causa dos índios perante a violência da conquista espanhola e menos a dos africanos embarcados com destino às plantações esclavagistas do Novo Mundo[28].

Os avanços científicos do século XVIII prolongaram e amplificaram o primitivo e imemorial racismo de origem popular, o qual, através de um maniqueísmo cromático inscrito nos códigos culturais do Ocidente, sempre ligara a epiderme negra ao Demónio, ao pecado e ao vício[29]. Com efeito, a tendência para se ver, na cor branca, virtudes como a pureza, a bondade, a nobreza e a verdade — e os valores exactamente contrários na cor oposta —, estendeu-se à maneira de fitar o Outro.

A ciência iria mais longe. Pressupondo as teses poligenistas, como o nome indica, uma ascendência não comum para o género humano, separavam-se as águas: o índio era assimilado ao europeu, ao passo que o africano era remetido para um lugar muito próximo do símio. Alguns pensadores chegaram até a admitir a possibilidade de cruzamento entre as duas espécies. Mas, aparte este exemplo extremo, a ciência orientou-se mais para uma obsessiva categorização racial.

Em 1793, Carl Linée, nome maior das ciências naturais, recorrendo ao velho esquema dos quatro temperamentos, dividia a humanidade em outros tantos ramos principais: o europeu sanguíneo (engenhoso e inventivo); o americano colérico (moreno e irascível); o asiático melancólico (orgulhoso e avaro); e o africano fleumático (preguiçoso e negligente)[30]. Não estabelecendo qualquer hierarquia, Linée limitava-se a veicular o lugar-comum de a energia do europeu contrastar com os diferentes tipos de inércia dos demais ramos humanos. Tínhamos, pois, a má índole do índio, que lhe

---

[27] Cf. Immanuel Wallerstein, *O universalismo europeu*. S. Paulo: Boitempo Editorial, 2007, pp. 31-40.

[28] Ver: Carmen Bernand, «Impérialismes Ibériques», in Marc Ferro, *Le livre noir du colonialisme*. Paris: Éditions Robert Laffont, 2003, pp. 180-236.

[29] Cf. José da Silva Horta, «A imagem do Africano pelos portugueses antes dos contactos», in António Luís Ferronha (coord.), *O Confronto do Olhar. O encontro dos povos na época das Navegações Portuguesas*. Lisboa: Editorial Caminho, 1991, pp. 44-45.

[30] *Idem, ibidem*, p. 137.

insuflaria coragem na resistência ao invasor colonial, mas o tornava renitente ao trabalho; a proverbial indolência do africano, quase languidez, que o empurraria para a lascívia; e a apatia do asiático, que ganharia forma na avareza e na contemplativa e nostálgica recordação doutras eras.

Coube, contudo, a Arthur de Gobineau, na década de 50 do século XIX, na esteira de Victor Courtet, hierarquizar as raças humanas. Tanto o citado Léon Poliakov quanto Jean Boissel[31], estudioso de Courtet, formularam a opinião de que aqueles dois autores de Oitocentos, normalmente considerados os grandes fundadores das doutrinas racistas, não passam de bodes expiatórios, aos quais o Ocidente tem assacado culpas do Holocausto e do colonialismo[32].

Mais do que trazer novidades a terreiro, Courtet e Gobineau sistematizaram todo um século de pensamento racista. Este último, de facto, responsabilizando a miscigenação pelo enfraquecimento e subsequente ocaso das civilizações mais pujantes do passado[33], advertia sobre o perigo de degenerescência pendendo sobre os povos indo-europeus da actualidade.

Alguns anos volvidos, em 1859, o surgimento d' *A Origem das Espécies*, de Charles Darwin, provocou uma revolução na biologia, a qual se alastrou à sociologia e à antropologia. Se as espécies lutavam pela sobrevivência, porque não imaginar que os homens procedessem entre si de idêntico modo?

Ao que parece, semelhante conclusão não a tirou Darwin[34], ficando a tarefa para todos quantos se apropriaram deste ou daquele aspecto da sua teoria[35]. Em breve, interpretações mais ousadas, entrelaçando o princípio da «sobrevivência do mais apto» e a tese ariana, não tinham pejo em declarar os não europeus condenados a desaparecer. Ciência e mito davam as

---

[31] Ver Jean Boissel, *Victor Courtet (1813-1867) premier théoricien de la hiérarchie des races*. Paris: PUF, 1972.

[32] Cf. Léon Poliakov, *ob. cit.*, p. XX.

[33] Cf. Arthur de Gobineau, *Essai sur l'inégalité des races humaines*. Paris: Firmin-Didot et Cª., 1940, Tome 1, pp. 30-34.

[34] Cf. Ana Leonor Pereira, *Darwin em Portugal. Filosofia, História, Engenharia Social*. Coimbra: Almedina, 2001, pp. 65-66.

[35] Os famosos trabalhos de Herbert Spencer e de Ernst Hækel, mais filosóficos do que propriamente de feição biológica, deram à selecção natural um cunho valorativo.

mãos, facilitando a tarefa de recobrir o colonialismo com as cores mais benignas. O «fardo do homem branco» podia ser identificado como uma acção caritativa para com aqueles destinados, pelas leis da Natureza, a extinguirem-se. Mero paliativo, pois, salvaguardar os direitos dos colonizados.

Numa série de cinco artigos, sob o título genérico de *A mentalidade do preto*, inseridos na *Revista Colonial*, entre Fevereiro e Junho de 1917, o autor, António Lourenço Farinha, propondo-se caracterizar *todo* o negro africano a partir dos habitantes do Sul de Moçambique, somente confirmava o que acima ficou expresso a respeito de estereótipos e generalizações. Professor do ensino primário, Farinha confessava que, muito embora qualquer recém-chegado a África considerasse o natural «um ser igual a nós brancos em aptidões intelectuais, simplesmente atrasado à míngua de instrução»[36], bem cedo tal ideia se lhe desvaneceria. Aludindo à sua experiência enquanto docente, apontava que, se no decorrer da infância, «o preto dá-nos a ideia aprazível que não fica em nada inferior ao branco», uma vez chegada a puberdade, vai «embrutecendo e decaindo sob todos os pontos de vista [...] ficando quase socialmente inútil»[37].

Ao passar em revista os traços de temperamento, Farinha mencionava a incapacidade de amor filial, a propensão inata à mentira e ao furto, prosseguindo, nos artigos seguintes, com apodos sobre a constante embriaguez, a «esperteza velhaca» e a indolência — verdadeiro *leitmotif* da literatura deste género. Finalmente, nos derradeiros dois artigos, em jeito de vaticínio pessimista, Farinha concluía, de acordo com as teorias vigentes, que:

> [O negro] está condenado a não avançar para além de uns certos limites, embora numa percentagem de um por dez mil se destaque alguém que ultrapasse essa meta. As espécies inferiores, no mundo vegetal e animal, tendem a desaparecer para dar lugar a outras superiores, seleccionadas pela natureza providente[38].

---

[36] António Lourenço Farinha, «A mentalidade do preto I», in *Revista Colonial*. Lisboa: Fevereiro de 1917, n.º 50, p. 27.

[37] *Idem, ibidem*, p. 27.

[38] *Idem*, «A mentalidade do preto V», in *Revista Colonial*. Lisboa: Junho de 1917, n.º 54, p. 132.

Inútil, portanto, nesta óptica, «educar» o africano. O Darwinismo Social, corrente de pensamento aparecida no rescaldo dos debates em torno d'*A Origem das Espécies*, mostrando-se favorável à competição entre os grupos humanos, passava certidão de óbito àqueles não percorridos pelo sangue ariano. Tudo se resumia a saber do grau de pureza dos «eleitos».

1.1.3. *Deus criou o Homem e o Português criou o Mulato*

Indubitavelmente, em finais do século XIX, entre os povos reclamando-se arianos, um dos mais seguros critérios de genuinidade passou pelo dinamismo das empresas por si conduzidas. A «corrida colonial», na altura disputada à escala planetária, tornava-se um indício de capacidade organizativa. Para levar a bom termo a obra colonizadora, cada Estado carecia de recursos, voluntarismo e um planeamento antecipado para ocupar, converter, «civilizar» e, acima de tudo, explorar. Apenas os mais aptos prevaleceriam.

Neste sentido, a derrota dos espanhóis em face dos norte-americanos, em 1898, custando-lhes a posse de Cuba e das Filipinas; a cedência portuguesa ao Ultimato Inglês; os sobressaltos da administração de Moçambique perante as movimentações dos guerreiros vátuas às ordens de Gungunhana; a *weltpolitik* da Alemanha de Guilherme II que, entrando tarde na «procura de um lugar ao sol», almejava ocupar as colónias portuguesas; e a inesperada derrota italiana em Adwa, em 1896, perante os abissínios, foram vistos como outras tantas faces da mesma moeda: o declínio das civilizações ancoradas no Mediterrâneo, o esgotamento do espírito latino em favor das mais vigorosas virtudes anglo-saxónicas e germânicas.

Se quisermos invocar o «mito ariano», a maior miscigenação levada a cabo nas nações do sul da Europa, pioneiras no expansionismo dos séculos XV e XVI e supostas defensoras de políticas de mestiçagem aquém e além-mar, ter-lhes-ia maculado a tão celebrada ascendência. Se quisermos retomar a imagem hegeliana, o facho civilizacional ter-se-ia deslocado para o norte da Europa, onde países mais «jovens» cumpriam, agora, a missão de vanguarda da humanidade.

Em Portugal, especialmente, a questão do hibridismo étnico foi um tema recorrente na literatura produzida pelas Gerações de 70 e de 90. O impacto do Positivismo e das teses arianas foi determinante. Mas, de uma maneira ou de outra, as maiores nações europeias não fugiram ao debate. Enquanto a França acolhia as conjecturas dos historiadores Henri Martin e Augustin Thierry acerca da incessante e imemorial oposição entre francos e gauleses, personificando aqueles a classe aristocrática e estes a popular[39], a Inglaterra dava guarida a teorias de povoamento mestiço (celtas, bretões, saxões, normandos)[40].

O caso luso demonstrou ainda maior originalidade. Teófilo Braga, decerto colhendo as lições de Martin e Thierry, argumentava que «a nacionalidade portuguesa é formada de dois elementos» bem caracterizados: o *«gótico-romano»* (nobreza), descendente daqueles que, partindo das Astúrias, haviam arrebatado aos muçulmanos o domínio da Península Ibérica; e o *«gótico-árabe»* (terceiro estado) ou «moçárabe»[41].

Envolvidos num permanente conflito, plasmado no antagonismo nobreza/ /terceiro estado ou cultura erudita/popular, estes dois grupos étnico-culturais ter-se-iam manifestado com maior ênfase na literatura e na arte, possuindo o «moçárabe» um elevado grau de autenticidade. É que este último elemento constituíra o âmago do povoamento do território nacional durante o processo de reconquista, ao passo que o *gótico-romano* sempre fora mais permeável a um cosmopolitismo descaracterizador da «nacionalidade». No que parece tratar-se de uma leitura ideológica, Teófilo espelhava a sua adesão ao ideal republicano, como que divisando no elemento *gótico- -árabe*, de há muito subjugado e remetido para a subalternidade histórica, o fermento da revolução a haver contra a monarquia e a nobreza, espécie de desforra popular da «verdadeira» cultura.

---

[39] Cf. Fernando Catroga, «Positivistas e Republicanos», in Luís Reis Torgal, José Amado Mendes e Fernando Catroga, *História da História em Portugal*. Lisboa: Temas e Debates, 1998, p. 122.

[40] Cf. Léon Poliakov, *ob. cit.*, p. 44.

[41] Teófilo Braga, *Epopêas da Raça Mosárabe*. Porto: Imprensa Portuguesa - Editora, 1871, pp. V-VI.

Amplamente criticado pelos seus pares, que não pouparam ataques ao suposto carácter redutor da tese, acusando-o de esquecer a relevância da presença romana em detrimento do elemento germânico (visigótico) e de confundir lutas sociais com disputas étnicas[42], Teófilo nem por isso deixou de ser seguido neste tipo de reflexões acerca da formação mestiça da Península Ibérica.

Oliveira Martins, seu contemporâneo, atribuía a origem de Portugal e Espanha à série de fusões de povos sucessivamente presentes no território peninsular. Mas, se os efeitos combinados do clima e da geografia logravam forjar índoles tão matizadas quanto o «castelhano grave e indolente», o «galego paciente e laborioso», o «andaluz fanfarrão e leviano», o «catalão industrioso», o «valenciano cabisbaixo e sedentário», o minhoto «laborioso mas obtuso» e o algarvio, «verdadeiro andaluz»[43] — o certo é que todos partilhavam traços gerais comuns, que ditariam a existência de uma «civilização ibérica», resultante do encontro de iberos (semitas) e celtas (arianos ou indo-europeus). Consecutivas invasões e ocupações, com destaque para a romana, teriam concedido aos habitantes peninsulares caracteres antropológicos mais próximos dos outros europeus. Oliveira Martins, deste modo, contrariava o parecer quase generalizado dos investigadores estrangeiros de então, que frisavam, como atrás se viu, o menor grau de traços arianos das gentes do sul da Europa.

Ainda próximo do movimento iberista, quando publicou a *História da Civilização Ibérica*, em 1879, o autor, embora não admitisse a possibilidade de uma «raça lusa», advogava a singularidade da psicologia portuguesa no conjunto peninsular. A presença acrescida de sangue celta nas nossas veias, misturado com o preexistente ibérico, ter-nos-ia inoculado a um tempo lirismo, candura e audácia.

Duas gerações mais tarde, o poeta Teixeira de Pascoaes, director do órgão do movimento nacionalista, poético e filosófico da «Renascença

---

[42] Cf. Fernando Catroga, «Positivistas e Republicanos», in Luís Reis Torgal, José Amado Mendes e Fernando Catroga, *História da História em Portugal*, pp. 122-123.

[43] Oliveira Martins, *História da Civilização Ibérica*. Lisboa: Guimarães Editores, 1994, pp. 35-36.

Portuguesa»[44] — a revista *A Águia*, lançada no Porto, em 1912 —, sustentou similar esquema dual de antecedentes étnicos. O enfoque, porém, divergia dos acima abordados. Onde Teófilo via antagonismo e Oliveira Martins adivinhava predominância indo-europeia, Pascoaes falava numa simbiose entre os contributos ariano e semita. Harmonia, portanto, entre o ramo ariano (gregos, romanos, godos, celtas) e o ramo semita (fenícios, judeus e árabes); consonância, pois, entre, por um lado, materialismo, paganismo e naturalismo e, por outro, idealismo, messianismo e espiritualismo[45].

Em Portugal, mais do que em qualquer outro lugar da Península, o casamento destas virtudes revelara-se-ia singularmente feliz, facto que teria assegurado a independência perante o poderio castelhano. No dizer de Pascoaes, a fusão racial encetada e a «alma da paisagem» nacional teriam moldado o «génio lusíada», tornando-o «mais emotivo que intelectual»[46]. A expressão mais acabada da «arte de ser português» residiria, então, na saudade, nesse «sangue espiritual da raça»[47], que combinaria o desejo ariano e a esperança semita, e sobre a qual Pascoaes edificou os alicerces da sua filosofia saudosista.

Incidindo mais na vertente cultural, do que propriamente na dimensão étnica, todas estas teorias acerca do povoamento mestiço padeciam, quando comparadas a idênticas formulações de autores estrangeiros sobre Portugal e Espanha, de uma discrepância quanto às premissas. É que, enquanto por cá se inventariava uma interminável lista de povos precursores da nacionalidade — celtas, iberos, lusitanos, fenícios, cartagineses, gregos, romanos, alanos, vândalos, suevos, visigodos, judeus, berberes e árabes —,

---

[44] Associação que pugnou, na segunda década do século XX, pela regeneração política, económica, educacional, cultural e moral do país. Integrou, numa primeira fase, nomes como Fernando Pessoa, Mário de Sá-Carneiro, Jaime Cortesão, Raul Proença e António Sérgio. Teve como órgão a revista *A Águia*. Foi grande o número de publicações saídas sob a sua égide. Pretendeu suprir todos os atrasos e atavismos nacionais. Várias cisões levaram à fundação de outras importantes revistas do panorama cultural português da primeira metade do século passado, casos de *Orpheu* e de *Seara Nova*.

[45] Cf. Teixeira de Pascoais, *A arte de ser português*. Lisboa: Assírio & Alvim, 1998, pp. 56-57.

[46] *Idem, ibidem*, p. 76.

[47] *Idem*, «Renascença», in *A Águia*. Porto, Janeiro de 1912, n.º 1, p. 2.

assumindo Portugal, desde então, um esboço de identidade a futuramente desenvolver e consolidar, lá fora dava-se crédito ao prosseguimento da mestiçagem por via da aventura ultramarina. O adágio «Deus criou o Homem e o Português criou o Mulato» certamente ecoaria nos espíritos. E havia algum nexo, visto que a terminologia relativa à miscigenação desabrochou tanto em Portugal quanto em Espanha, aí vendo a luz do dia vocábulos como «mestiço», «crioulo» e «mulato».

Na Língua Portuguesa, estes conceitos quase sinónimos apresentam diferenças subtis. A linguagem quotidiana nem sempre lhes presta a merecida justiça. Assim, «mestiço» reporta-se à dupla dimensão étnico-cultural; «mulato» visa sublinhar, essencialmente, o aspecto étnico; e «crioulo», possuindo, acima de tudo, uma acepção linguística, refere-se à língua ou dialecto nascido da convivência entre povos de idioma distinto.

A verdade é que a sua etimologia reserva algumas surpresas, designadamente, quanto às implicações que (tem) acarreta(do). À excepção, talvez, de «mestiço», todas estas palavras surgiram com uma conotação pejorativa. Se «mestiço» e «mulato» supõem a ideia de mistura, possuindo aplicação na biologia, «crioulo» só *a posteriori* adquiriu esse significado. Por último, é possível extrapolar, a partir da sua origem e evolução no léxico, os estereótipos rodeando o conceptualismo da miscigenação.

Das três palavras, «mestiço» é a mais antiga, provindo do latim tardio «mixto», «mixticius», ou seja, «misturado». A despeito de, na actualidade, designar o descendente de dois membros de grupos distintos, começou por se aplicar aos filhos de europeus e de índios[48]. Este facto conduz à inevitável pergunta: será legítimo inferir que a «humanidade» percepcionada no autóctone da América do Sul teria inspirado uma denominação aparentemente neutra, sem carga negativa? Sob pena de se incorrer em simplismos redutores, a questão não deve ser contemporizada. Na verdade, aos «mestiços» sul-americanos davam-se muitos nomes, alguns dos quais ofensivos. No Brasil, por exemplo, entendeu-se por «mameluco» ou «caboclo» o nascido de um europeu e de uma índia, enquanto na América espanhola se

---

[48] Saliente-se que, na categoria de «mestiços», se poderiam incluir os descendentes de portugueses e indianas, por oposição aos «castiços».

desenhou uma complexa hierarquização de «mestiços», fundamentada na maior ou menor aproximação aos traços físicos europeus.

O termo «mulato», pelo contrário, contém uma carga simbólica deveras negativa. Primitivamente, configurou o fruto do cruzamento entre um cavalo e uma burra, isto é, uma «mula», animal infértil. Apesar de quase todos os dicionários indicarem o seu emprego como sinónimo de «mestiço» em sentido estrito, outrossim não deixam de acentuar o significado inicial de «mestiço das raças branca e negra».

Sem dúvida, «mulato» enfatiza a dimensão animalesca, híbrida, anómala e até vil, imputada à miscigenação. De modo idêntico, ressalva a esterilidade do novo indivíduo, a sua incapacidade de gerar seres semelhantes a si e uma instabilidade física que oscila, sem jamais se fixar, num ou noutro progenitor. Longe de ser uma confluência, não passa de um beco sem saída, planando no limbo da indecisão genética. Daí que suscitasse, da voz do povo e das especulações da ciência, os mais amargos e absurdos comentários.

Provada que foi a homogenesia ou a possível fecundidade entre todos os ramos humanos e afastada de vez a crença na infertilidade do «mulato» às terceira e quarta gerações, persistiu, contudo, o mito da sua degenerescência e depauperamento progressivos[49]. Enfraquecido por sucessivos cruzamentos e atormentado pela profusão dos genes em jogo, o «mulato» soçobraria mais cedo ou mais tarde sob o peso das leis do evolucionismo darwinista.

Nos inícios do século XX, tal determinismo biológico tornava-se, também, social. Desconfiando-se ainda e sempre da mestiçagem, o discurso passou a orientar-se para a instabilidade psicológica do «mulato», como se todas as facetas da sua vida — quer fossem sociais, sentimentais, intelectuais, artísticas ou culturais — sofressem de idêntica instabilidade e descaracterização[50]. É plausível que as causas do alargamento da esfera biológica à social radi-

---

[49] Cf. Léon Poliakov, *ob. cit.*, p. 155.

[50] Cf. Joaquim António Fernandes dos Santos, *Do Império da Raça à «Raça do Império». Etnicidade e Colonialismo (1870-1914)*. Dissertação de Mestrado em História Contemporânea apresentada à Faculdade de Letras da Universidade de Coimbra, 2002 (policopiada), p. XI.

cassem no maior interesse pela cultura do colonizado, apanágio das ciências antropológicas dos meados de Oitocentos, fiéis ao princípio de «saber para dominar».

Em Portugal, nenhum outro texto melhor documentou esse fatalismo como *Luanda Mulata*[51], do integralista Hipólito Raposo. Inserto num livro de contos resultante da estadia do autor em Angola, *Luanda Mulata* conheceu uma primeira publicação no órgão do Integralismo Lusitano, a revista *Nação Portuguesa*[52]. Mais tarde, em 1934, numa comunicação proferida no I.º Congresso Nacional de Antropologia Colonial, no âmbito da Exposição Colonial do Porto, António Mendes Correia, afamado professor no Instituto de Antropologia da universidade portuense, elogiava as «eloquentes palavras de Hipólito Raposo» versando «aquele transcendente problema»[53].

Rotulado de «hermafrodita» e de «experiência infeliz dos Portugueses», o «mulato», sob o olhar do integralista, não passava de um pária perdido entre dois mundos adversos. Vale a pena citar uma longa passagem do seu texto:

> No orgulho legítimo de ter cativado o amor de um homem branco, com alegria ostenta a mãe os filhos nascidos do seu ventre; mas eles renegam da mãe que excederam e evitam confessar um pai que não chegam a igualar. Entre eles, os mulatos são alegres com sinceridade; ao contacto dos europeus vivem tristes e apresentam-se humilhados e servis; no meio dos africanos nasce-lhes a mágoa de já não serem livremente pretos, com o desespero surdo de não se verem brancos. Lembrança viva e teimosa do que ontem foi, desejo do eterno impossível, o mulato é saudade de si mesmo e a ilusão sempre morta do que nunca há-se ser [...]. Esquecido que pareça o fantasma da mãe ou da avó, procura o mestiço

---

[51] Hipólito Raposo, «Luanda Mulata», in *Ana a Kalunga (Os filhos do mar)*. Lisboa: Ottos-gráfica, 1926, pp. 35-58.

[52] Hipólito Raposo, «Luanda Mulata (excerto)», in *Nação Portuguesa*. Lisboa: 1925, 3.ª série, n.º 4, pp. 181-185.

[53] António Mendes Correia, *Os mestiços nas colónias Portuguesas*. Comunicação ao I.º Congresso Nacional de Antropologia Colonial. Porto: Edição da 1.ª Exposição Colonial Portuguesa, 1934, p. 5.

mergulhar na carne branca, para lavar da sua pele as sombras escuras que a toldam. Mas na alquimia da vida perturba-se sempre a fusão, e o preto vai renascendo na escala das gerações, como um anátema fisiológico a condenar o erro e pecado do pai, a cobiça e ambição da mãe [...]. Assim é sempre castigada a rebelião contra a ordem estabelecida no mundo[54].

Resta examinar o vocábulo «crioulo», o qual, etimologicamente, deriva de «cria», o «escravo que nasce em casa do seu senhor»[55]. A *Enciclopédia Luso-Brasileira* indica que tanto pode designar o «indivíduo de raça negra nascido no Brasil», quanto o «indivíduo nascido na América e de ascendência europeia» ou o «dialecto de crioulos»[56]. O estudioso Miguel Vale, por seu lado, aduziu que, em «vários contextos africanos continentais, [crioulo] refere as raízes históricas dos grupos sociais costeiros e urbanos que mediaram entre as administrações ou comerciantes portugueses e as populações do *hinterland*»[57].

Perante todos estes possíveis significados, importa reter que o primitivo de «cria» se foi diluindo, chegando «crioulo», inclusive, a denominar o europeu natural das colónias. Todavia, a nota simbólica de «menoridade» da «cria», pelo menos no trato com o colonizado, mestiço ou não, nunca se perdeu. De outro modo, dificilmente se compreenderia o paternalismo ar-

---

[54] Hipólito Raposo, «Luanda Mulata», in *Ana a Kalunga (Os filhos do mar)*, pp. 54-55.

[55] Uma carta de um leitor cabo-verdiano remetida à revista *Morabeza* (publicada no Brasil, entre 1973 e 1974, sob a direcção do escritor Luís Romano) disso dava conta. Assinalava a epístola que: «somos caboverdianos. Crioulo significa 'cria mestiça, nascida e domesticada em casa dos Senhores dos Escravos'. O emprego dessa palavra para designar caboverdianos é pejorativo e depreciativo sob qualquer aspecto». Cf. «Cartas dos Leitores», in *Morabeza*, Agosto de 1973, n.º 2, p. 13. O próprio Luís Romano, num editorial da revista e já após a queda do Estado Novo, advogava que a língua falada em Cabo Verde deveria dar pelo nome de «caboverdiana» e não por «crioula». Cf. Luís Romano, «Nossa Língua Caboverdiana», in *Morabeza*, Outubro de 1974, n.º 10, pp. 3-4.

[56] Existem muitos crioulos no mundo, alguns dos quais não pertencem a zonas anteriormente submetidas ao colonialismo. Uma lista exaustiva pode ser encontrada em Suzanne Romaine, *Pidgin and Creole Languages*. London and New York: Longman, 1993.

[57] Miguel Vale, «Crioulização e Fantasmagoria», in *Série Antropologia*. Brasília: 2004, n.º 365, p. 2.

rogado pelo colonizador, paternalismo que, no século XX, se manteve enquanto ideologia justificativa da presença europeia por todo o mundo.

Porém, a temática da mestiçagem é bem mais complexa do que todas as decifrações etimológicas, abarcando hoje em dia um campo semântico muito mais lato do que a componente meramente biológica. Num original trabalho recentemente traduzido para português[58], os autores, François Laplantine e Alexis Nouss, confirmam o alargamento do fenómeno à arte, à filosofia e à ética, como «uma terceira via entre a fusão totalizadora do homogéneo e a fragmentação diferencialista do heterogéneo»[59].

Começando por abordar as trocas culturais no Mediterrâneo antigo e na Península Ibérica da Reconquista, e analisando a colonização da América e o dealbar das línguas crioulas, os dois autores em breve se voltam para a contemporaneidade. Aqui estabelecem a correspondência entre mestiçagem e um pensamento livre de formalismos e de sistematizações, um pensamento que ama o múltiplo e não o uno, enfim, um pensamento de perpétuo diálogo e não tanto de síntese[60]. Exemplos tão díspares, como o fado, a música de Mahler, o Dadaísmo, os heterónimos de Pessoa e a interdisciplinaridade científica, são apresentados, a fim de ilustrar esta nova perspectiva de avaliar uma velha questão.

1.2. O pensamento colonial português — entre o Terceiro e o Quinto Império

1.2.1. Nos tempos da «mística imperial»

Nos anos 60 do século passado, Richard Hammond equacionou a hipótese de o colonialismo português, nos séculos XIX e XX, mais do que ostentar uma faceta económica, primar por uma postura de contemplação nostálgica do passado, apegando-se às colónias mais pelo que estas haviam

---

[58] François Laplantine e Alexis Nouss, *A Mestiçagem*. Lisboa: Instituto Piaget, 2002.

[59] *Idem, ibidem*, p. 8.

[60] Cf. *idem, ibidem*, p. 9.

sido[61]. Este império espiritual, reflectido na saudade lusitana, «que não tem o significado militarista que tantas vezes anda ligado às ideias imperiais»[62], não andaria longe da imagem benigna que o Estado Novo ambicionou colar a si mesmo. Uma imagem de tranquilidade num mundo intranquilo e em permanente mutação. A imagem de um regime que, prudentemente, se ia desembaraçando das ameaças à sua sobrevivência, passando (quase) incólume perante a Guerra Civil de Espanha e a Segunda Guerra Mundial; perante o recrudescer da oposição nos anos 40 e nos finais dos anos 50, com a candidatura de Humberto Delgado à Presidência da República; e perante a perspectiva de uma guerra colonial em três frentes, época na qual o «orgulhosamente sós» de Salazar acabou por conduzir à derrocada.

Na verdade, o império colonial português, como todos os outros, fez da vertente económica o seu principal eixo[63]. De acordo com o historiador inglês Clarence-Smith, até ao desmoronar do colonialismo, sucederam-se três impérios: o do Oriente, que prosperou até ao século XVI; o brasileiro, que atingiu o auge no século XVIII; e o africano, o Terceiro Império, que fez desse continente o seu principal esteio.

Com a chegada de Salazar ao poder, no que à política colonial respeita, novos contornos começaram a ser delineados[64]. A sua passagem interina pelo Ministério das Colónias, em 1930, ficou marcada pela redacção da uma importante peça jurídica, o Acto Colonial. O documento pretendia assinalar uma ruptura com os tempos da Primeira República aos níveis da centralização da *praxis* administrativa e da nacionalização dos capitais investidos[65]. A Carta Orgânica do Império Colonial Português e a Reforma Administrativa Ultramarina, ambas datadas de 1933, vieram confirmar esse novo rumo

---

[61] Cf. Richard Hammond, *Portugal and Africa (1815-1910). A study in uneconomic Imperialism*. Stanford: Stanford University Press, 1966.

[62] Henrique Galvão, *O Império*. Lisboa: Edições Secretariado da Propaganda Nacional, s. d., p. 6.

[63] Cf. Gervase Clarence-Smith, *O Terceiro Império Português (1825-1975)*. Lisboa: Teorema, 1990.

[64] Se bem que, inicialmente, fosse acusado de algum desinteresse pela questão.

[65] Cf. Cláudia Castelo, *«O modo português de estar no mundo». O Luso-tropicalismo e a Ideologia Colonial Portuguesa (1933-1961)*. Porto: Edições Afrontamento, 1999, p. 46.

político. As alterações introduzidas foram no sentido de reforçar o controlo exercido sobre os territórios de além-mar, doravante (até 1951) denominados de «Colónias», em detrimento da usual designação de «Províncias Ultramarinas».

Conforme assegurava o artigo 3.º do Acto Colonial, o conjunto da metrópole e respectivas colónias tornavam-se o «Império Colonial Português». Por seu lado, o artigo 2.º garantia ser «da essência orgânica da Nação Portuguesa desempenhar a função histórica de possuir e colonizar domínios ultramarinos e de civilizar as populações que neles se compreendam», que o mesmo era confirmar uma «missão» inalienável que o Estado, há já vários séculos, vinha empreendendo.

Neste sentido, vários autores têm cunhado o período cobrindo as décadas de 30 e de 40 com o epíteto de «mística imperial»[66]. A expressão foi, aliás, na época, objecto de reflexão num livro de Fernando Alves de Azevedo, que a definia como «um apetite heróico de acção [...] que acima de tudo exige a manutenção integral de tudo quanto se fez ou se conseguiu»[67]. Contêm estas breves palavras a trave mestra do edifício ideológico colonial erigido pelo Estado Novo: a ideia de continuidade histórica ou a crença de que o ciclo aberto com a tomada de Ceuta, em 1415, não se fechara. Cabia, pois, aos vindouros, em nome da «época áurea» dos Descobrimentos, zelar, com entusiasmo e perseverança, pela integridade dos territórios de além-mar.

Sustentavam esta estrutura três alicerces. Em primeiro lugar, «a preocupação altruísta da cristianização das raças atrasadas» ou «civilização», uma vez que o «imperialismo português é muito diferente dos outros imperialismos europeus[68]». No entender da propaganda, «toda a nossa política tem sido e continua a ser a de elevar o nível cultural, económico e social do negro [...], arrancá-lo à ignorância e ao obscurantismo»[69]. Em segundo,

---

[66] Entre outros: Cláudia Castelo, «*O modo português de estar no mundo*»; e Luís Reis Torgal, «Muitas Raças, uma Nação' ou o mito do Portugal multirracial na 'Europa' do Estado Novo», in *Estudos do Século XX*. Coimbra: Quarteto, 2002, n.º 2, pp. 147-165.

[67] Fernando Alves de Azevedo, *Mística Imperial*. Lisboa: Editorial Cosmos, s. d., p. 4.

[68] *Idem, ibidem*, p. 5.

[69] Morais Cabral, «A vitória do nosso espírito colonizador», in *O Mundo Português*, 1939, vol. VI, p. 216.

«a convicção de que a obra colonial é de sacrifício, antes um dever que um direito»[70]. Enfim, em terceiro, «não só aumentar Portugal mas o número de portugueses»[71].

Por sua vez, esta construção simbólica e propagandística era revestida com vocabulário oriundo do espectro religioso. Ombreavam, ao lado da mencionada «mística», termos como «fé», «missão» e «vocação». As razões deste uso assentavam tanto na enfatização do vector missionário do expansionismo português, quanto na noção de as colónias constituírem um «depósito sagrado»[72], sem esquecer o carácter «redentor» que o Estado Novo, na sua crítica ao Liberalismo da Monarquia Constitucional e da Primeira República, se fez apóstolo.

António Ferro, em 1935, num discurso proferido na Sociedade de Geografia, intitulado *A Fé e o Império*, recuperava a famosa expressão de Camões, para pregar que a atitude do «novo» Portugal de Salazar «não é de carácter puramente religioso, mas largamente espiritual»[73]. Por sua parte, Amadeu Gomes de Figueiredo, governador de Cabo Verde entre 1931 e 1941, ao enaltecer o «portuguesismo» dos naturais do arquipélago, ressalvava que tal sentimento se devia à excepcional «missão civilizadora» levada a cabo pela metrópole de há meio milénio a esta parte[74].

Mas, a palavra de ordem que mais se vulgarizou, foi a de «vocação colonial», qualidade idiossincraticamente lusa que nos apartaria das demais nações colonizadoras europeias. Tal predisposição fundamentava-se na ideia de que o colonizador português, na ausência dos meios tecnológicos e do capital humano e económico dos seus concorrentes, compensaria esse défice graças a uma singular capacidade de interacção com os povos autóctones

---

[70] Fernando Alves de Azevedo, *Mística Imperial*. Lisboa: Editorial Cosmos, s. d., p. 6.

[71] *Idem, ibidem*, p. 6.

[72] Augusto Cunha, «Uma patriótica iniciativa de *O Mundo Português* — Os Cruzeiros de Férias às Colónias», in *O Mundo Português*, 1939, vol. VII, p. 308.

[73] António Ferro, *A Fé e o Império*. Discurso pronunciado pelo Director do SPN na Sociedade de Geografia em 19 de Janeiro de 1935. Lisboa: Edições SPN, p. 6.

[74] Amadeu Gomes de Figueiredo, «Discurso», in *Boletim Geral das Colónias*, 1939, n.º 172, p. 14.

encontrados, fruto de cinco séculos de contactos. Era nos seguintes termos que Armindo Monteiro descrevia essa arreigada convicção:

> Como ministro [das Colónias] atravessei as colónias portuguesas da África de ponta a ponta: penetrei sozinho em multidões profundas; misturei-me algumas vezes com a turba negra, sem defesa. Sempre me vi acolhido pelo clamor alegre da gente, sempre as suas manifestações de amizade me mostraram que a autoridade que eu representava era olhada com respeito, isenta de todo o terror, considerada como a protecção de que se necessita e que se deseja. Esta conquista do coração do negro é obra formidável de todos os portugueses das colónias[75].

Esta vocação mergulhava, ainda, as suas raízes na crença de que o fim do império prenunciaria o «fim histórico de Portugal»[76], ou seja, a sua absorção pela Espanha[77]. De forma alguma se tratava de uma novidade no discurso oficial. Desde a época dos Descobrimentos, tal percepção, de par com a aliança inglesa, fora equacionada como a melhor estratégia de resistência perante as tendências assimiladoras do país vizinho. Sobretudo, quando vinham ao de cima rumores de acordos secretos entre a Inglaterra e a Alemanha, relativamente a uma hipotética concessão de Angola e de Moçambique ao governo de Berlim, a imprensa sobressaltava-se, afirmando que «Portugal continental seria um *limão espremido* que a Espanha se encarregaria de absorver»[78]. Era como se, privado dos espaços onde se realizava como nação, Portugal devesse perder o direito à existência.

Tal sentimento defensivo podia encarnar duas outras formas. A primeira tinha que ver com um certo complexo de inferioridade em relação aos outros povos colonizadores. Acusado de instigar trabalho quase escravo nas

---

[75] Armindo Monteiro, «Os portugueses na colonização contemporânea», in *Boletim Geral das Colónias*, Maio de 1933, n.º 95, pp. 17-18.

[76] Título de um livro de Amorim de Carvalho, vindo a lume em 1976.

[77] Cf. Fernando Rosas, «Estado Novo, Império e Ideologia Imperial», in *Revista de História das Ideias*. Coimbra, 1994, vol. 17, p. 25.

[78] José Gonçalo Santa Rita (professor da Escola Superior Colonial), «Apreciação crítica da influência dos Descobrimentos», in *Boletim Geral das Colónias*, Abril de 1929, n.º 46, p. 18.

suas colónias, com dois importantes e fundamentados relatórios[79], surgidos em 1910 e 1925, a gerarem controvérsia, Portugal enfermava da má consciência de ter contribuído para a recriação, nos tempos modernos, da escravatura. Por outro lado, o Estado Novo, alegando o menosprezo dos regimes que o haviam antecedido, no que à questão colonial concerne, instituiu-se defensor intransigente dos territórios ultramarinos, quer em face dos apetites estrangeiros, quer, mais tarde, perante os movimentos de independência.

Com este intuito, a propaganda estimulou a publicação de livros e brochuras que, ao mesmo tempo que exaltavam o valor de alguns vultos coloniais dos tempos da Monarquia Constitucional e da Primeira República — Sá da Bandeira, Silva Porto, Capelo e Ivens, Mouzinho, António Enes, Alves Roçadas e Teixeira Pinto, entre outros —, condenavam a obra de conjunto daqueles dois regimes. Afinal de contas, o primeiro deles despertara tarde para a «corrida colonial», deixando antecipar-se pelo intento inglês de «unir o Cabo ao Cairo», que estilhaçou todas as esperanças depositadas no famoso mapa cor-de-rosa. Quanto à Primeira República, foi estigmatizada com as acusações, um tanto contraditórias, de ora desinteressar-se da causa das colónias[80], ora de malbaratar precioso capital em projectos ambiciosos, como teriam sido as tentativas de modernização de Angola gizadas por Norton de Matos nos anos 20.

---

[79] O primeiro dos quais, da autoria do chocolateiro inglês, William Cadbury, traduzido com o título: *Os Serviçais de S. Tomé*, e publicado em Lisboa, pela Livraria Bertrand, em 1910, denunciava a dureza das condições laborais dos trabalhadores contratados, ou arrebanhados, nas colónias portuguesas, tendo como destino as roças de S. Tomé. As conclusões do dito relatório, revelando que o pessoal contratado trabalhava «até aos limites da sua força», conduziram ao boicote inglês ao cacau oriundo daquele arquipélago. Quanto ao *Relatório sobre o trabalho indígena na África Portuguesa*, do americano Eduardo Alsworth Ross, publicado pela Imprensa Nacional, em Luanda, em 1925, e que havia sido apresentado à Sociedade das Nações, insistia na desumanidade do trato com os trabalhadores.

[80] Era mesmo corrente considerar-se o Liberalismo um parêntesis à «gesta» colonizadora doutros tempos. Ouça-se, a título ilustrativo, Manuel Anselmo em «Ideia Portuguesa de Império», in *O Mundo Português*, 1935, vol. II, pp. 58-59: «O Liberalismo, com as suas teorias anti-portuguesas de Liberdade, de livre concorrência, de democracia política, veio abrir na Nação imperial, um lamentável parêntesis — que graças a Salazar e a Armindo Monteiro, o Estado Novo acaba de fechar. O momento é, apenas, de *lusitanismo* integral, isto é, de aportuguesamento, em tudo, das nossas províncias de além-mar».

Os juízos mais severos visaram o pessimismo de Oliveira Martins. Este tivera, em meados do século XIX, a audácia de declarar que «a Índia e todas as mais possessões orientais, importam coisa nenhuma[81]». Ou, num registo ainda mais radical, que a propaganda deplorava como representativo da posição liberal em face das colónias[82]:

> *Timor* é coisa nenhuma; e melhor fora abandonar por uma vez, a troco de qualquer preço, este pedaço de ilha a que se não ligam tradições nem interesses. Um areal seco, umas casas de palha com um valado de terra e um pau onde tremula a bandeira portuguesa, ladeada por um soldado seminu com uma espingarda sem fechos, tiritando de febre, eis aí Dili, a que se chama — as nossas possessões da Oceânia[83].

Como quer que seja, a actividade propagandística passou mais pela afirmação do que pela crítica. Daí a pertinência de, a cada instante, relembrar que Portugal ocupava o terceiro lugar no «clube» das potências coloniais. Recorrendo aos mais variados e modernos meios ao seu dispor, o Estado Novo celebrou o «ressurgimento» de uma ideia e de uma acção[84].

Uma série de estudos histórico-geográficos, descrevendo as potencialidades económicas dos territórios de além-mar, veio a lume. Procurando desviar para África os fluxos migratórios que, na sua maior parte, se dirigiam para o Brasil, estes ensaios, secundados pela publicação de revistas temáticas, ambicionaram criar «vocações coloniais».

A revista *O Mundo Português* exemplificou cabalmente esse esforço. Fundada em 1934, seguiu uma linha editorial oficiosa, promovendo um ultramar a um tempo exótico e promissor. Ao longo de catorze anos, as suas páginas tocaram quase todos os temas atinentes: evocaram os Desco-

---

[81] Oliveira Martins, *O Brasil e as Colónias Portuguesas*. Lisboa: Guimarães e Cª. Editores, 1978, p. 164.

[82] Cf. Leite de Magalhães citando Oliveira Martins, in «Timor, a desventurada», in *O Mundo Português*, 1937, vol. IV, pp. 391-395.

[83] *Idem, ibidem*, p. 391.

[84] Ver: José Luís Lima Garcia, «A Ideia de Império na Propaganda do Estado Novo», in *Revista de História das Ideias*. Coimbra: 1992, vol. 14, pp. 411-423.

brimentos e as «campanhas de pacificação»; recriaram poesia e arte de e sobre os territórios colonizados; integraram estudos etnográficos e reproduziram discursos oficiais; transcreveram notícias de periódicos congéneres internacionais e estimularam, normalmente entre os mais novos, a participação em concursos e iniciativas. De resto, o desejo de atingir e influenciar estes últimos nunca foi escamoteado, garantindo Armindo Monteiro, no número inicial, destinar-se «esta revista à gente jovem»[85].

Dois outros periódicos a confirmaram a pretensa renovada atitude perante o espaço ultramarino foram o *Boletim (da Agência) Geral das Colónias* e o *Boletim da Sociedade de Geografia de Lisboa*. Paradoxalmente, ou não, ambos os boletins remontavam aos regimes anteriores, desmentindo, pela sua existência (e persistência), as alegações da propaganda acerca do papel redentor do Estado Novo em relação às anteriores «gerações de cépticos, de desanimados, de descrentes»[86] do ultramar.

Fundada em 1875, a Sociedade de Geografia de Lisboa funcionara como uma «tomada de consciência no seio da sociedade portuguesa para os problemas ultramarinos»[87]. Para além do seu boletim oferecer um panorama diversificado de temas, a Sociedade assumiu, a partir de 1925, muito ao gosto do espírito da época, o expediente de organizar uma «semana das colónias, criação patriótica [...] como um grito de alerta que anualmente ecoa de Norte a Sul do país»[88]. A iniciativa compreendia ciclos de conferências na sede da sociedade e em liceus e escolas de todo o país, assim

---

[85] Armindo Monteiro, «O Mundo Português», in *O Mundo Português*, Lisboa, Edição da Agência-Geral das Colónias e do Secretariado de Propaganda Nacional, 1934, vol. I, p. 3.

[86] *Idem, ibidem*, p. 3.

[87] Cf. Maria Manuela Lucas, «A Ideia Colonial em Portugal (1875-1914)», in *Revista de História das Ideias*. Coimbra: 1992, vol. 14, p. 299.

[88] Conde de Penha Garcia, «Semana das Colónias de 1934», in *Boletim da Sociedade de Geografia de Lisboa*, Maio e Junho de 1934, Série 52.ª, n.ᵒˢ 5 e 6, p. 216. José Capelo Franco Frazão, conde de Penha Garcia, foi presidente da Sociedade de Geografia de 1928 a 1940. Foi, inclusive, sob a sua direcção, que a Sociedade de Geografia se «aproximou da política colonial dos governos salazaristas e se tornou um instrumento de propaganda dos valores imperiais». Cf. Maria Isabel Simão, *Memória e Império. Comemorações em Portugal (1880-1960)*. Lisboa: Fundação Calouste Gulbenkian e Fundação para a Ciência e a Tecnologia, 2002, p. 210.

como sessões de poesia e de música das colónias e inaugurações de estátuas de figuras ligadas à expansão. Uma vez mais, era nos «novos de Portugal», para que «se habituem a considerar os nossos domínios ultramarinos como um prolongamento da Pátria[89]», que a tónica era posta.

Relativamente à Agência-Geral das Colónias, Armando Zuzarte Cortesão[90], seu primeiro director, após lamentar, no número inicial do boletim homónimo, que «a grande maioria dos portugueses desconhece[sse] em absoluto as nossas colónias[91]», assumia a tarefa de prover ao «preenchimento dessa lacuna». Entidade criada em 1925, quando a Primeira República se aproximava do fim, mas que transitou para o Estado Novo, a Agência-Geral, muitas vezes em parceria com o SPN/SNI[92], realizou uma vasta campanha de propaganda. Editou numerosas obras em Portugal e no estrangeiro, organizou um concurso anual de literatura de feição colonial[93], montou exposições, difundiu discursos oficiais e deu a publicar estatísticas, pautas económicas e outras indicações úteis aos colonos.

Retenha-se que, nesta época, mesmo os periódicos situados no campo da oposição, defenderam a causa das colónias[94]. Por exemplo, em 1926, a

---

[89] *Idem, ibidem*, p. 216.

[90] Ver José Luís Lima Garcia, *A História do* Boletim da Agência-Geral das Colónias/Boletim Geral do Ultramar *e a propaganda colonial. A acção do primeiro Director, Dr. Armando Cortesão (1924-1932)*. Guarda: Instituto Politécnico da Guarda, 1997.

[91] Armando Zuzarte Cortesão, «O Boletim da Agência-Geral das Colónias», in *Boletim da Agência-Geral das Colónias*, 1925, n.º 1, pp. 3-9.

[92] O Secretariado da Propaganda Nacional, criado em 1933 e rebaptizado, em 1944, Secretariado Nacional de Informação Turismo e Cultura, operou, desde os seus inícios, sob a direcção do jornalista António Ferro, o qual imprimiu um cunho muito próprio à organização. Sem ser o «Goebbels português», Ferro buscou conciliar vanguardismo e tradicionalismo, (re)criando a «vida e arte do povo português» na visão estadonovista.

[93] Ver Alberto Oliveira Pinto, «O Concurso de Literatura Colonial da Agência Geral das Colónias (1926-1951). Colonialismo e Propaganda», in *Clio*. Lisboa: Centro de História da Faculdade de Letras da Universidade de Lisboa, Nova Série, vol. 7, 2002, pp. 191-256.

[94] Não se deve esquecer que o Partido Comunista Português, primeira formação política a enveredar por uma posição anticolonial, apenas a iria tomar no seu V Congresso, em Setembro de 1957. Para uma panorâmica sobre a evolução da questão colonial nos Congressos e no pensamento do PCP, ver: João Madeira, «O PCP e a Questão Colonial — dos fins da guerra ao V Congresso (1943-1957)», in *Estudos do Século XX*. Coimbra: Minerva, 2003, n.º 3, pp. 209-243.

revista *Seara Nova* dava à estampa um número especial, onde abordava questões relacionadas com a partilha de África e se debruçava sobre os aspectos financeiro, económico, militar e laboral. No sumário podia ler-se: «a *Seara Nova* entende que a finalidade ideal da nação, maior e profunda razão da sua independência, se liga indissoluvelmente à missão colonizante»[95].

Toda uma série de exposições veio coroar este zelo propagandístico[96]. Na senda de um comemoracionismo capaz de persuadir os mais renitentes em abraçar a aventura colonial, as mostras traziam, aos olhos do espectador, um ultramar em miniatura, exótico e pitoresco, depurado das dificuldades que o colono enfrentava no seu dia-a-dia. Da extensa lista de realizações, bastará enumerar as mais significativas: a Exposição Colonial do Porto, de 1934; a Exposição do Mundo Português (Duplo Centenário), de 1940; e o Centenário da Morte do Infante D. Henrique, de 1960[97].

Enquanto as duas primeiras, exibindo um passado pejado de glórias, tiveram como objectivo passar a ideia de um país todo voltado para o futuro, já a cronologia do V Centenário do Infante, com uma conjuntura internacional cada vez mais adversa ao colonialismo, compensou o menor fulgor com um cardápio guarnecido de publicações melhor enquadráveis numa historiografia mais séria. Assim, tanto na Exposição do Porto, quanto na do Mundo Português, para além da exibição de mapas, artefactos dos autóctones e produtos coloniais, procedeu-se ao desfile de cortejos — verdadeiras paradas —, que pretendiam conferir movimento e aumentar o impacto visual da realidade ultramarina.

Na iniciativa de 1934, seis arautos abriam caminho a consagradas figuras do expansionismo marítimo, casos do Infante D. Henrique e de Gil Eanes. Depois, vinham uma caravela e um carro evocativo dos Descobrimentos,

---

[95] «A questão colonial», in *Seara Nova*, 9 de Janeiro de 1926, n.ºs 68 e 69, p. 143.

[96] Sobre este assunto, ver: Margarida Acciaiuoli, *Exposições do Estado Novo (1934-1940)*. Lisboa: Livros Horizonte, 1998; e Maria Isabel Simão, *Memória e Império. Comemorações em Portugal (1880-1960)*. Lisboa: Fundação Calouste Gulbenkian e Fundação para a Ciência e a Tecnologia, 2002.

[97] E, com efeito, a lista deste tipo de eventos abarca ainda: a participação na Exposição Colonial de Paris (1931), na Exposição Colonial de Nápoles (1934) e na Feira de Tripoli (1935); a Exposição Histórica de Ocupação (1937); e o Centenário de Mouzinho de Albuquerque (1955).

aos quais se seguiam carros e figuras alusivas a cada uma das colónias. Os «indígenas», que se inseriam no cortejo, emprestavam-lhe um toque de exotismo[98]. Destacavam-se, ainda, carros que transportavam pessoas envergando os trajos típicos de cada uma das regiões da metrópole.

A preparação do desfile encenado em 1940, no decorrer da Exposição do Mundo Português, envolveu meios ainda mais gigantescos. O objectivo seria surgir «aos olhos do público como um livro de história que se folheava»[99].

Outro meio empregue pela propaganda residiu na exibição de documentários cinematográficos. A longa-metragem *Feitiço do Império* (1940), de António Lopes Ribeiro, contando as desventuras de um luso-americano em viagem pela metrópole e pelo ultramar, cujo cepticismo inicial se converte numa viva admiração pela obra colonial levada a cabo pelo Estado Novo, demonstrou à saciedade o ponto de vista do regime[100].

Também o teatro «oficial» não desdenhou pôr a seus ombros tais directivas ideológicas. Carlos Selvagem (pseudónimo do major Carlos Tavares Afonso dos Santos), dirigente no terreno da «Missão Cinegráfica às Colónias de África», no decurso da qual nasceu o filme *Feitiço do Império*, foi autor de uma peça de teatro sobre a vida de uma família portuguesa em terras de África. Antigo governador civil de Angola, historiador militar, dramaturgo de renome e homem da situação até finais dos anos 40, Carlos Selvagem venceu, graças a uma peça estreada em 1936, o «Prémio Gil Vicente»[101]. Intitulada *Telmo, o Aventureiro*, o seu enredo faz defrontarem-se dois grupos de personagens: o que se pronuncia a favor da colonização; e aquele, cujo único interesse nas colónias se encontra subordinado ao rápido enriquecimento, não criando, pois, raízes. O desenlace, que dita a vitória do

---

[98] «O grandioso cortejo alegórico que foi a apoteose vibrante da Exposição Colonial», in *Ultramar. Órgão Oficial da Exposição Colonial*. Porto: 15 de Agosto de 1934, n.º 14, pp. 4-5.

[99] Maria Isabel Simão, *Memória e Império. Comemorações em Portugal (1880-1960)*, p. 330.

[100] Ver: Joaquim Mota Júnior, *O Feitiço do Império*. Lisboa: Agência-Geral das Colónias, 1940. Sobre o filme, ver: Luís Reis Torgal, «Cinema e Propaganda no Estado Novo — 'A Conversão dos Descrentes'», in *Revista de História das Ideias*, 1996, vol. 18, pp. 324-337.

[101] O Prémio de Teatro Gil Vicente foi atribuído, anualmente, a partir de 1935, pelo SPN/SNI, ao melhor entrecho estreado nesse ano. Ver: Sérgio Neto, «Para o Estudo da 'Estética Oficial' do Estado Novo — Os prémios de teatro 'Gil Vicente' do SPN/SNI (1935-1949)», in revista *Estudos do Século XX*. Coimbra: Quarteto, 2001, n.º 1, pp. 117-155.

primeiro grupo, termina com um pungente peroração, na qual se enaltecem as virtudes dos colonos — esforço, abnegação e espírito de sacrifício[102].

Por último, no que respeita à música, sabe-se que esta foi presença assídua nas exposições efectuadas, havendo todo o empenho em fazer deslocar à metrópole cantores, instrumentistas e dançarinos das colónias. Em 1934, no decorrer da Exposição Colonial do Porto, conforme testemunha o escritor natural de Cabo Verde, Fausto Duarte, ficou famosa a execução da morna: «os que a ouviram jamais se esquecerão»[103].

Já no campo da música erudita, segundo o musicólogo Alexandre Delgado, não abundam muitos exemplos de composições integrando ritmos africanos[104]. Dir-se-ia que a *Suite Colonial*, de Frederico de Freitas, tocada no Pavilhão Colonial da Exposição do Mundo Português, e a Quinta Sinfonia *Virtus Lusitaniae* (1966), de Joly Braga Santos, sugerindo as sonoridades do sul de Moçambique, não passaram de bem-intencionadas excepções.

De mencionar, igualmente, o *Hino do Império Português*, com música de Margarida Roma Machado, sob poema de Ramiro Vaz Guedes[105]. O hino, de um nacionalismo pomposo, decerto entoado por um ribombante coro, com o acompanhamento de órgão a adicionar-lhe a indispensável dimensão litúrgica, estreou a 27 de Julho de 1940, nos Jerónimos, como rubrica do programa das celebrações do Duplo Centenário.

Unificado, mitificado e sagrado, o império que ia de Minho a Timor revelava-se mais uma construção da propaganda do que uma realidade implantada. Eis um facto constatável na essência de toda a actividade ideológica, que necessita de continuamente se afirmar, mesmo que a partir de generalizações abusivas de uma verdade fundada no real. O fortalecimento do anticolonialismo e dos nacionalismos, na Ásia e na África, no pós-Segunda Guerra Mundial, iria prestar-se à desmistificação do «fardo do homem branco».

---

[102] Cf. *idem, ibidem*, pp. 19-22.

[103] Fausto Duarte, *Da Literatura Colonial e da 'Morna' de Cabo Verde*. Porto: Edições da 1.ª Exposição Colonial Portuguesa, 1934, p. 17.

[104] Cf. Alexandre Delgado, *A Sinfonia em Portugal*. Lisboa: Editorial Caminho, 2002, p. 236.

[105] Autor que vencera uma edição dos Prémios Literários do SPN/SNI, na categoria de poesia. Ver: Luís Reis Torgal, «'Literatura Oficial' no Estado Novo. Os Prémios Literários do SPN/SNI», in *Revista de História das Ideias*. Coimbra: FLUC, 1999, pp. 415-416.

1.2.2. O Luso-tropicalismo — nova ideologia ou velha crença?

Eduardo Lourenço, num ensaio datado dos anos 60[106], traçou um quadro negro da conjuntura que então ensombrava Portugal. Envolvido numa guerra que se eternizava, acossado na ONU com o libelo de «colonialista» e crescentemente isolado na comunidade internacional, o país insistia em escamotear com «falsos» argumentos a questão de fundo. Esta tinha origem numa «hipertrofia» da identidade nacional. Criara-se o mito de que o país, nos mais fundos recessos da sua «alma», não abrigava quaisquer formas de racismo. As colónias seriam, afinal, prolongamentos territoriais e humanos da metrópole, cuja separação (independência) era assimilada a uma imagem recorrente do nacionalismo — a amputação.

Os argumentos mais contundentes de Eduardo Lourenço dirigiam-se à «elementar», «arbitrária» e «provocante mitologia do ultracolonialismo»[107], ou seja, à teoria luso-tropical do sociólogo brasileiro Gilberto Freyre. Apadrinhada pelo Estado Novo, desde 1951, numa tentativa de opor a «boa» colonização portuguesa ao «mau» colonialismo das outras nações europeias, esta teoria destacava a singularidade da presença portuguesa, o seu «humanitarismo», «tolerância» e «adaptação» aos valores do Outro e a faculdade de construir complexos civilizacionais multiculturais e multirraciais.

Tal convicção, alicerçada na diáspora pelos «quatro cantos do mundo» e no «universalismo» português, assim como na visão de um imenso Brasil multirracial e na reminiscência da propaganda difundida pelo regime de Salazar/Caetano, «ainda perdura no actual discurso político e cultural»[108], pouco se deixando afectar pelo 25 de Abril e consequente processo de descolonização. Num debate que não se extingue, diversas figuras dos mais variados quadrantes têm subscrito este ou aquele aspecto da mencionada teoria e, em alguns casos, tentado mesmo retomá-la numa outra veia.

---

[106] Eduardo Lourenço, *Situação Africana e Consciência Nacional*. Amadora: Bertrand, 1976.

[107] *Idem, ibidem*, p. 34.

[108] Cláudia Castelo, *«O Modo Português de estar no Mundo» – o luso-tropicalismo e a ideologia colonial portuguesa (1933-1961)*, p. 14.

O insuspeito presidente do Senegal e co-fundador do movimento da Negritude, Léopold Sédar Senghor, quando de uma homenagem prestada pela Academia de Ciências de Lisboa, em 1975, proferiu uma oração na qual, recorrendo a Gilberto Freyre, defendia a mestiçagem como um dos factores capitais no povoamento do território português. Nas suas palavras, a miscigenação teria ajudado a integrar e a mesclar a multiplicidade de povos que ia dos iberos aos muçulmanos[109]. Sob o alento da experiência inicial, a «aventura» teria continuado nas terras de além-mar, podendo Senghor concluir que o Portugal pós-colonial, uma vez ultrapassados os traumas da guerra e do Salazarismo, haveria forçosamente de trilhar um duplo caminho: «reintegrar a Europa» e «ajudar com o Brasil à elaboração de um mundo lusófono, nomeadamente, ao nascimento, em África, de novos brasis»[110].

É francamente provável que tenha sido sob o signo das polémicas dos finais do século XIX, versando o povoamento mestiço de Portugal e o florescimento dos movimentos pan-africanos dos inícios do século XX, que despontou a doutrina luso-tropical de Gilberto Freyre. A própria ideologia ultramarina, desde os tempos da Monarquia Constitucional, vinha sustentando que o país, graças a um peculiar talento nas relações com as diferentes culturas, supriria as suas exiguidades humanas e materiais[111]. Além do mais, o sociólogo pertencia à geração literária brasileira de 30, que deu do seu país uma visão de diversidade étnico-cultural. Assim como se inseriu numa corrente de cientistas sociais — casos de Sérgio Buarque de Holanda e Arthur Ramos —, que, valorizando os elementos negro e índio e a decorrente miscigenação, ajudaram a modificar o Darwinismo Social reinante[112].

---

[109] Cf. Léopold Sédar Senghor, *Lusitanidade e Negritude*. Lisboa: Academia das Ciências de Lisboa, 1975, p. 30.

[110] *Idem, ibidem*, p. 57.

[111] Cf. Valentim Alexandre, «Prefácio» in *«O Modo Português de estar no Mundo» — o luso-tropicalismo e a ideologia colonial portuguesa (1933-1961)*, pp. 5-6.

[112] Ver: Sérgio Buarque de Holanda, *Raízes do Brasil*. Lisboa: Gradiva, 2000; e Arthur Ramos, *O negro brasileiro: ethnographia religiosa e psychanalyse*. Rio de Janeiro: Civilização Brasileira, 1934.

Por outro lado, Freyre foi discípulo de Franz Boas, antropólogo alemão radicado nos Estados Unidos. Alegando que «a close connection between race and personality has never been established», pelo que «requires a logical as well as a biological redefinition»[113], Boas foi pioneiro na crítica ao conceito de «raça». Ao mesmo tempo, promoveu a ideia segundo a qual nem sempre uma sociedade tecnologicamente avançada se encontra melhor adaptada ao seu meio ambiente do que uma outra possuidora de menos recursos. Prelúdio ao fim do etnocentrismo europeu, o pensamento de Boas ousou questionar os estereótipos em torno da mestiçagem[114], assim como forneceu pistas para a compreensão de «the Negro problem in the United States»[115].

Todos estes elementos fertilizaram a visão do mundo de Gilberto Freyre, inclusive, a descrença na colonização anglo-saxónica. Nas suas memórias, ao evocar a estadia nos Estados Unidos, recordaria a impressão causada pela Ku-Klux-Klan, quando, no Brasil, nunca se deparara com tão graves casos de racismo[116].

Na sua famosa obra de 1933, *Casa Grande e Senzala*, o sociólogo, com base nas características que distanciariam o povo português dos demais europeus, começava por explicar a peculiaridade da colonização lusa. Freyre acentuava «a singular predisposição do português para a colonização [...] dos trópicos»[117], atribuindo este «sucesso» a três características inatas do homem luso: a *mobilidade*, que lhe permitira, com escassos recursos humanos, espalhar-se por largas regiões do planeta; a *miscibilidade*, ou seja, a capacidade de se unir amorosamente, como nenhum outro europeu, a não europeus, criando sociedades plurirraciais; e a *aclimatabilidade* — es-

---

[113] Franz Boas, *The mind of primitive man*. New York: The Macmillan Company, 1939, p. V.

[114] *Idem, ibidem*, pp. 271-272.

[115] Cf. *idem, ibidem*, 268 e ss.

[116] Cf. Cláudia Castelo, *«O Modo Português de estar no Mundo» — o luso-tropicalismo e a ideologia colonial portuguesa (1933-1961)*, p. 20.

[117] Gilberto Freyre, *Casa Grande e Senzala. Formação da família brasileira sob o regime de economia patriarcal*. Lisboa: Livros do Brasil, 1957, p. 18.

pécie de resistência congénita aos solos e às temperaturas das regiões tropicais[118].

Estas características de «plasticidade» étnico-cultural procediam de factores de variada ordem. Em primeiro lugar, do clima ibérico, composto de «um ar quente e oleoso, amolecendo nas instituições e formas de cultura as durezas germânicas»[119]; em segundo, da herança de tolerância e de cosmopolitismo legada pela multiplicidade de povos que tinham ocupado a Península; e, não menos significativo, das pretensões universalistas e fraternais do Catolicismo, o qual buscara converter o «gentio» durante a expansão, chamando-o a uma grande «família» cristã.

No Brasil ter-se-ia assistido ao desenrolar disso mesmo, com a escravatura a evoluir para uma servidão suavizada. O facto de os portugueses não terem pejo em relacionarem-se sexualmente com as naturais e as escravas africanas, perfilhando e libertando os filhos mestiços daí resultantes, mas, também, haverem conjugado, num complexo sincrético e novo, todas as experiências e saberes dos diferentes grupos em presença, fazia do Brasil «a maior civilização moderna nos trópicos»[120].

Em claro contraste com o que antes se advogara, o mulato, longe de estéril, fora e era um mediador entre as várias culturas, isto sem obstar a que Freyre conferisse ao português o papel de protagonista. Nesta óptica, as novas culturas mais não seriam do que a lusa revestida de um sabor tropical. Com as suas particulares qualidades de *mobilidade*, *miscibilidade* e *aclimatabilidade*, o colonizador limitara-se a reproduzir e continuar além-mar a sua própria história tão intimamente ligada à miscigenação.

Não obstante alguns livros do sociólogo, como *O mundo que o Português criou*[121], terem feito a ponte entre a colonização brasileira e aqueloutra que vinha a ser empreendida no ultramar, o credo freyriano, somente a partir dos anos 50, penetrou na ideologia colonial subscrita pelo Estado Novo.

---

[118] Ver: *idem, ibidem*, pp. 18-29.

[119] *Idem, ibidem*, p. 18.

[120] *Idem, ibidem*, p. 192.

[121] *Idem, O mundo que o Português criou*. Lisboa: Livros do Brasil, 1940.

No meio académico, os antropólogos Eusébio Tamagnini e António Mendes Correia personificaram a voz da desconfiança pela mestiçagem[122].

No I Congresso Nacional de Antropologia Colonial (1934), ambos os estudiosos apresentaram comunicações sobre «os problemas da mestiçagem». Tamagnini, que chegou a estar ligado aos meios nacionais-sindicalistas, foi professor universitário em Coimbra e director do respectivo Laboratório Antropológico. Na sua comunicação, após fazer uma prévia incursão no reino animal, concluía pela negativa: «quando se trata de indivíduos muito diferentes os resultados [da mestiçagem] são desastrosos». Simbolicamente, chamava a terreiro o «cruzamento entre o burro e o cavalo», paradigma entre os paradigmas da mestiçagem.

Depois, circunscrevendo-se à espécie humana, Tamagnini assegurava que, «por mais divergentes que sejam as raças [...] os respectivos cromossomas não manifestam a menor incompatibilidade»[123]. No entanto, havia que nunca perder de vista os «aspectos nacional e social», pois, «quando dois povos atingem níveis culturais diferentes e organizam sistemas sociais completamente diversos», os resultados da miscigenação poderiam comprometer o equilíbrio[124].

A sua posição em nada diferia do que Hipólito Raposo anos antes postulara acerca do mestiço enquanto pária de dois mundos. Simultaneamente, ia ao encontro da ideologia propagada pelo Estado Novo, favorável a uma pacífica coabitação cultural entre colonizador e colonizado e de respeito pelas instituições e os costumes consuetudinários locais. Neste contexto, o mestiço — sobretudo, nos espaços em que se achava minoritário — poderia até ser um agente de perturbação, propício à revolta contra as duas sociedades nas quais não se reconhecia.

Quanto a Mendes Correia, se bem que confessasse, perante a falta de estudos fundamentados, a impossibilidade de emitir uma opinião definiti-

---

122 Cf. Miguel Vale de Almeida, *Um mar da cor da terra. Raça, cultura e política da identidade*. Oeiras: Celta Editora, 2000, p. 173.

123 Eusébio Tamagnini, *Os Problemas de Mestiçagem*. Comunicação ao I Congresso Nacional de Antropologia Colonial. Porto: Edição da 1.ª Exposição Colonial Portuguesa, 1934, p. 17

124 *Idem, ibidem*, pp. 26-27.

va[125], não escondia poder a mestiçagem «generalizada e sem restrições» conduzir a um «confuso *melting pot*» de consequências imprevisíveis. Uma vez caldeados todos os «factores degenerativos» e «insuficiências individuais» e uma vez reduzida a humanidade a uma amálgama indistintamente caracterizada, que o antropólogo comparava aos «atípicos e lazarentos 'cães de rua'»[126], a extinção pela degenerescência tornar-se-ia hipótese a admitir. No que se refere ao aspecto cultural do fenómeno, Mendes Correia, mais comedido e cauteloso, salientava o caso cabo-verdiano, julgando-o representativo de um encontro imperfeito, é certo, mas percorrido por «uma suavidade e uma beleza» de uma «acentuada originalidade de psicologia e cultura» [127], dignas da sua «simpatia».

As ilhas de Cabo Verde suscitariam, aliás, à margem do Congresso de Antropologia Colonial (mas por causa dele), uma acesa polémica em torno das implicações do «ser-se mestiço». Ao que consta, nem Tamagnini, nem Mendes Correia se pronunciaram acerca do debate havido, embora o segundo se tivesse mostrado interessado em conhecer os sentimentos dos seus compatriotas acerca da miscigenação em sentido genérico. De forma a «obter a opinião predominante nos nossos colonialistas sobre aquele transcendente problema», Mendes Correia organizou um inquérito, cujos questionários foram distribuídos pela Agência-Geral das Colónias, pelas Missões Ultramarinas e pela Sociedade de Geografia de Lisboa[128].

Das centenas de inquéritos dados a preencher, apenas pouco mais de trinta tiveram retorno. Neles estavam representados os seguintes grupos profissionais: missionários, médicos, oficiais do exército, funcionários e engenheiros. As perguntas incidiram sobre a «conveniência ou inconveniência, no ponto de vista dos altos interesses nacionais e do progresso, [em] favorecer a mestiçagem»; a saúde e robustez física; a aptidão para o

---

[125] António Mendes Correia, *Os mestiços nas colónias Portuguesas*. Comunicação ao I Congresso Nacional de Antropologia Colonial. Porto: Edição da 1.ª Exposição Colonial Portuguesa, 1934, p. 7.

[126] *Idem, O mestiçamento nas colónias portuguesas*. Comunicação apresentada ao Congresso Colonial. Lisboa: 1940, p. 12.

[127] *Idem, Raças do Império*. Porto: Portucalense Editora, 1943, p. 318.

[128] Cf. António Mendes Correia, *Os mestiços nas colónias Portuguesas*, p. 7.

trabalho e a moralidade; e, finalmente, a avaliação de traços de carácter, como a impulsividade, a sugestibilidade, a tenacidade, a educabilidade e a inteligência.

Os parâmetros das interrogações colocadas permitem inferir os preconceitos alimentados pelo escol colonial português, nomeadamente, a pretensa indolência dos sujeitos e o seu «baixo» padrão de moralidade (sexual), podendo a «sugestibilidade» ser interpretada como a atracção por práticas supersticiosas. Assim sendo, os resultados não fugiram ao espírito da época, pois, apesar de a maior parte dos inquiridos ter referido virtudes como a inteligência e a educabilidade em elevado grau, persistia a crença na sugestibilidade, na irresolução e na imprevidência mestiça[129]. E, embora os inquéritos colhidos não testemunhassem de modo irrefutável tal ideia, Mendes Correia introduzia o lugar-comum de que «é frequente afirmar-se que a um certo brilho intelectual os mestiços contrapõem grandes lacunas do ponto de vista moral».

Que ajuizar, pois? Que, apesar do louvor prestado à inteligência (ver os letrados cabo-verdianos) e à educabilidade (ver os mestiços como ordeiros agentes ao serviço do colonizador perante o «negro incivilizado»), se respondia pela negativa à interpelação principal: no esforço colonizador português, dispensava-se a mestiçagem.

Eis, em suma, o clima que os primeiros textos de Gilberto Freyre vieram encontrar no Portugal das décadas de 30 e 40. Clima dominante é bom de ver, posto que, aqui e além, através da pena de alguns escritores, foram-se tecendo comentários positivos ao fenómeno. O sociólogo brasileiro ganhou, inclusive, os seus primeiros apoiantes: oposicionistas ao regime, como a romancista Maria Archer e António Sérgio; homens da situação, como José Osório de Oliveira e o antigo integralista Manuel Múrias[130].

José Osório de Oliveira, talvez pelas suas raízes luso-brasileiras, contou-se entre os primeiros seguidores, em Portugal, de Gilberto Freyre. Seduzido pela cultura cabo-verdiana, com a qual tomou contacto nos finais dos anos 20, destinou boa parte da sua obra literária ao arquipélago. Na década seguin-

---

[129] Cf. *idem, ibidem*, pp. 10-14.

[130] Cf. Cláudia Castelo, «*O Modo Português de estar no Mundo*», pp. 69-84.

te daria à estampa uma série de artigos imbuídos do firme propósito de reabilitar a mestiçagem, logrando até desenterrar certa insólita passagem de Gobineau, favorável às «misturas de sangue»[131].

Atestando ser «raro em Portugal, atacar-se alguém por ser mestiço», com a ressalva da disputa política, Osório de Oliveira descobria, na miscigenação, uma das «modalidades mais inteligentes, mais humanas e mais cristãs» da colonização nacional[132]. Nos decénios subsequentes, o seu entusiasmo pela mestiçagem e por Gilberto Freyre não esmoreceria, até porque os anos 50 os empurrariam para o centro da ideologia colonial estadonovista.

Outros importantes vultos literários, como Maria Archer e António Sérgio, mediram mais cuidadosamente o alcance da teoria. Se Archer, olhando para Angola e Moçambique, se questionava acerca da razão de o português aí não haver criado «o mesmo país de alma crioula [...] que soube criar no Brasil»[133], Sérgio, redactor do prefácio de *O mundo que o Português criou*, intrigava-se com o facto de a «originalidade» da obra lusa em terras da América do Sul contrastar com a «modéstia do que fazemos na Europa»[134].

Com o fim da Segunda Guerra Mundial e a criação da ONU tudo mudou. Iniciava-se o processo de descolonização e, consequentemente, a ideia de «império» tornou-se um tanto incómoda para o Estado Novo. Em 1951, o regime tomava a decisão de inserir o Acto Colonial na Constituição e de se regressar à antiga designação de «províncias ultramarinas», voltando a chamar--se «ultramar» ao império. Era, pois, da seguinte forma que o Presidente do Conselho, num discurso feito à União Nacional, dava o mote do que iria suceder, alegando, porém, razões de assimilação das populações coloni-zadas:

---

[131] Cf. José Osório de Oliveira, «A suposta inferioridade do mestiço», in *O Mundo Português*, 1939, vol. VI, p. 57.

[132] Cf. *idem*, «A Mestiçagem. Esboço de uma opinião favorável», in *O Mundo Português*, 1934, vol. I, p. 367.

[133] Maria Archer, «Aspectos da 'paisagem social' na África portuguesa e no Brasil do passado sugeridos pelos livros de Gilberto Freyre», in «A questão colonial», in *Seara Nova*, 27 de Novembro de 1937, n.º 537, p. 200.

[134] Cf. António Sérgio, «Prefácio», in Gilberto Freyre, *O mundo que o Português criou*. Lisboa: Livros do Brasil, 1940, p. 10.

Os principais factos do ano parlamentar e político deverão ser a revisão da Constituição e do Acto Colonial [...]. Não há, de modo algum, mudança da grande orientação então seguida, embora isso se pudesse supor pelo facto de serem numerosas as alterações propostas; pelo contrário, há uma linha que nitidamente se reforça e essa aliás bem vincada já no nosso pensamento — a da integração cada vez mais perfeita e completa de todas as províncias dispersas na unidade da Nação portuguesa [...]. Ao fazermos o nosso exame de consciência — nós, velho povo colonizador, com mais humanitarismo prático que o que escorre do idealismo de alguns cenáculos, nós que reconhecemos deficiências e até erros na acção histórica desenvolvida, temos a orgulhosa sinceridade de nos ufanar dela e de concluir que, mesmo quando precisemos de ajudas, podemos dispensar tutelas[135].

A tal estratégia de cosmética jurídica, que sugeria, apesar da descontinuidade territorial, uma nação una do Minho a Timor, sucedeu-se um reforço ideológico escorado no «universalismo português». Mais do que nunca, a propaganda fez eco de preocupações humanistas, perfilhando, após uma viagem de Freyre ao ultramar a convite do governo (1951-1952), certos aspectos do Luso-tropicalismo.

A edição de dois livros versando essa jornada[136], a colaboração de Freyre em jornais portugueses e a recorrente referência à teoria, sempre que Portugal se sentia acossado nas mais altas instâncias da política internacional, pareceram traduzir a existência de um compromisso ideológico entre Estado e cientista social. De futuro, apesar de o sociólogo brasileiro reiterar que a sua tese não continha quaisquer finalidades político-ideológicas[137], não mais a máquina de propaganda do regime a esqueceria. O Luso-tropicalismo foi cavalo-de-batalha na ONU. Porque, para todos os efeitos, os territórios

---

[135] António de Oliveira Salazar, «Discurso de S Ex.ª o Presidente do Conselho às Comissões Políticas da União Nacional», in *Boletim Geral das Colónias*, 1951, n.º 172, p. 307, pp. 7-8.

[136] Gilberto Freyre, *Aventura e Rotina*. Lisboa: Edições Livros do Brasil, 1954; e *Um brasileiro em terras portuguesas*. Lisboa: Edições Livros do Brasil, 1954.

[137] Ver: «Prefácio», in Gilberto Freyre, *Arte, Ciência e Trópico*. São Paulo: Difel, 1980, pp. 8-13.

ultramarinos não passavam de brasis embrionários, pelo que interromper o seu processo de «construção» (descolonizar), seria comprometer os resultados da «boa» colonização portuguesa.

No que respeita aos «indígenas», também se assistiu a uma mudança de linguagem. Propôs-se uma mais rápida assimilação ao complexo cultural europeizado[138]. A concessão da cidadania, em 1953, a Timor e a S. Tomé e Príncipe, e, em 1961, à Guiné, Angola e Moçambique, responderam a esse quesito[139].

Em breve, estudiosos de renome, como o geógrafo Orlando Ribeiro, o médico Almerindo Lessa e o ensaísta Adriano Moreira[140], acolhiam nas suas investigações os ensinamentos luso-tropicais, sendo de sublinhar o número de teses e de trabalhos entretanto surgidos[141]. Por exemplo, Manuel Belchior, numa obra dedicada ao Instituto Superior de Ciências Sociais e Política Ultramarina, abria com uma epígrafe esclarecedora: a «vocação africana de Portugal» remontava a tempos muito anteriores aos Descobrimentos. A seu ver, o conhecimento da «alma negra» derivava da «herança biológica» dos múltiplos povos invasores da Península Ibérica e do clima cálido desta[142]. Numa lógica colonialista, Belchior expressava o desejo de um possível entendimento entre a Europa e a África, continentes de há muito desavindos, perante os quais Portugal, fiel à sua «política multicultural», teria uma pala-

---

[138] Cf. Luís Reis Torgal, «'Muitas Raças, uma Nação' ou o mito do Portugal multirracial na 'Europa' do Estado Novo», pp. 154-160.

[139] Mas, para Salazar, os povos colonizados nunca haveriam de atingir a «maioridade». Em 1958, não se coibiu de retorquir a um jornalista de *Le Figaro*, que lhe perguntava pelo direito dos povos disporem de si próprios, nos seguintes termos: «se um filho seu de tenra idade quisesse abandonar o tecto paterno para correr mundo, consentir-lho-ia?». António de Oliveira Salazar, «Panorâmica da Política Mundial — entrevista a Serge Groussard», in *Discursos de Salazar (1951-1958)*. Lisboa: Edições SNI, 1958, p. 18.

[140] Curiosamente, todos eles, de uma maneira ou de outra, ligados às problemáticas de Cabo Verde.

[141] Cf. Cláudia Castelo, *«O Modo Português de estar no Mundo»*, pp. 101-107; e Donato Gallo, *O Saber Português. Antropologia e Colonialismo*. Lisboa: Heptágono, 1988.

[142] Cf. Manuel Belchior, *Fundamentos para uma política multicultural em África*. Lisboa: 1966, pp. 37-38.

vra a dizer[143]. Ou como sentenciava o subdirector da revista *Ultramar*, Luís Filipe de Oliveira e Castro: «fomos diferentes dos outros. Diferentes temos de continuar a ser»[144].

«Quo vadis Ocidente?»[145], título de um artigo também publicado nessa revista, em 1965, era, pois, a questão endereçada pelo país aos seus aliados da NATO. Afinal, não seria o cada vez menor apoio diplomático à manutenção das colónias portuguesas, prelúdio ao abandono de pontos estratégicos aos grupos anticoloniais independentistas, tidos por simples marionetas de Moscovo e/ou de Pequim[146]?

A queda de Goa e os inícios da Guerra Colonial, em 1961, exacerbaram os sentimentos defensivos de um regime cada vez mais desacreditado, o qual, um ano antes, nas Comemorações do V Centenário da Morte do Infante D. Henrique, ensaiara uma última grande teatralização de si mesmo. Os tempos não corriam de feição e o evento teve uma luz outonal, passe o termo. No entanto, selou o compromisso ideológico entre o Estado Novo e o pensamento de Gilberto Freyre, tendo o sociólogo contribuído com a obra *O Luso e o Trópico*. Esta última foi definida pelo antigo Ministro dos Negócios Estrangeiros José Caeiro da Mata, à época Presidente da Comissão Organizadora do Congresso e da Comissão Executiva das Comemorações do V Centenário da Morte do Infante D. Henrique, nos seguintes termos:

> Era desejo da mesma Comissão que esse estudo servisse para a todos mostrar que não há problemas fundamentais, de ordem social, entre os portugueses do Continente e os portugueses dos Territórios Ultramarinos, visto todos nos sentirmos na mesma comunidade [...]. Desejou a Comissão que esse tema fosse tratado por um estrangeiro de nome universalmente

---

[143] Cf. *idem, ibidem*, p. 303.

[144] Luís Filipe de Oliveira e Castro, «Uma nação multi-racial em África», in *Ultramar*, Abril-Junho 1961, n.º 4, p. 124.

[145] Gago de Medeiros, «Quo vadis Ocidente», in *ibidem*, 1965, vol. VI, n.º 21, pp. 135-144.

[146] Cf. Alejandro Botzaris, *África e o Comunismo*. Lisboa: Junta de Investigações do Ultramar, 1959, vol. 1, pp. 15-19.

consagrado, possuidor de conhecimentos especiais para dele se ocupar com a maior competência, com a maior liberdade e também com a maior fidelidade histórica[147].

Obra síntese e peça chave para a posterior acusação de intelectual *engagé*, *O Luso e o Trópico* foi curiosamente dedicado a Charles Boxer, historiador inglês dos Descobrimentos e crítico do Luso-tropicalismo[148]. Recorde-se que, anos mais tarde, seria Gilberto Freyre que Boxer tinha em mente quando escrevia: «não faltam eminentes autoridades contemporâneas que afirmem que os Portugueses nunca tiveram quaisquer preconceitos raciais dignos de menção»[149].

Composto por dezassete capítulos e subintitulado de «sugestões em torno dos métodos portugueses de integração de povos autóctones e de culturas diferentes da europeia num complexo novo de civilização: a luso-tropical», o escrito de Freyre começava por inventariar os homens de ciência portugueses que «ultimamente têm reorientado as suas investigações [...] sob o critério luso-tropical»[150]. No campo artístico, saudava Heitor Villa-Lobos (compositor) e Óscar Niemeyer (arquitecto) na qualidade de cultores de uma estética próxima das suas ideias. Por fim, percorria as áreas da arte, da religião e da sociologia, analisando a produção escrita de vultos como Luís de Camões, Garcia de Orta e Fernão Mendes Pinto.

A propaganda não olvidou a mensagem até ao fim. Amiúde, em jeito de axioma, rememorava eventos exemplares da história colonial, generalizando

---

[147] José Caeiro da Mata, «Nota introdutória», in Gilberto Freyre, *O Luso e o Trópico*. Lisboa: Comissão Executiva das comemorações do V Centenário da Morte do Infante D. Henrique, 1961, p. X.

[148] Teoria que chegou a apelidar de «artigo de fé». Cf. Charles Boxer, *Relações Raciais no Império Colonial Português (1415-1825)*. Porto: Afrontamento, 1977, p. 7.

[149] *Idem, O Império Colonial Português*. Lisboa: Edições 70, 1981, p. 242.

[150] O médico Almerindo Lessa, o jurista Marcelo Caetano, o politólogo ensaísta Adriano Moreira, o antropólogo Jorge Dias e o historiador de arte Mário Chico. Não sem orgulho, Freyre informava que a *Enciclopédia Americana* dispunha agora de uma entrada contemplando a sua doutrina. Cf. Gilberto Freyre, *O Luso e o Trópico*. Lisboa: Comissão Executiva das comemorações do V centenário da morte do Infante D. Henrique, 1961, p. 2.

e exagerando o seu alcance[151]. O círculo parecia fechar-se. Portugal, contra tudo e contra todos, «orgulhosamente só», cumpria a sua vocação histórica: não obstante permanecer igual a si mesmo, continuava a recriar-se no ultramar.

Doravante à defensiva, o Terceiro Império Português, mais do que nunca, julgou-se o Quinto Império sonhado por António Vieira. E, em última análise, a doutrina luso-tropical, pelo menos na sua leitura ideológica, não escapava ao messianismo séculos antes pregado pelo autor do *Sermão da Sexagésima* e, no século XX, na voz do filósofo Agostinho da Silva[152]: era fora de si, longe da Europa, no Brasil (e em África), que o país continuaria realmente a viver e a oferecer o melhor de si ao mundo.

---

[151] Veja-se, a este propósito, como o contínuo louvor em torno da identidade mestiça do governador de origem cabo-verdiana da Guiné oitocentista, Honório Barreto, pretendia tomar o todo pela parte, imaginando uma liberalidade racial que, em bom rigor, nunca existiu.

[152] Cf. Miguel Real, *Portugal. Ser e Representação*. Lisboa: Difel, 1998, p. 39.

II

Cabo Verde na encruzilhada de três continentes

2.1. Colonos, escravos e corsários

O arquipélago de Cabo Verde fica situado no Atlântico Norte, adentro do Trópico de Câncer, fronteiro ao acidente geográfico que lhe deu o nome. Apesar de, pela sua posição, pertencer ao continente africano, do ponto de vista botânico e biogeográfico — sem esquecer a comum origem vulcânica —, faz parte do conjunto de cinco arquipélagos que compõem a Macaronésia, a qual inclui os Açores, a Madeira, as Desertas e as Canárias. Pertence, também, ao Sahel, sub-região africana que se estende do Atlântico ao Mar Vermelho, e que faz a transição entre o Sahara e o restante continente. Esta faixa de terra, que atravessa países como o Senegal, a Mauritânia, o Mali, Burkina-Faso, Níger, Nigéria, Chade, Sudão e Etiópia, caracteriza-se pelos solos áridos e semi-áridos. O regime de chuvas prima pela instabilidade. O recurso à transumância encontra-se entre as actividades mais praticadas.

Cabo Verde é constituído por dez ilhas (e alguns ilhéus) que se dividem, segundo a orientação dos ventos dominantes, em dois grupos: o de Barlavento, no qual alinham Santo Antão, São Vicente, Santa Luzia, São Nicolau, Sal e Boavista; e o de Sotavento, onde constam o Maio, Santiago, Fogo e Brava. Em alternativa a esta divisão tradicional, outras hipóteses têm sido sugeridas, dentre as quais a mais lógica preconiza a distribuição das ilhas a partir do seu posicionamento geográfico e da geomorfologia. Haveria, assim, a considerar três grupos: o Ocidental, compreendendo Santo Antão,

São Vicente, Santa Luzia e São Nicolau; o Oriental, abarcando Sal, Boavista e Maio; e o do Sul, incluindo Santiago, Fogo e Brava.

Muitas dúvidas subsistem acerca do descobrimento de Cabo Verde[1]. Teriam sido as ilhas avistadas na Antiguidade? Corresponderiam às Górgades descritas por Plínio na *Naturaliae Historia*? Seriam do conhecimento dos marinheiros árabes e das populações da orla marítima africana contígua?

As interrogações não diminuem quando se procura designar o navegador que primeiro as encontrou, corria o ano de 1460, o derradeiro da vida do Infante D. Henrique. Oscilando a historiografia entre Luigi da Cadamosto, Diogo Gomes e António da Noli, as investigações mais recentes, procurando destrinçar a ambiguidade das fontes, têm-se pronunciado a favor do último[2].

Como quer que seja, com o concurso de europeus (portugueses, genoveses, castelhanos) e africanos (escravos resgatados nas costas da Guiné), rapidamente se iniciou a colonização de Santiago, começando a tomar contornos uma sociedade cindida em três grupos. Um primeiro, composto pelos colonos portugueses e no qual persistia a diferenciação nobreza/povo trazida da metrópole; um segundo, intermédio, formado por negros e mestiços alforriados, os forros; e, finalmente, um terceiro, o mais numeroso do ponto de vista dos efectivos, onde vinham os escravos[3].

Dividida que foi a ilha em duas capitanias — uma confiada a Diogo Gomes, a outra entregue a Da Noli —, a nascente sociedade envolveu-se no comércio esclavagista oriundo da Guiné, procurando assegurar o monopólio deste tráfico. À semelhança do sucedido na Madeira e nos Açores, transplantaram-se de Portugal as culturas agrícolas típicas, que, com maior ou menor êxito, buscaram triunfar nas ingratas condições locais.

---

[1] Cf. Luís de Albuquerque, «O Descobrimento das Ilhas de Cabo Verde», in Maria Emília Madeira Santos e Luís de Albuquerque (coord.), *História Geral de Cabo Verde*. Lisboa — Praia: Instituto de Investigação Científica Tropical, Instituto Nacional de Investigação Cultural, 2001, 1.º vol., pp. 23-39.

[2] Cf. *idem, ibidem*, p. 39; cf. Mariana Lagarto, «Cabo Verde, Descobrimento do arquipélago de», in Luís de Albuquerque (dir.), *Dicionário de História dos Descobrimentos Portugueses*. Lisboa: Círculo de Leitores, 1994, pp. 148-152.

[3] Cf. Ilídio Cabral Baleno, «Povoamento e formação da sociedade», in Maria Emília Madeira Santos e Luís de Albuquerque (coord.), *História Geral de Cabo Verde*, 1.º vol., pp. 157-163.

Seguiu-se o povoamento do Fogo[4], permanecendo as restantes ilhas desabitadas. Apenas num segundo ciclo, já em meados do século XVII, São Nicolau, Santo Antão e Brava conheceram uma efectiva ocupação. No século XVIII, foi a vez do Sal. Graças ao esplêndido porto natural que possui, São Vicente desenvolveu-se na segunda metade da centúria seguinte. Quanto ao Maio e à Boavista, ocupadas logo no primeiro ciclo de povoamento, apenas bem mais tarde iriam adquirir relevância. Santa Luzia permanece (quase) erma.

Desde os primórdios, o comércio de escravos ganhou proeminência, funcionando o arquipélago como uma placa giratória: uma vez obtidos na Guiné, eram reunidos em Cabo Verde, de onde rumavam com destino às grandes plantações brasileiras e às Antilhas[5]. Neste contexto, em Santiago, a cidade da Ribeira Grande floresceu, tendo sido elevada a sede de bispado logo em 1533. Simultaneamente, com base na união sexual dos vários contingentes étnicos presentes nas ilhas, corporizava-se um amplo e complexo processo de mestiçagem. Privados da presença de mulheres brancas, as quais, por norma, não se estabeleciam nas terras de além-mar, os colonos tomavam as mulheres africanas, dando origem a um novo tipo étnico-cultural, que antecipou similares casos de miscigenação no arquipélago de S. Tomé e Príncipe e em terras brasileiras.

Ao longo do século XX, autores houve, sobretudo cabo-verdianos, que falaram numa inquestionável «ascensão social do mestiço», por força do estatuto dominante do pai português[6]. Ao que parece e de acordo com investigações mais recentes, esta crescente mobilidade ascensional, nos primeiros tempos, não foi um acontecimento inequívoco ou sequer a nota dominante[7]. Pelo contrário, apenas os séculos XVII e XVIII carregariam con-

---

[4] Ver: Orlando Ribeiro, *A ilha do Fogo e as suas erupções*. Lisboa: Comissão Nacional para as Comemorações dos Descobrimentos Portugueses, 1997, pp. 89-96.

[5] A propósito deste infame comércio, consultar: António Carreira, *Cabo Verde, Formação e Extinção de uma Sociedade Escravocrata (1460-1878)*. Praia: Instituto de Promoção Cultural, 2000.

[6] Por exemplo: Gabriel Mariano, «Do funco ao sobrado ou o 'mundo' que o mulato criou», in *Colóquios Cabo-Verdianos*. Lisboa: Junta de Investigações do Ultramar — Centro de Estudos Políticos e Sociais, 1959, n.º 22, pp. 23-49.

[7] Cf. Ilídio Cabral Baleno, «Povoamento e formação da sociedade», in Maria Emília Madeira Santos e Luís de Albuquerque (coord.), *História Geral de Cabo Verde*, 1.º vol., p. 162.

sigo alterações de fundo, que, ainda assim, não esbateram por completo as relações entre colonizador e colonizado. Na verdade, apenas os frequentes e depredatórios ataques de piratas e corsários a Santiago, a partir do segundo vinténio de Quinhentos; os entraves postos pela metrópole aos moradores de Santiago e do Fogo, no que concerne ao tráfico negreiro, bem como a activa concorrência de outras nações; e a falência dos terra-tenentes, devido à falta de braços e à pressão das grandes companhias pombalinas — iriam ditar a passagem de uma sociedade assente na escravatura a uma de características camponesas[8].

Por seu lado, a irregularidade das chuvas e a pobreza dos solos, ao impedirem um regime de monocultura, minaram os alicerces da exploração esclavagista. Desde o século XVI, terríveis estiagens[9] e consequentes crises alimentares, que chegavam a vitimar dezenas de milhar de indivíduos, sucedendo intervalos muito curtos de relativa prosperidade agrícola, assolaram o arquipélago, marcando profundamente os seus habitantes aos mais diversos níveis. Para muitos cabo-verdianos, a emigração converteu-se no meio mais eficaz de escapar à pobreza e à fome. O constante aumento da população, apesar de todas as calamidades (e por causa delas), indicava esse caminho.

Começando por embarcar, em finais do século XVIII, nos baleeiros americanos que tocavam as ilhas, muitos homens, em breve, procuraram fixar-se em paragens promissoras, caso dos Estados Unidos da América[10]. Despontavam, deste modo, as primeiras comunidades cabo-verdianas no Novo Mundo, com as correntes migratórias, precursoras da diáspora ainda hoje em curso, a encaminharem-se para outros destinos, como a metrópole, a Guiné, o Senegal ou a América Latina[11].

---

[8] Cf. António Correia e Silva, «Dinâmicas de decomposição e recomposição de espaços e sociedades», in Maria Emília Madeira Santos e Luís de Albuquerque (coord.), *História Geral de Cabo Verde*, 3.º vol., pp. 32-66.

[9] Por vezes, três anos consecutivos sem precipitação.

[10] António Carreira, *Cabo Verde. Classes sociais, estrutura familiar, migrações*. Lisboa: Ulmeiro, 1977, p. 13.

[11] Refira-se que, na actualidade, mais de metade da população se encontra a viver no estrangeiro, chegando a escrever-se, não sem ironia: «acredita-se no paradoxo que Cabo

Em todo o caso, se, a partir do século XIX, surgia a imagem do «americano», espécie de equivalente ilhéu do «brasileiro» — símbolo, portanto, do sucesso económico —, aparecia, também, a figura oposta do cabo-verdiano regressado de São Tomé e Príncipe, retrato vivo do fracasso. Sem alternativa perante os sucessivos cenários de fome, este último via-se obrigado a aceitar, da parte dos donos das roças são-tomenses, um trabalho de cariz servil a troco de um salário insignificante. Sob o sol equatorial e o olhar atento dos capatazes, com a mortífera doença do sono à espreita e a perspectiva do (não) retorno diariamente evocada, a maior parte arruinava a saúde, quando simplesmente não morria. Vejam-se os termos em que tal situação, que se manteve inalterável no século XX, era denunciada em *A Voz de Cabo Verde*, ano de 1912:

> É triste ver partir todos os meses para S. Tomé e Príncipe essas levas de habitantes desta ilha [Santiago], que, em luta com a miséria e a descrença de melhor futuro, emigram em massa, encamados na terceira classe dos vapores, como rezes que vão para o matadouro, a fim de procurarem, longe da sua terra, o pão que nela escasseia[12].

Mas, o século XIX assinalou, também, três outros relevantes acontecimentos. Em primeiro lugar, uma nova tentativa, finalmente consumada, de ocupação da ilha de São Vicente, cujo magnífico porto natural se revelou, desde então, um actor de primeiro plano na história do arquipélago. Em segundo, a introdução da imprensa. Por fim, a criação do Seminário-liceu, em São Nicolau.

No que se refere a São Vicente, pode-se afirmar que a ilha, portadora de um aspecto árido que sempre impressionou os visitantes, sofria de uma

---

Verde existe porque persiste a emigração» — tanto mais que as divisas estrangeiras enviadas pelos emigrantes asseguram uma receita regular ao orçamento anual da jovem república. Anne de Saint-Maurice, *Identidades Reconstruídas - Cabo-Verdianos em Portugal*. Oeiras: Celta Editora, 1997, p. 47.

[12] «Emigração», in *A Voz de Cabo Verde*. Praia: 15 de Maio de 1912, p. 2. Segundo o historiador João Nobre de Oliveira, esta notícia, que vem assinada com o pseudónimo de Orion, pode pertencer a Eugénio Tavares, poeta, jornalista e compositor de mornas, que será objecto de análise.

crónica míngua de água, responsável pela repulsão de hipotéticos colonos. Tirando os recursos marinhos, pouco mais tinha que oferecer. Após a vitória liberal, em 1834, o processo conheceu um novo fôlego sob a direcção do escol colonial encabeçado por Sá da Bandeira. Foi, de resto, esse celebrado herói do cerco do Porto, ao tempo Secretário de Estado do Ultramar, a propor o simbólico nome de Mindelo para a nova cidade a ser fundada[13]. Todavia, seria preciso esperar até aos anos 50, para que o seu porto de águas profundas, o Porto Grande, beneficiando da instalação de depósitos de carvão, numa iniciativa levada a cabo por vários investidores britânicos, se tornasse num ponto de escala obrigatória para a novel navegação a vapor que demandava a América do Sul.

No entender de Correia e Silva, a nova conjuntura geo-estratégica do Atlântico explica a importância subitamente adquirida pelo Mindelo. Com a Inglaterra a dominar o comércio marítimo e ciosa dos mercados dos novos países independentes da América do Sul, urgia dispor de um porto seguro, exemplarmente bem situado entre três continentes, capaz de prover ao reabastecimento da sua frota[14]. Outro factor importa reter: com a escravatura a viver os seus últimos dias na América do Sul e anunciando-se a falta de mão-de-obra, importava absorver os caudalosos fluxos migratórios oriundos de quase toda a Europa, revelando-se o Mindelo, uma vez mais, essencial à navegação transatlântica inglesa.

Se, por um lado, a abertura do Porto Grande atraiu cabo-verdianos de quase todo o arquipélago em busca de trabalho, desencadeando um inusitado crescimento populacional, por outro, fez arribar à ilha, a bordo dos navios que nela fundeavam, uma verdadeira babel de povos e culturas de todo o mundo. Apesar de, por vezes, marinheiros, viajantes e homens de negócios, somente se deterem escassas horas ou dias na cidade, foi profunda a impressão causada nas gentes locais, que se passaram a reger pelos ritmos das chegadas e das partidas, ficando expostas a um improvável cosmopolitismo. E, quando a hora da decadência chegar, quando o

---

[13] Cf. António Correia e Silva, *Nos Tempos do Porto Grande do Mindelo*. Praia – Mindelo: Centro Cultural Português, 1998, p. 68.

[14] Cf. *idem, ibidem*, pp. 89-97.

melhor apetrechamento dos portos de Dakar e das Canárias desviar do ancoradouro do Mindelo grande parte do tráfego marítimo, e quando o desemprego contribuir para mergulhar a ilha num contínuo estado de pobreza, não faltarão vozes, em queixas, estudos e artigos de opinião, a culpar os sucessivos governos e governadores de nada terem feito no intuito de modernizar o Porto Grande.

Se bem que, antes da chegada da imprensa a Cabo Verde, em 1842, já circulassem opúsculos e panfletos da lavra de políticos desavindos[15], a instalação do primeiro prelo no arquipélago, de par com a criação do Seminário-liceu, em São Nicolau, em 1866, imprimiu um cunho decisivo na formação da identidade crioula. Os seus resultados iniciais, longe de prefigurarem a assunção de um nacionalismo militante ou terem reduzido a taxa de analfabetismo para níveis inferiores aos registados na metrópole — mito cuidadosamente fabricado no século XX —, saldaram-se, sim, na criação de uma elite letrada que, a despeito do seu nativismo e defesa intransigente do solo cabo-verdiano, não esquecia o vínculo com Portugal. De resto, a concessão da cidadania a todos os habitantes das ilhas, logo em 1822, precedendo em mais de 100 anos qualquer outra província ultramarina africana, e o secular debate acerca da atribuição do estatuto de arquipélago adjacente a Cabo Verde, mercê da proximidade geográfica e do seu «nível cultural», exprimiam, numa época de menosprezo pelos povos colonizados, a ideia de aí haver «civilização»[16].

Assim, os alvores do século passado vieram encontrar uma sociedade que, embora exaltando uma especificidade étnico-cultural, exigia do governo metropolitano redobrado interesse pelas penosas crises que assolavam o arquipélago. E foram imbuídos dessa esperança que, em 1910, os cabo-verdianos saudaram a implantação da República[17].

---

[15] Ver: João Nobre de Oliveira, *A Imprensa Cabo-verdiana (1820-1975)*. Macau: Fundação Macau, 2002, pp. 29-35.

[16] Cf. José Vicente Lopes, *Cabo Verde, as causas da independência*. Praia: Editora Spleen, 2003, pp. 19-20.

[17] Cf. João Nobre de Oliveira, *A Imprensa Cabo-verdiana (1820-1975)*, p. 237.

2.2. Nativismo, regionalismo e nacionalismo

A problemática das nações e do(s) nacionalismo(s), qualquer que seja o ângulo de abordagem, certamente figura entre as mais complexas e apaixonantes questões dos nossos dias. A imensa panóplia de teorias enunciadas com vista ao seu esclarecimento, a diversidade e a especificidade dos casos, as tentativas de sistematização abusiva e a própria natureza polémica do assunto, que, mais do que qualquer outra temática, remete para convicções muito pessoais, emprestam à discussão dificuldades suplementares. Por outro lado, certas incursões especulativas aparentam, por vezes, carecer de algum lastro concreto, pois, ao esquecerem as fontes, apegando-se mais aos modelos explicativos existentes, incorrem no pecado de subordinar (ou mesmo acomodar) a realidade à teoria[18].

Dentre as várias respostas encontradas pelos estudiosos, apenas uma goza de certo consenso: que o termo nacionalismo apareceu em finais do século XVIII[19]. De igual modo, com alguma segurança, é possível afirmar que o nacionalismo terá surgido estreitamente imbricado nas Revoluções Francesa e Norte-Americana, bem como nas independências dos países da América do Sul[20].

Assim sendo, antes desta época, divisar sentimentos nacionalistas nas diversas revoltas de escravos ou nas populações locais cabo-verdianas, nada mais seria do que ir ao encontro daquela tendência, constatável em todos os nacionalismos, de procurar as raízes/origens sempre o mais imemoriais e distanciadas possíveis do presente, legitimando o factor tempo a sua autenticidade[21]. Responde, também, ao desejo muito concreto de inserir as recentes lutas de libertação num contexto mais alargado no tempo, mesmo quando foi o «invasor» a povoar aquele território e/ou a talhar as futuras fronteiras nacionais[22].

---

[18] Ver: Anthony Smith, *Nacionalismo y Modernidad*. Madrid: Ediciones Istmo, 2000.

[19] Cf. *idem, Nacionalismo*. Lisboa: Editorial Teorema, 2006, p. 15.

[20] Cf. Benedict Anderson, *Comunidades Imaginadas*. Lisboa: Edições 70, 2005, pp. 79-96.

[21] Cf. *idem, ibidem*.

[22] Cf. Anthony Smith, *Nacionalismo*. Lisboa: Editorial Teorema, 2006, p. 31.

O caso africano, mais do que qualquer outro, é sintomático. Assistiu-se à importação do paradigma de Estado-Nação europeu, o qual tentou (e tenta) sobrepor-se às primitivas relações de solidariedade existentes no âmbito das sociedades tradicionais. Até aqui, nada de diferente do sucedido na Europa, pelo menos a acreditar em Ernest Gellner. Este teórico do nacionalismo defendeu que a Revolução Industrial, ao quebrar os antigos equilíbrios sócio-económicos e culturais das relações cidade/campo, desencadeou o estabelecimento de novos laços e solidariedades, passando os consequentes relacionamentos de ordem burocrática, sob a auréola do «culto» da nação, a assinalarem o nascimento da «era dos nacionalismos»[23].

Porém, no caso africano, os nacionalismos agiram perante um modelo europeu já consumado. Em muitos casos, as futuras fronteiras nacionais correspondiam às traçadas pelo colonizador, pelo que aqui é impossível aplicar a teoria de Gellner. Custa também a acreditar que as incipientes revoluções industriais africanas tenham precipitado o irromper dos nacionalismos[24].

Decerto, a explicação em muito passará pelo aparecimento de elites letradas, normalmente frequentadoras dos meios universitários metropolitanos. A tese nada possui de inovador, dando fé do descontentamento dos estudantes perante a ideologia e as práticas coloniais[25]. Subitamente confrontados com uma desigualdade que a propaganda ultramarina tenta negar — pregando o respeito pelos usos e costumes do colonizado e a sua «elevação» e «assimilação» aos «padrões» metropolitanos —, estes jovens, numa espécie de catarse, associam «educação» a «alienação», principiando a julgar os valores europeus a uma luz mais severa. Sabendo de antemão, a despeito do real valor pessoal, irem ocupar um lugar subalterno nos confins do império, neles se produz um desencanto pelo mau aproveitamento que a pátria faz da valia dos seus «filhos». Ao mesmo tempo constatam, *in loco*, na qualidade de agentes do colonialismo, a falta de empenho e a incapa-

---

[23] Ver: Ernest Gellner, *Nações e Nacionalismos*. Lisboa: Gradiva, 1993.

[24] Cf. Anthony Smith, *Nacionalismo y Modernidad*, pp. 195-200.

[25] Foi sistematizada por Elie Kedourie nos anos 70, ou seja, num contexto quase pós-colonial. Cf. *idem*, *ibidem*, p. 195.

cidade das administrações locais em pôr cobro a problemas crónicos e prementes. Não se imporia substitui-las[26]?

Foi esta *intelligentsia* que meteu a ombros (re)descobrir as suas raízes, a fim de exorcizar os fantasmas de uma assimilação a um tempo prometida e negada. Tanto Gandhi quanto Amílcar Cabral sofreram da necessidade de conhecer os países pelos quais, cada um à sua maneira, envidaram esforços para criar[27]. A viagem empreendida por ambos ao interior dos seus territórios permitiu-lhes o completo inteiramento das situações de injustiça, dos abusos do colonizador e das características do sistema de exploração por este conduzido. Mas, tais deslocações viabilizaram, sobretudo, um (re)encontro e uma (re)aproximação à(s) cultura(s) existente(s), favorecendo uma (re)criação desta(s) a partir de uma leitura intelectualizada. Daí que um livro de Cabral se intitulasse *Guiné-Bissau, nação africana forjada na luta*[28]. Porque, é preciso não esquecer, o «regresso» a África implicava fazer escolhas, nomeadamente, em torno dos elementos que deveriam enformar o futuro Estado-Nação. Que língua designar como oficial? A que vultos e eventos conceder o estatuto de precursores da nacionalidade? Que cultura, enfim, filtrar das muitas culturas populares preexistentes e erigi-la em ideologia de Estado?

A Casa dos Estudantes do Império (CEI), fundada em Lisboa, em 1944, com o propósito de acolher e integrar jovens naturais das colónias que desejassem ingressar no ensino universitário, encarnou a dupla ambiguidade da política colonial e dos estudantes africanos[29]. Por um lado, o Estado Novo, que, com tal instituição, planeava enquadrar os futuros quadros oriundos do ultramar, ao mesmo tempo que publicitava o paternalismo colonial. Por outro, o facto de, na realidade, a CEI, longe do enquadramento ideológico oficial almejado, ter constituído um viveiro de futuros

---

[26] Cf. *idem*, *ibidem*, pp. 195-196.

[27] Ver: Onésimo Silveira, «O nativismo cabo-verdiano. O caso de Amílcar Cabral», in *Cabral no cruzamento de épocas. Comunicações e discursos produzidos no II Simpósio Internacional Amílcar Cabral*. Praia: Alfa Comunicações, 2005, pp. 303-323.

[28] Amílcar Cabral, *Guiné-Bissau, nação africana forjada na luta*. Lisboa: Publicações Nova Aurora, 1974.

[29] Ver: António Faria, *Linha estreita de liberdade. A Casa dos Estudantes do Império*. Lisboa: Edições Colibri, 1997.

destacados líderes nacionalistas das colónias portuguesas, como Amílcar Cabral, Agostinho Neto e Alda Lara.

A circunstância de, até muito tarde (anos 60), nunca terem sido criados estudos superiores no ultramar, não deve ser escamoteada. Respondia à finalidade de a metrópole tentar prevenir o florescimento de um escol intelectual enraizado a um território e, por isso mesmo, capaz de mais abertamente reivindicar soluções para os problemas locais e analisar, em profundidade, as injustiças do sistema económico posto em prática pelo colonizador.

Como entender de outro modo que, em Outubro de 1937, o então Ministro das Colónias, Vieira de Machado, tivesse decidido (sem êxito) encerrar o Liceu do Mindelo, em Cabo Verde, sob a alegação de o ensino técnico melhor servir o arquipélago?[30]

De todo o modo, nos princípios do século XX, na esteira dos movimentos emancipadores negristas dos Estados Unidos, naquilo que Mário Pinto de Andrade denominou de «protonacionalismo»[31], uma plêiade de intelectuais africanos das parcelas ultramarinas portuguesas constituía-se em associações e grupos, fundava jornais, insurgindo-se contra os abusos coloniais e a discriminação racial. Estes agrupamentos, as mais das vezes sedeados em Portugal, pautaram pela defesa dos direitos devidos aos africanos[32], embora

---

[30] É preciso não perder de vista que este liceu, ao contrário dos congéneres das demais colónias africanas, onde professores oriundos da metrópole leccionavam a filhos de militares e funcionários públicos, era frequentado maioritariamente por cabo-verdianos, sendo o corpo docente recrutado entre os locais. Cf. João Nobre de Oliveira, *A Imprensa Cabo-verdiana (1820-1975)*, pp. 404-405. Perante os protestos da população, da imprensa mindelense, das associações de comerciantes da cidade e até de alguns meios coloniais lisboetas, a iniciativa de fechar as portas do estabelecimento de ensino gorar-se-ia. Poucos anos volvidos, Amílcar Cabral ingressava no Liceu, iniciando aqui uma incipiente formação política ligada à Academia «Cultivar» e à revista *Certeza*, de orientação neo-realista.

[31] O conceito é difuso e pouco operacional, pois supõe nacionalismo antes de ele haver, quando se sabe que toda a manifestação desta natureza se orienta no sentido da independência e/ou afirmação inquestionáveis. Ver: Mário Pinto de Andrade, *Origens do Nacionalismo Africano. Continuidade e ruptura nos movimentos unitários emergentes da luta contra a dominação colonial Portuguesa (1911-1961)*. Lisboa: Publicações Dom Quixote, 1997.

[32] Adiante, quando da discussão da imagem de Cabo Verde nos periódicos africanos sedeados em Portugal, nos anos 30-40, esta temática será retomada.

ainda numa lógica de concertação com a metrópole, sentida como pátria comum[33]. Sendo verdade que influenciaram os movimentos anticoloniais dos anos 50, confinaram-se, ao seu tempo, a iniciativas muito localizadas, que não chegaram a tocar as massas em prol das quais diziam falar.

Como atrás ficou explícito, em Cabo Verde, os finais do século XIX viram germinar um apreciável conjunto de associações recreativas, uma imprensa defensora dos direitos dos naturais e um número não negligenciável de pessoas cursando no Seminário-liceu de S. Nicolau. Despertara, desta maneira, uma elite atenta aos problemas das ilhas e apostada em gozar do estatuto que, *a priori*, distinguia Cabo Verde das demais províncias ultramarinas portuguesas em África.

Ainda que, por vezes, especialmente nas épocas mais difíceis, fosse agitado o pendão da independência[34], a intelectualidade local, sempre atenta aos (in)sucessos das políticas gizadas, sentiu-se mais atraída pelo estatuto de arquipélago adjacente nos moldes daquele da Madeira e dos Açores[35] ou pela «autonomia administrativa e económica»[36]. Afinal de contas, muitas dúvidas se podiam colocar à sobrevivência do arquipélago pelos seus próprios meios, além de que não era arredado o espectro de outro país colonizador se apoderar do arquipélago.

Até aos anos 50, altura em que o projecto independentista se apossou das gerações mais novas, a adjacência não deixou de se insinuar nos espíritos como a melhor opção. Júlio Monteiro Júnior, advogado natural de São Vicente, fazia publicar, em 1942, um opúsculo traçando o historial desse velho desígnio. Após citar um texto de Carmona versando Cabo Verde, numa evidente tentativa de persuadir os meios oficiais a avançar com tal diligência, Monteiro Júnior declarava ostentar o arquipélago, no «grandioso quadro do Império, uma feição típica inconfundível»[37]. De seguida, discorrendo

---

[33] Cf. Mário Pinto de Andrade, *Origens do Nacionalismo Africano*, pp. 184-185.

[34] Cf. José Vicente Lopes, *Cabo Verde, as causas da indepêndencia*, p. 19.

[35] Cf. João Nobre de Oliveira, *A Imprensa Cabo-verdiana (1820-1975)*, pp. 233-234.

[36] José Vicente Lopes, *Cabo Verde, as causas da independência*, p. 43.

[37] Júlio Monteiro Júnior, *Cabo Verde, ilhas adjacentes (apontamentos para a história de uma ideia)*. Praia: Minerva, 1942, p. 7.

acerca da pobreza, das secas e das fomes, tocava uma tecla cara ao espírito da época, ou seja, «à pobreza do meio físico [opõe-se] a riqueza humana, interior, eterna»[38], plasmada na poesia e na música originais.

Fruto do contacto «quase sem ódios» das «raças» em presença, o arquipélago, na medida em que os seus habitantes não passariam de portugueses «tropicalizados» — conservando a língua, os usos e costumes e o sentido das instituições, da dignidade, da honra e da família — exaltava uma «vitória da colonização portuguesa»[39]. Acresciam razões de ordem geo-estratégica, pois, situado na encruzilhada de três continentes, Cabo Verde desempenhava a função de «chave do Atlântico», servindo de imprescindível nó de comunicações.

Mas, evocando apologistas tão distanciados no tempo — que incluíam Sá da Bandeira, Ferreira do Amaral, Brito Camacho, Manuel Múrias e o então Ministro das Colónias, Vieira Machado —, o autor, a dada altura, confidenciava a verdadeira razão para a conjecturada adjacência: *«a integração de Cabo Verde na órbita administrativa portuguesa é o único meio para a resolução dos grandes problemas económicos do arquipélago»*[40].

a) Do nativismo

Na Primeira República, o intento da adjacência — que apelava ao estreitamento de relações com a metrópole, através da visão de um regionalismo em tudo diferente das demais províncias ultramarinas — entrelaçou-se com o fenómeno dito nativista. Por nativismo não se deve entender um sentimento de repúdio pelo «estrangeiro» ou forma de xenofobia, como por vezes se delimita o conceito, mas uma demanda individual e colectiva pela defesa da terra onde se nasceu[41]. De resto, também em Angola ocorreram

---

[38] *Idem, ibidem*, p. 8.

[39] *Idem, ibidem*, p. 12.

[40] *Idem, ibidem*, p. 18. O itálico é do autor.

[41] Cf. Alfredo Margarido, «A perspectiva histórico-cultural de Pedro Monteiro Cardoso», in Pedro Monteiro Cardoso, *Folclore caboverdiano*. Mindelo: Solidariedade Caboverdiana, 1983, pp. XLVIII-LI.

fenómenos desta natureza[42], os quais, de um modo geral, reivindicavam para os «filhos da terra» maiores responsabilidades na governação do território natal[43].

Os principais periódicos surgidos nesta época e porta-vozes dessa combatividade — *A Voz de Cabo Verde* (1911-1919), *O Progresso* (1912-1913), *O Futuro de Cabo Verde* (1913-1916), *O Caboverdiano* (1918-1919) e *O Manduco* (1923-1924) — ilustram o que o escritor neo-realista Manuel Ferreira chamou de «cissiparidade pátrida»[44] ou a crença de fazer parte de duas pátrias. Uma de nascimento, descoberta logo desde o berço; a outra de adopção, percepcionada na aprendizagem da língua e da cultura portuguesas na escola — numa sorte de metáfora das figuras da mãe e do pai.

De toda a maneira, nesta época, nativismo encerrava uma acepção pejorativa, pouco mais significando do que separatismo e até racismo para com os portugueses residentes no arquipélago, o que a imprensa cabo-verdiana, de tempos a tempos, desmentia. Por exemplo, o editorial de *O Progresso*, de 15 de Julho de 1912, respondia a um artigo publicado em *A Voz de Cabo Verde* — o qual via no nativismo o «sacudir [d]a albarda portuguesa» — com um terminante: «negros ou brancos, portugueses somos», acrescentando que «os continentais não são nossos donos, mas, sim, nossos iguais»[45].

O iniciador da discórdia, Pedro Monteiro Cardoso, natural do Fogo, que assinava muitas vezes as suas peças jornalísticas com o pseudónimo *Afro*, encarnou todo o dualismo destes tempos. Professor primário, jornalista e poeta, revelou-se um tenaz defensor da reabilitação da cultura e do homem africano, assim como do «dialecto» crioulo. Nisto, aproximou-se do seu amigo Eugénio Tavares, jornalista oriundo da Brava, autor de muitas das mais famosas mornas escritas em crioulo.

---

[42] Cf. Fernando Pimenta, *Brancos de Angola. Autonomismo e Nacionalismo (1900-1961)*. Coimbra: Minerva, 2005, p. 77.

[43] Como se sabe, durante os consulados de Salazar e Marcelo Caetano, os governadores provinham de «fora», da metrópole, facto que não deixava de espelhar a subordinação da periferia colonial a um nem sempre acarinhado centro metropolitano.

[44] Cf. Manuel Ferreira, «Prefácio», in *Claridade - edição fac-similada*. Linda-a-Velha: Edições Manuel Ferreira, 1986, pp. XLI-XLIII.

[45] «Nativismo», in *O Progresso*, de 15 de Julho de 1912, p. 1.

Em ambos estes vultos representativos da República em Cabo Verde se entrevêem preocupações linguístico-culturais, a que o volume *Folclore Caboverdiano*[46], de Cardoso, veio adicionar uma nota etnográfica. A originalidade desta obra, no contexto da produção literária insular, pode ser depreendida a partir das palavras de Alfredo Margarido: «Pedro Monteiro Cardoso quer antes e sobretudo mostrar que os caboverdianos se inventam e re-inventam constantemente»[47]. Significa isto que o professor primário teria empreendido uma primeira incursão exaustiva nos domínios da cultura popular do arquipélago, até por que, segundo o próprio: «sobre a matéria nada há ainda feito, nada escrito com método e seriedade»[48]. Significa, também, que Pedro Cardoso se dispunha a exaltar um espaço concreto a partir de «dentro», afirmando que a cultura cabo-verdiana, apesar de todas as influências, adquirira, com o correr do tempo, um carácter próprio, a «cabo-verdianidade».

É certo que o autor, como outros antes e depois dele, apontava os paralelos do arquipélago com o Brasil, nomeadamente, a linguagem e a música, assim como o vínculo a Portugal[49]. De qualquer forma, a sua leitura orientava-se mais para o que Cabo Verde possuiria de genuinamente seu. Fornecia, neste sentido, «noções elementares de gramática» do crioulo, reunia um «cancioneiro» de poemas populares, inventariava provérbios, dissertava acerca das músicas típicas e exibia algumas pautas musicais.

Renunciando à tradicional visão portuguesa das coisas do arquipélago — que oscilava entre a alteridade e uma proximidade mal sentida — Pedro Cardoso, em *Folclore Caboverdiano*, voltava uma página na percepção do espaço envolvente. Ao elaborar uma obra desta envergadura, o poeta e jornalista, talvez inconscientemente, distanciava-se da sua geração e até de muitos dos seus próprios escritos, começando a (re)inventar uma nação

---

[46] Pedro Monteiro Cardoso, *Folclore caboverdiano*. Porto: Edições Maranus, 1933. Decorridos 50 anos, a obra seria republicada: *Folclore caboverdiano*. Mindelo: Solidariedade Caboverdiana, 1983.

[47] Alfredo Margarido, «A perspectiva histórico-cultural de Pedro Monteiro Cardoso», in *ibidem*, p. LXXX.

[48] Pedro Monteiro Cardoso, *Folclore caboverdiano*. Porto: Edições Maranus, 1933, p. 18.

[49] *Idem, ibidem*, pp. 33-51.

distinta da portuguesa. Ainda que não rompesse com o assimilacionismo da ideologia colonial e até fosse mais comedido do que em muitos dos seus artigos precedentes, a escolha de temas etnográficos revelava-se um passo fundamental na direcção do que viria a ser o nacionalismo cabo-verdiano. Se, no século XIX, a etnografia fora um esteio dos países colonizadores — interessados em conhecer para dominar —, o feitiço poderia voltar-se contra o feiticeiro, nada impedindo, agora, os povos colonizados de se servirem dessa ciência para firmarem uma identidade[50].

b) Do regionalismo

Caberia à revista *Claridade*, aparecida nas bancas em 1936, explorar mais demoradamente esse filão. A sua cronologia, cobrindo um longo período, que se estende até 1960, abarca nove números. É possível descortinar duas fases: uma primeira, correspondendo aos três primeiros números, publicados no biénio 1936/1937; e uma segunda, vinda a lume vários anos mais tarde, entre 1947 e 1960[51].

Apontam-se como causas da irrupção deste movimento literário uma série de factores que, Manuel Ferreira, no prefácio destinado à reedição da revista, por ocasião dos 50 anos da sua estreia, cindiu em «elementos exógenos» e «elementos endógenos»[52]. Refere Manuel Ferreira que o contacto encetado com três escritores portugueses (António Pedro, Augusto Casimiro e José Osório de Oliveira) presentes no arquipélago, nos anos 20 e 30, estimulara os seus congéneres cabo-verdianos a desenvolver um projecto arrojado. Depois, havia que não esquecer o impacto renovador da revista coimbrã *Presença*, da qual os membros de *Claridade* eram leitores atentos.

---

[50] Cf. Osvaldo Silvestre, «A Aventura Crioula Revisitada. Versões do *Atlântico Negro* em Gilberto Freyre, Baltasar Lopes e Manuel Ferreira», in Helena Carvalhão Buescu e Manuela Ribeiro Sanches, *Literatura e Viagens Pós-Coloniais*. Lisboa: Edições Colibri, 2002, p. 77.

[51] Ver: Manuel Ferreira, «Prefácio - O fulgor e a esperança de uma nova idade», in *Claridade, revista de arte e letras* - edição fac-similada. Linda-a-Velha: Edições Manuel Ferreira, 1986, pp. XIX-XLV.

[52] Ver: *ibidem*, pp. XIX-XLV.

Um último elemento exógeno consistia na marcante influência da literatura brasileira modernista da Geração de 30, na qual avultavam nomes como Jorge Amado, José Lins do Rego, Graciliano Ramos e Manuel Bandeira, assim como Gilberto Freyre[53].

Não deve admirar que Manuel Ferreira tenha abordado em primeira instância os factores externos ao arquipélago. Com isto pretendia dizer que tais elementos haviam servido de catalizador a um processo já em marcha, sem dúvida ligado ao cosmopolitismo do Porto Grande do Mindelo, às elites formadas no Seminário-liceu de S. Nicolau e à criação de associações recreativas e culturais na segunda metade do século XIX[54].

Em 1934, pouco tempo antes da estreia de *Claridade*, Jorge Barbosa, um dos seus fundadores, vinha apelando a que «o escol da nossa intelectualidade aparecesse e se pronunciasse [...] que fosse na realidade, aquilo que pode ser: construtor e contribuinte do progresso cultural em Cabo Verde»[55]. No ano seguinte, Barbosa publicava *Arquipélago*, conjunto de poemas rompendo com os cânones vigentes, os quais previam a obrigatoriedade da rima e uma métrica escrupulosa.

Em *Arquipélago*, Cabo Verde é, da primeira à última página, o protagonista[56]. No poema *Ilhas*, assiste-se à descrição de cada uma das suas parcelas insulares. Em *A Terra*, com o verso «ai o drama da chuva» a servir de estribilho, foca-se a seca e a fome. Em *O Povo*, a dupla origem europeia e africana do cabo verdiano. Em *O Mar*, as duas faces deste elemento, «que dilata sonhos e nos sufoca desejos». Ou seja, todos os poemas contemplam as principais temáticas que percorreram a lírica cabo-verdiana dos anos vindouros: o evasionismo, realizando-se ou não na emigração; as estiagens e a fome; a morna e a saudade; e «o desespero de querer partir e ter de ficar ou ter de partir e querer ficar».

---

[53] Cf. Baltasar Lopes, *Cabo Verde visto por Gilberto Freyre*. Praia: Imprensa Nacional, 1956, pp. 5-6; cf. Manuel Ferreira, «Prefácio - O fulgor e a esperança de uma nova idade», in *Claridade, revista de arte e letras* - edição fac-similada, pp. XXI-XXXII.

[54] Cf. Arnaldo França, *Notas sobre a poesia e ficção cabo-verdianas*. Praia: Centro de Informação e Turismo, 1962, p. 15.

[55] Jorge Barbosa, «'Variações', algumas palavras sobre o nosso problema cultural», in *Ressurgimento*. Santo Antão: 1 de Setembro de 1934, n.º 11, p. 5.

[56] Jorge Barbosa, *Arquipélago*. S. Vicente: Editora Claridade, 1935.

O primeiro número de *Claridade*, no que sempre foi considerado uma inequívoca manifestação identitária de cabo-verdianidade, abria com poemas populares em crioulo. Este «dialecto», língua de berço de todo o natural das ilhas, era interdito nas escolas e, muitas vezes, objecto de achincalhamento pelos colonos e visitantes portugueses (e até cabo-verdianos), que o cunhavam de «língua de trapos», «linguagem infantil»[57] e relíquia da época dos Descobrimentos[58].

Reunindo estes dois elementos específicos da cultura local — idioma e formas poéticas populares —, o primeiro número da revista dava o tom para toda a sua actividade futura, nomeadamente, a poesia, que, como acima se fez menção, cantava o evasionismo (ou «terra-longismo»), característico de alguns povos insulares, e a terra, ora abençoada pela chuva, ora amaldiçoada pela estiagem. Atente-se em *Ecrã*, de Manuel Lopes, exemplificativo do sentimento de evasão, no qual o sujeito poético parece dilacerado entre ir e ficar, indeciso que se encontra entre Cabo Verde e a «terra-longe»:

> Para além destas ondas que não param nunca,
>
> atrás deste horizonte sempre igual,
> [...]
> — há outros gritos diferentes,
>
> os olhos cheios de outra imagem do mundo,
>
> nervos febris picados no delírio da civilização
> [...]
> e debaixo de todo um mundanismo perdulário e inútil, de bom-tom,
>
> a vida fácil que se agita ao alcance de toda a mão,
>
> o ódio impotente, o crime, a miséria, o *bas-fond*;
>
> a luta desesperada no redemoinho
>
> — que aqui nada disso existe: é tudo resignação[59].

---

[57] Augusto Miranda, «Em prol da Língua Portuguesa», in *Notícias de Cabo Verde*. S. Vicente: 15 de Setembro de 1937, n.º 153, p. 2. Este autor, natural de Santo Antão, sustentava que «o crioulo nem sequer tem a vantagem de ser compreendido pelos metropolitanos, de passagem em Cabo Verde [...]. O português é um idioma de progresso e expansão, ao passo que o crioulo é dialecto de estreito ambiente [...] peça de curiosidade ou estudo dos filólogos».

[58] Embora nesse tempo imprescindível, pois funcionava como língua franca, facilitando os contactos com os povos africanos.

[59] Manuel Lopes, *Ecrã*, in *Claridade*. S. Vicente: Março de 1936, n.º 1, p. 4.

Baltasar Lopes, escritor e professor no liceu de S. Vicente — com o pseudónimo poético de Osvaldo Alcântara —, foi um dos grandes animadores do grupo. Para além de *Chiquinho* (1947), muitas vezes reconhecido como o primeiro romance de autêntica inspiração cabo-verdiana, Baltasar Lopes empreendeu a redacção de um valioso estudo sobre o crioulo[60]. Mas, segundo alguns, o seu longo percurso criador ficaria cativo das palavras vindas a lume, em 1931, no *Notícias de Cabo Verde*. Aí, Baltasar desmistificava o nativismo imputado aos ilhéus, justificando que «o nosso brio de portugueses e de civilizados impede-nos de curvar a espinha deante de mandarins»[61]. Nesta ordem de ideias, o «pretenso nativismo» seria uma «reacção das nossas qualidades e dignidade de portugueses» aos desmandos e ao menosprezo de «maus elementos». A nova atitude a caucionar seria o «regionalismo», isto é, «uma condição de unidade e de ordem para o nosso núcleo particular e uma exigência dos superiores interesses da Nação». E concluía Baltasar, no que foi considerado quase maquiavelismo e subserviência: «sejamos, pois, intransigentemente regionalistas e seremos inteligentemente portugueses»[62].

Teria sido este o credo «claridoso»?

O tema tem sido amplamente discutido e os mais recentes estudos apresentam dele diferentes tipos de explicação. O primeiro, sustentado por Gabriel Fernandes e José Carlos Gomes dos Anjos, partilha a ideia de que os intelectuais «claridosos» se teriam demitido da combatividade demonstrada pela geração «nativista» de Pedro Monteiro Cardoso e Eugénio Tavares, nunca passando do gesto literário a acções mais concertadas e inequívocas de luta e repúdio pelo sistema colonial[63]. Pelo contrário, teriam depositado as suas esperanças numa reforma do colonialismo, apresentando Cabo Verde como uma parcela em tudo semelhante à metrópole, embora com especificidades próprias de uma região insular[64].

---

[60] Baltasar Lopes, *O Dialecto Crioulo de Cabo Verde*. Lisboa: Imprensa Nacional, 1957.

[61] *Idem*, «Regionalismo e Nativismo», in *Notícias de Cabo Verde*. S. Vicente: Março de 1931, n.º 1, p. 6.

[62] *Idem, ibidem*, p. 6

[63] Cf. Gabriel Fernandes, *A diluição da África*; cf. José Carlos Gomes dos Anjos, *Intelectuais, literatura e poder em Cabo Verde*.

[64] O mesmo seja dito da revista *Certeza*, que surgiu em 1944, dando de Cabo Verde uma ideia mais universalista. A sua estética, de pendor neo-realista, que revelou nomes como

Na sua demanda do «ethos» cabo-verdiano, os «claridosos» teriam deduzido a identidade com base na sociologia luso-tropical de Gilberto Freyre, facto condicionador da sua visão do problema. Ciosos de concitar o olhar do governo central para os problemas do arquipélago, viram, na mestiçagem, a trave-mestra do regionalismo cabo-verdiano, percepcionando a alteridade das demais colónias africanas. Jogando com a propaganda ultramarina, que a dada altura os perfilhou, os «claridosos» teriam menosprezado a componente negróide do cabo-verdiano, apresentando, assaz favoravelmente, as ilhas mais miscigenadas do grupo de Barlavento[65].

O despontar de gerações portadoras de ideais independentistas ou quase independentistas, a partir dos anos 50, que os «claridosos», pelo menos abertamente, não apoiaram, seria a prova derradeira da manutenção do projecto regionalista. Conviria, neste caso, contextualizar o surgimento dos «novos», porquanto coincidiu com o avanço do movimento anticolonialista, o apogeu do movimento da Negritude e a criação da ONU.

O outro ponto de vista, quanto a nós mais acertado, pertence a Manuel Brito-Semedo. Tendo analisado a imprensa cabo-verdiana dos séculos XIX e XX, o etnólogo elaborou um possível percurso ideológico para todas estas gerações — que, havendo partido de uma «identidade étnica», chegaram a uma «identidade nacional». Assim, a um «sentimento nativista» (Eugénio Tavares, Pedro Monteiro Cardoso, etc.), reclamando um «estatuto de igualdade», sucedeu uma «consciência regionalista» (*Claridade*), reivindicando uma «diferenciação regional», para, por fim, a «afirmação nacionalista» (geração de Cabral) exigir a «autonomia política»[66]. Neste processo gradativo, em

---

Eduíno Brito, Nuno Miranda ou Arnaldo França, foi na época encarada como uma continuação de *Claridade*, embora numa perspectiva de maior abertura ao mundo. Além do neo-realismo, *Certeza* pugnou pelos valores da liberdade, desejando Arnaldo França que a literatura «prazer de intelectuais» adquirisse invólucro e conteúdo de manifesto. O terceiro número de *Certeza* não passaria nas malhas da censura. Ulteriormente, os membros da revista integrar-se-iam nas fileiras de *Claridade*.

Cf. Manuel Ferreira, «Consciência Literária Cabo-verdiana - Quatro gerações: *Claridade, Certeza, Suplemento Literário, Boletim do Liceu Gil Eanes*» in *Estudos Ultramarinos*. Lisboa: 1959, n.º 3, p. 43.

[65] Cf. Gabriel Fernandes, *A diluição da África*, pp. 90-96.

[66] «Modelos conceptuais», in Manuel Brito-Semedo, *A construção da identidade nacional. Análise da imprensa entre 1877 e 1975*.

espiral, todas as gerações se integram, se sucedem e retomam, a um nível cada vez mais empenhado, a defesa do arquipélago.

c) Do nacionalismo

Enquanto em Portugal, *Claridade* obteve rasgados elogios da crítica literária e larga aceitação do público leitor, já em Cabo Verde, apesar da muita tinta que fez correr, não houve um consenso quanto ao significado da sua mensagem[67]. Fundamentalmente, censuraram-se três aspectos. Em primeiro lugar, *Claridade* teria privilegiado a componente cultural europeia do arquipélago, remetendo o substrato africano para o papel de «ornamentação» exótica do natural. Em segundo — e em estreita correspondência —, a revista de S. Vicente menosprezara a ilha de Santiago, a «mais» africana de todas, considerando-a uma experiência que ficara a meio caminho da «paradigmática» mestiçagem étnico-cultural levada a cabo nas ilhas de Barlavento[68]. Terceiro aspecto: a obra literária «claridosa» não passaria de «literatura de exportação»[69], pouco autêntica e representativa do arquipélago, tendo como único objectivo «agradar» à metrópole, esboçando um tímido protesto na senda de melhores condições de vida.

O primeiro sinal foi dado por Amílcar Cabral e somente de um sinal se tratou. O futuro líder do PAIGC vislumbrava «nos Poetas da nova geração [os 'claridosos']: uma comunhão íntima entre o Poeta e o seu mundo»[70], uma vez que «caminham de mãos dadas com o Povo, e de pés fincados na terra»[71]. Quer isto significar que, para si, os vultos literários cabo-verdianos anteriores a *Claridade* — com excepção de Pedro Cardoso e de Eugénio Tavares — poucas páginas haviam consagrado às temáticas das estiagens e

---

[67] Ver, por exemplo: Gabriel Fernandes, *A diluição da África*, em especial, pp. 78-106.

[68] Cf. *idem, ibidem*, pp. 90-96

[69] Onésimo Silveira, *Consciencialização da literatura caboverdiana*. Lisboa: Edição da Casa dos Estudantes do Império, 1963, p. 8.

[70] Amílcar Cabral, «Apontamentos sobre poesia caboverdiana», in *Cabo Verde - Boletim de Propaganda e Informação*. Praia: Janeiro de 1952, n.º 28, p. 6.

[71] *Idem, ibidem*, p. 7.

ao «desespero de querer partir e ter de ficar», prisioneiros que se encontravam «do que aprenderam nos livros». Nesta medida, a instalação do liceu no Mindelo teria viabilizado a «democratização do ensino», abrindo-o à «gente humilde», mais apta, portanto, a compreender e depois exprimir a «realidade caboverdiana» em obra de arte. Eis, em poucas palavras, a opinião de Cabral acerca do nascimento do ideário «claridoso», o qual a revista *Certeza* teria alargado, através de «um contacto com o mundo [...] cada vez maior»[72].

Era, em todo o caso, na conclusão, que Cabral julgava mais severamente a «revista de arte e letras», aí ajuizando que «as mensagens da *Claridade* e da *Certeza* têm de ser transcendidas», pois, «o sonho de evasão, o desejo de 'querer partir', não pode eternizar-se». Era preciso, alegava, a fim resolver os problemas eternamente enumerados e eternamente adiados, descobrir «outra terra dentro da nossa terra»[73].

Tal argumentação punha a descoberto o quanto o futuro líder do PAIGC, à semelhança do que defendiam os cultores da Negritude, ainda acreditava no poeta, ou melhor, no intelectual, enquanto legítimo representante das aspirações dos povos africanos. Porém, em breve desenganado da possibilidade de reformar e inflectir o rumo da política colonial num sentido mais autonomista, Cabral abraçaria a acção directa.

Por sua vez, Manuel Duarte, que seguiu a carreira de magistrado em Cabo Verde e Angola, lançou-se no debate, questionando o emprego do conceito de «cultura» no arquipélago. Este, regra geral, aplicava-se ao grau de escolaridade dos naturais e ao fenómeno «duma literatura dita de raízes autóctones e inspiração ambiental»[74], tendendo a esquecer o «sentido antropológico», que o mesmo é dizer a ligação ao continente africano. «Ao lado de costumes e hábitos de importação europeia», Manuel Duarte contrapunha, então, as «reminiscências» negro-africanas presentes na ilha de Santiago: a tabanca, o «casamento santiaguense», a dança «colâ-Sanjom», o batuque, a «superstição fetichista», a «acentuada tendência poligâmica» e as

---

[72] *Idem, ibidem*, p. 7.

[73] *Idem, ibidem*, p. 8.

[74] Manuel Duarte, «Caboverdianidade e Africanidade», in *Vértice*. Lisboa: Novembro de 1954, n.º 134, p. 639.

habitações (finca-pé e funco)[75]. Mais importante: o autor, a despeito de reconhecer a dupla ascendência cultural do arquipélago, valorizava o «sentido da africanidade», avançando razões que se prendiam com a situação geográfica, o povoamento e, de modo significativo, «o fenómeno colonial e as suas implicações». Daí decorre que acusasse *Claridade* de somente «dar uma voz poética à angústia oceânica da nossa gente», tomada de posição contrária ao «enraizamento» anunciado pelos membros da revista.

Na verdade, existiriam sentimentos mais contraditórios do que «enraizamento» e «evasionismo»? Teria, ainda assim, *Claridade* conseguido articulá-los?

Manuel Duarte, na esteira de Amílcar Cabral, respondia que os «novos» intelectuais teriam de percorrer um caminho diferente, ignorando os apelos da «terra-longe». Descrendo da «apregoada excelência de quaisquer métodos de civilização», o texto de Duarte mostrava-se igualmente «subversivo», quando postulava que «o caboverdiano culto não pode, não deve ser assimilável ao europeu culto»[76].

O passo seguinte, num crescendo de intensidade crítica, seria dado por Onésimo Silveira, intelectual e político que militou nas hostes do PAIGC. Vindo a lume em 1963, pela mão da Casa dos Estudantes do Império (CEI), o ensaio de Onésimo, *Consciencialização da literatura caboverdiana*, atacou os «claridosos»[77]. Um olhar mais atento destrinça uma mensagem subliminar, que parece a cada instante fixar se num outro alvo — o colonialismo português —, mas que, a todo o momento, consegue evitar o «deslize» que a censura não perdoaria. Discurso subterrâneo dentro de um discurso exteriormente virulento, o texto de Onésimo fundava-se na seguinte premissa:

> Uma das raízes do Movimento Claridoso é a que o liga ao processo social geral a que as Ilhas sempre estiveram submetidas e ao aspecto particular e lógico da instrução como elementos do referido processo[78].

---

[75] *Idem, ibidem*, pp. 640-641.

[76] *Idem, ibidem*, p. 642.

[77] Onésimo Silveira, *Consciencialização da literatura caboverdiana*. Lisboa: Edição da Casa dos Estudantes do Império, 1963.

[78] *Idem, ibidem*, p. 8.

Dito por outras palavras, o mencionado «processo social» (colonialismo) constituía um travão às aspirações autonómicas/independentistas dos autóctones das ilhas, funcionando a educação «europeízante», dirigida às elites, como uma sorte de alienação dos «componentes negróides da cultura caboverdiana», num quase exemplo de recalcamento freudiano. Voltaremos a encontrar esta linguagem psicanalítica.

Onésimo considerou que as linhas de fundo do ensino oficial (Seminário-liceu/Liceu do Mindelo) eram reinventadas na literatura «claridosa» e, por sua vez, retransmitidas à população sob uma forma inócua, fatalista e romantizada. Denunciava, assim, a divulgação de uma «imagem estereotipada [...] do facto emigratório» ou evasionista, bem como a «atitude estéril dos claridosos perante as grandes crises», a «intenção social bastante difusa» e a «omissão do homem do grupo de ilhas geograficamente denominado de 'Sotavento'» ou «barlaventismo da literatura claridosa». Segundo Onésimo, tal dever-se-ia a um «complexo de inferioridade [dos] componentes negróides da cultura caboverdiana».

Imbuído dos princípios da Negritude — a prová-lo a referência ao ensaio «Orfeu Negro», de Sartre —, Onésimo exigia, às elites letradas, uma atitude mais actuante, proposta na qual poderemos encontrar uma reminiscência da famosa expressão de Estaline acerca do intelectual como «engenheiro de almas». Aí é, igualmente possível, tal como acontecia no texto de Amílcar Cabral, deduzir o papel a desempenhar pela *intelligentsia* na mobilização nacionalista/independentista das massas:

> Os jovens da nossa geração pensam que Cabo Verde é um caso de regionalismo africano. Esta inversão dos termos do problema decorre do influxo do renascimento africano, que revitaliza todos os campos de actividade e todos os momentos de espiritualidade do homem negro ou negrificado [...]. A moderna geração vem-se alimentando nesta matriz ideológica, e por isso sabe bem distinguir entre as elites feridas de inautenticidade — floração efémera de uma sociedade decrépita — e as massas depositárias das verdadeiras aspirações da colectividade[79].

---

[79] *Idem, ibidem*, pp. 22-23.

Já no plano literário, despontaram alguns grupos que colocaram em causa o projecto colonial. Rejeitavam o regionalismo e um eventual processo conducente à adjacência. Foram os casos dos jovens unidos em torno do *Suplemento Cultural* de *Cabo Verde - Boletim de Propaganda e Informação* (1958) e do *Boletim dos Alunos do Liceu Gil Eanes* (1959).

O *Suplemento Cultural*, na sua *Nota de Abertura*, anunciava querer ser «um farol nos mares das nossas ilhas, dando sinal de que estamos vivos e atentos»[80]. Dirigia-se aos homens de todo o mundo, num abraço fraternal. Falando em nome de Cabo Verde, propunha-se «exprimi-lo com fidelidade», buscando contribuir para o seu «progresso cultural». Para isso publicaria, quer géneros literários e poéticos, quer ensaios no campo das ciências sociais e humanas, «que desvendassem o seu passado e melhorem o seu futuro»[81].

No seu primeiro e único número, destacavam-se dois estudos: *A Mestiçagem: seu papel na formação da sociedade caboverdiana*[82], de Gabriel Mariano, e *Introdução a um estudo sobre a escravatura negra em Portugal*, de José Augusto Monteiro Pinto. Seguiam-se poemas de Ovídio Martins, acusando, num tom nada velado, a situação colonial e a ausência de democracia. Em *O único impossível*, questionando a legitimidade dos entraves postos à criação artística, numa linguagem frontal, que, ainda assim, logrou contornar o lápis azul da censura, Ovídio rematava:

> Mordaças
>
> A um poeta!?
>
> Não me façam rir!...
>
> Experimentem primeiro
> Deixar de respirar
> Ou rimar... mordaças
> Com Liberdade[83].

---

[80] Carlos Alberto Monteiro Leite, «Nota de Abertura», in *Suplemento Literário n.º 1* de *Cabo Verde – Boletim de Propaganda e Informação*. Praia: Outubro de 1958, n.º 109, p. 6.

[81] *Idem*, pp. 4-5.

[82] O qual, adiante, será objecto de análise.

[83] Ovídio Martins, «O único impossível», in *Suplemento Literário n.º 1* de *Cabo Verde – Boletim de Propaganda e Informação*. Praia: Outubro de 1958, n.º 109, p. 54.

No *Boletim dos alunos do Liceu Gil Eanes*, do ano seguinte, a linguagem era mais sugestiva, conquanto pouco perdesse em objectividade. Era, sobretudo, através da poesia, que se desferiam as principais críticas ao regime de Salazar. Enquanto Corsino Fortes, em *Folclore*, parecia ironizar com o título da sua composição, fazendo-lhe suceder um cenário de dor e de desolação, Onésimo da Silveira, em *Frustração* e *Praia de Bote*, dava conta da decadência que atingira a cidade do Mindelo, com o desemprego e a fome a grassarem[84].

2.3. Cabo Verde visto por Gilberto Freyre ou a história de um múltiplo mal-entendido

A problemática girando em torno do binómio África/Europa conheceu outros desenvolvimentos que permaneceram enraizados na história cultural de Cabo Verde. Um dos mais significativos foi, sem qualquer dúvida, a deslocação de Gilberto Freyre ao arquipélago, no âmbito da sua famosa viagem de estudo a Portugal e ao ultramar, e os escritos por si (e contra si) produzidos. Tanto assim sucedeu, que abunda a bibliografia versando o (des)encontro do sociólogo brasileiro com Cabo Verde[85]. A análise aqui proposta tem, por isso mesmo, precedentes.

---

[84] Cf. Rolando Vera Cruz, «Nota introdutória a *Praia de Bote* e *Frustração* de Onésimo da Silveira», in *Boletim dos alunos do Liceu Gil Eanes*. S. Vicente: Março de 1959, n.º 1, p. 6. Onésimo, aliás, surgia referenciado, numa notícia, como antigo aluno do Liceu Gil Eanes e um dos raros cabo-verdianos a singrar em S. Tomé e Príncipe, território esse que atraía os seus conterrâneos numa fuga desesperada à pobreza, e cujas roças de cacau tantas vezes se revelavam uma miragem, oferecendo condições penosas de trabalho.

[85] Entre outros, ver: Jean-Michel Massa, «Heurs et malheurs de Gilberto Freyre en Guinée Portugaise et au Cap-Vert», in *Lusotopie*. Paris: Éditions Karthala, 1997, n.º 4, pp. 227-236; Osvaldo Silvestre, «A Aventura Crioula revisitada. Versões do *Atlântico Negro* em Gilberto Freyre, Baltasar Lopes e Manuel Ferreira», pp. 63-103; Cláudia Castelo, «*O Modo Português de estar no Mundo*», p. 93; José Carlos Gomes dos Anjos, *Intelectuais, literatura e poder em Cabo Verde*, pp. 114-120; Sérgio Neto, «Cabo-verdianidade e Luso-tropicalismo. Duas visões de Cabo Verde em tempos de Estado Novo», in *Estudos do Século XX*. Coimbra: Quarteto, 2003, n.º 3, pp. 312-314; e João Medina, *Portuguesismo(s)*. Lisboa: Centro de História da Universidade de Lisboa, 2007, pp. 261-273.

Chegado a Santiago, em meados de 1951, Gilberto Freyre percorreu, ainda, as ilhas de S. Vicente e do Sal. Sobre estas redigiu algumas páginas em *Aventura e Rotina* e *Um Brasileiro em Terras Portuguesas*[86], assim como exprimiu, em entrevistas concedidas à imprensa, alguns juízos pouco abonatórios acerca da literatura cabo-verdiana. Tudo isto lhe valeu réplicas acerbas, não só da parte dos cabo-verdianos, mas também de estudiosos portugueses[87].

No geral, as críticas fixaram-se na incorrecta apreciação do arquipélago, resultante da sua curta estadia — cerca de uma semana —, a qual teria sido explanada num registo mais próximo da literatura de viagens ou dos apontamentos de um turista, do que propriamente de um relato sociológico à altura do seu estatuto científico[88]. Censurou-se-lhe o facto de ter entrevisto mais características culturais relacionáveis com a África do que com a Europa, assim como ter desvalorizado os elementos mais afirmativos da cabo-verdianidade. De facto, menosprezou o crioulo, salientou a quase inexistência de uma arte popular específica e, na sua pretensão de encontrar uma cultura de terceiro tipo ou luso-tropical, Freyre, apenas na morna, divisou traços de um sincretismo que, no restante, teria falhado, devido a uma maior ligação do arquipélago ao continente africano.

Ainda antes dos seus livros, documentando a dita viagem, virem a lume[89], já a polémica estalara. Em entrevista concedida à revista *Império*, de Lourenço Marques, quando da sua estadia em Moçambique, Freyre desdenhara da literatura cabo-verdiana, julgando-a enfeudada aos modelos brasileiros da Geração de 30. Mostrava-se «de certo modo decepcionado, pois esperava mais e melhor», uma vez que «a influência brasileira é manifesta. Prejudicial porque dela os intelectuais de Cabo Verde não se souberam libertar»[90].

---

[86] Ver: Gilberto Freyre, *Aventura e Rotina*, pp. 237-254; e *Um Brasileiro em Terras Portuguesas*. Lisboa: Edições Livros do Brasil, 1954.

[87] Foram os casos de Almerindo Lessa, António Mendes Correia e António Brásio, ou escritores, como Alfredo Margarido e Manuel Ferreira.

[88] Cf. Baltasar Lopes, *Cabo Verde visto por Gilberto Freyre*, 1956, p. 7.

[89] O que viria a ocorrer cerca de dois anos mais tarde.

[90] Vergílio Lemos, «Nós e Gilberto Freyre», in *Revista Império*. Lourenço Marques: Junho/Julho de 1952, n.os 14 e 15, p. 15.

E, de modo incisivo, acrescentava: «falta-lhes portanto originalidade. Falta-lhes mesmo personalidade»[91], concluindo que a literatura ainda não soubera extrapolar as temáticas locais para o «plano universal», que o mesmo é dizer não ter ultrapassado a realidade imediatamente apreensível da infância.

Retorquiu Jorge Barbosa ao «desagradável comentário», argumentando que a influência brasileira «teria sido benéfica», conquanto a obra dos escritores e poetas cabo-verdianos em breve tivesse logrado encontrar o seu «caminho»[92]. Porque, afinal, como fez questão de lembrar, também o próprio Gilberto Freyre sofrera influências. Ninguém, qualquer que fosse a sua área, era imune a sofrê-las. Estava na ordem natural das coisas. E, indo ao encontro de outras críticas movidas ao sociólogo, Barbosa frisava a celeridade da visita, insuficiente, por isso mesmo, para «penetrar o caso literário cabo-verdiano» e «outros pormenores da nossa vida»[93].

Em boa verdade, o depoimento à revista *Império* constituiu o primeiro de vários mal-entendidos. Ao mesmo tempo que rotulava de demasiado «brasileira» a literatura do arquipélago, Freyre considerava, pelo contrário, os cabo-verdianos pouco «luso-tropicalizados» ou «abrasileirados». Tal paradoxo, o primeiro de muitos, permitiria inferir que os «claridosos», mais apoiados numa coincidência geográfica entre os dois territórios, do que numa realidade social e étnico-cultural solidamente implantada, se tinham limitado a glosar e até imitar, sem pudor, a geração de 30, ignorando a paisagem humana? Ou que a reverência pelos congéneres brasileiros anulara qualquer esforço ou tentativa de renovação da revista cabo-verdiana, dando origem à ideia de um falso «pequeno Brasil»?

A fim de procurar responder a estas questões, talvez seja mais lógico começar por caracterizar o ambiente que rodeou a vinda de Gilberto Freyre

---

[91] *Idem, ibidem*, p. 15.

[92] Jorge Barbosa, «Crónicas de S. Vicente – 'Nós e Gilberto Freyre'», in *Cabo Verde - Boletim de Propaganda e Informação*, Março de 1953, n.º 42, p. 24.

[93] *Idem, ibidem*, p. 24. Não ficaram por aqui os seus reparos. No decorrer da viagem, desta feita em Goa, respondendo em entrevista, a Manuel Ferreira, Freyre declarava que, «apesar de ser boa», a poesia cabo-verdiana enfermava de falta de independência em relação à congénere brasileira. Cf. Manuel Ferreira, «Onde Gilberto Freyre fala de Cabo Verde», in *Cabo Verde – Boletim de Propaganda e Informação*, Setembro de 1952, n.º 36, p. 17.

ao arquipélago. Neste particular, a imprensa cabo-verdiana não poupou elogios. Por exemplo, o número de Novembro do *Boletim de Propaganda e Informação* de Cabo Verde fazia imprimir, na primeira página, um breve texto do sociólogo. Recorrendo a uma prosa elogiosa acerca do «mundo que o português não acabou ainda de criar»[94], Freyre salientava «o muito que há aqui de português, o parentesco do cabo-verdiano com o brasileiro»[95].

O mesmo número desse periódico incluía dois poemas dedicados ao sociólogo[96], um texto laudatório[97] e uma reportagem que dava conta dos contactos estabelecidos com escolas, clubes desportivos, instâncias oficiais e a população[98]. No número seguinte do *Boletim de Propaganda e Informação*, era Henrique Teixeira de Sousa quem, anunciando que «raiou finalmente para Cabo Verde o dia de tão ansiada visita»[99], assim filiava *Claridade*:

> A partir de 1935, quando um grupo de estudiosos e artistas destas ilhas começou a familiarizar-se com o movimento cultural brasileiro que teve início por volta de 1930 em Pernambuco, Paraíba, Alagoas, Gilberto Freyre foi um dos escritores mais discutidos e apreciados; dos que mais vincadamente impressionaram os elementos do chamado grupo *Claridade*. O entusiasmo foi tanto que houve quem dormisse com *Casa Grande & Senzala* na banquinha de cabeceira, e o manuseasse com o mesmo fervor com que os crentes lêem as Sagradas Escrituras. Não admira Os factores histórico-sociais e rácicos que corroboraram na génese do povo brasileiro

---

[94] Jogo de palavras com a sua obra de 1940, *O Mundo que o Português criou*, e que parecia justificar o alargamento da sua teoria às colónias portuguesas.

[95] Gilberto Freyre, «Palavras de Gilberto Freyre», in *Cabo Verde – Boletim de Propaganda e Informação*, Novembro de 1951, n.º 26, p. 1.

[96] «Presença de Gilberto Freyre», de Guilherme Rochteau, e «Carta para o Brasil ao cuidado de Gilberto Freyre», de Jorge Barbosa, in *Cabo Verde – Boletim de Propaganda e Informação*, Novembro de 1951, n.º 26, pp. 16-17.

[97] Luís de Melo, «Gilberto Freyre visto por Luís de Melo», in *ibidem*, Novembro de 1951, n.º 26, p. 16-17.

[98] Cf. «Documentário. Gilberto Freyre visita Cabo Verde», in *ibidem*, Novembro de 1951, n.º 26, pp. 20-21.

[99] [Henrique] Teixeira de Sousa, «Uma visita desejada», in *ibidem*, Dezembro de 1951, n.º 27, p. 31.

são, na sua quase totalidade, os mesmos que influíram na nossa formação. Na obra de Gilberto Freyre, conseguimos pois redescobrir a nossa própria terra sem ela ali estar[100].

Todavia, apesar do entusiasmo, Teixeira de Sousa avisava: uma vez que o sociólogo «vem com pouca demora», deveria «evitar preencher a totalidade do tempo com excursões circunstanciadas às serras e vulcões», a fim de se dedicar, em exclusivo, «ao sector da sua especialidade. Etnografia, folclore, linguística, economia, padrões e documentos históricos, arquitectura»[101].

O mesmo número do *Boletim de Propaganda e Informação* transcrevia uma entrevista dada por Freyre ao *Diário Popular*. Nela, pouco dizendo sobre Cabo Verde, o sociólogo brasileiro confinava a sua análise ao elogio das autoridades coloniais, insistindo, sobretudo, no cunho «independente e crítico», e não «de propaganda ou de lirismo oratório»[102], da viagem empreendida ao ultramar; prova, portanto, de que estaria bem ciente dos intentos do Estado Novo em relação a si e à sua teoria.

Por sua vez, o *Notícias de Cabo Verde* traçava a biografia do autor brasileiro, dele recolhendo o seguinte testemunho: «nesta ilha de S. Vicente que ainda é Portugal e já é Brasil, termina a minha viagem pelo Ultramar Português»[103]. Cerca de um ano e meio mais tarde, esse periódico publicava um artigo do «ilustre escritor»[104], no qual Freyre acentuava o quanto a paisagem e o mar lembravam os do seu país, do mesmo modo que «a população que se vê nas ruas tem alguma coisa das do Nordeste do Brasil mais colorido pela presença do mestiço, do ameríndio e do africano»[105].

---

[100] *Idem, ibidem*, p. 31.

[101] *Idem, ibidem*, p. 32.

[102] «Impressões de Gilberto Freyre», in *Cabo Verde - Boletim de Propaganda e Informação*, Dezembro de 1951, n.º 27, p. 17.

[103] «Gilberto Freyre em Cabo Verde», in *Notícias de Cabo Verde*. S. Vicente: Dezembro de 1951, n.º 277, p. 2. Após ter visitado Cabo Verde em Outubro, Freyre percorreu S. Tomé, Angola, Moçambique e Goa, regressando a Portugal em Dezembro, após escala em S. Vicente.

[104] Primeiramente publicado na revista carioca *Cruzeiro*, a 7 de Março de 1953.

[105] Gilberto Freyre, «Um brasileiro em Cabo Verde», in *Notícias de Cabo Verde*, Abril de 1953, n.º 277, p. 2.

Sem se comprometer demasiado, Gilberto Freyre guardava os seus juízos definitivos para *Aventura e Rotina*. Por agora, baseado em elementos de ordem geográfica e física, limitava-se a fazer coincidir Cabo Verde e Brasil, desconsiderando, em algumas entrevistas que concedeu fora do arquipélago (Moçambique e Goa), a literatura local.

Eis, pois, o segundo mal-entendido ou paradoxo: o que teria suscitado a mudança de opinião nas páginas de *Aventura e Rotina*? Com efeito, o mitigado entusiasmo inicial e a indiferença respeitosa convertiam-se, agora, em manifesto menosprezo, bem longe, por conseguinte, das optimistas expectativas «claridosas» de que reconhecesse Cabo Verde como a «segunda» mais importante realização luso-tropical.

O relato da jornada de Gilberto Freyre ao arquipélago, surgido em *Aventura e Rotina*, começava com um falso prelúdio ao eixo Brasil/Cabo Verde. A seu ver, o arquipélago seria «uma espécie de Ceará desgarrado no meio do Atlântico» e o cabo-verdiano ostentaria a «coragem» do cearense «na luta com a terra árida e contra o sol cru», assim como «a tendência para espalhar-se por meio mundo, embora sempre procurando voltar à terra ingrata»[106].

Ainda que, mais à frente, Freyre erigisse a ilha de Santiago enquanto «primeiro caldeirão de ensaio» da «aventura étnica» da mestiçagem, espécie de pré-Brasil luso-tropical, ou sucumbisse ao encanto das «quase pernambucanas» águas do mar, ficavam por aqui as semelhanças entrevistas. No restante, Cabo Verde não passaria de uma experiência luso-tropical abortada, mercê da predominância do elemento negro-africano. Tal circunstância teria gerado uma síntese imperfeita, expressa numa «incaracterização cultural», que somente «um revigoramento de influência europeia» poderia atenuar[107]. Concretizando: Cabo Verde não disporia de uma «arte popular» característica, nem tão-pouco de qualquer «prato regional» que fosse decisivo para o «bem-estar da humanidade», apenas se afirmando «a presença dominante do europeu [...] no que é oficial»[108].

---

[106] Gilberto Freyre, *Aventura e Rotina*, p. 237.

[107] Cf. *idem, ibidem*, p. 250.

[108] *Idem, ibidem*, p. 240. Relativamente à arte literária – numa toada, sem dúvida, mais comedida do que aquela empregue em escritos anteriores, mas ainda assim condescendente –, proclamava-a «cheia de promessas» e a mais «luso-tropical, depois da do Brasil». Cf. *idem, ibidem*, p. 253.

Prosseguia a análise, descrevendo o quão exótica lhe parecia a população originária da ilha de Santiago, com «costumes, muitos deles, ainda solidamente africanos», assemelhando-se, talvez mais, aos habitantes da Martinica ou da Trinidad[109]. Quanto a S. Vicente, se bem que «mais alegre», não se furtaria a possuir o mesmo «grau de mestiçagem» de Santiago, isto é, «a mesma predominância do africano sobre o europeu que nas pequenas Antilhas». Em suma, aquelas duas ilhas do arquipélago cabo-verdiano teriam conservado mais traços imputáveis a África do que as «áreas mais evidentemente negróides do Brasil»[110].

A antipatia pela dimensão africana de Cabo Verde fez-se sentir noutros domínios. Conforme escreveu, repugnou-lhe escutar o «dialecto cabo-verdiano», idioma «exótico», que aproximaria os seus falantes do «africanismo» dos povos residentes na Martinica e na Trinidad — povos também, como se sabe, possuidores de línguas crioulas[111]. Uma vez que Freyre parecia encarar o «dialecto» como uma espécie de subproduto da colonização, a existência e persistência do crioulo em Cabo Verde — ao invés do sucedido no Brasil, «no qual bem ou mal se fala só o português»[112] — levantava sérias objecções à «dissolução da África»[113]. Entenda-se o seguinte: se a doutrina luso-tropical aceitava a incorporação de costumes extra-europeus no «léxico» comportamental do colono luso e dos seus descendentes mestiços, já mais dificilmente poderia consentir que o processo aculturativo decorresse em sentido inverso, com o colonizado/dominado a «transformar» (tornando «outra») a Língua Portuguesa.

Neste passo, mais do que ostentar uma descrença na vitalidade da componente cultural africana do arquipélago, Freyre ia ao encontro dos estereótipos condenatórios da mestiçagem, julgando pela negativa um acontecimento verificado em muitas das áreas tocadas pelo expansionismo português e não só: a formação de crioulos. Aliás, a sua leitura de Cabo

---

109 *Idem, ibidem*, p. 240.

110 *Idem, ibidem*, p. 244.

111 Cf. *idem, ibidem*, p. 240.

112 Cf. *idem, ibidem*, p. 248.

113 Baltasar Lopes, *Cabo Verde visto por Gilberto Freyre*, p. 7.

Verde pautou pela recuperação da maior parte desses ancestrais estereótipos, facto tanto mais paradoxal se levarmos em linha de conta o alcance da sua teoria.

Era, deste modo, que apresentava o homem cabo-verdiano como um «mestiço envergonhado» da «sua origem [africana]», tendo desta perdido, «talvez, o melhor»[114]. Quase glosando o pensamento colonial anterior aos anos 50, Freyre sentia a influência europeia como um «verniz»[115] aplicado sob um fundo africano já de si descaracterizado. Tratava-se, afinal, da velha imagem da fina e frágil «película» de «civilização», na qual se deve reconhecer uma reminiscência do uso de roupa ocidentalizada, enquanto pretenso indicador de superioridade[116].

Embora não tivesse empregado essa conhecida metáfora, Freyre nem por isso deixou de referir os «salpicos, apenas, de influência europeia, sobre essa predominância étnica e social [africana]»[117], que teriam resultado na «pobreza do regionalismo», espécie de revalidação da tese da «esterilidade» mestiça. A tal «incapacidade» criativa, patenteada na «ausência» de uma «arte popular» artesanal e na presença de literatura enfeudada a modelos exteriores, juntar-se-iam a inconstância e a descaracterização dos autóctones do arquipélago. Ou seja, ainda que longe de apadrinhar as visões racistas e estereotipadas de Hipólito Raposo e de Eusébio Tamagnini, o sociólogo brasileiro, pelo menos quanto ao caso cabo-verdiano, esquecia por momentos a sua tese, veiculando a tradicional visão do mestiço.

---

[114] Gilberto Freyre, *Aventura e Rotina*, p. 249.

[115] *Idem, ibidem*, p. 240.

[116] A força deste lugar-comum pode ser medida a partir de um conto publicado na revista *O Mundo Português*. Aqui se narravam as desventuras de *Avelino Melo Mendes*, africano «conspicuamente metido na indumentária europeia». Escrevente numa circunscrição civil, o protagonista era retratado como o estereotipado negro portador de uma escolaridade média. Dividido entre o «ser» e o «querer ser», *Avelino* apegava-se a objectos (botas – «suplício permanente» e óculos – «andar às catracegas»), julgando assim ter assimilado os padrões metropolitanos. Escrito em tom jocoso, o conto pretendia documentar a índole dos «calcinhas» – africanos que veriam, no trajar de roupas ocidentais, o mais seguro passaporte para se europeizar. Cf. Emílio Castelo Branco, «O Calcinhas«, in *O Mundo Português*, 1939, vol. VI, pp. 71-74.

[117] Gilberto Freyre, *Aventura e Rotina*, p. 240.

Posto isto, duas suposições parecem possíveis. Em primeiro lugar, Gilberto Freyre, como os próprios cabo-verdianos não se cansaram de repetir a respeito de outros estudiosos estrangeiros do arquipélago, ter-se-ia deixado lograr pela tez escura dos naturais, conjecturando todas as suas hipóteses com base nessa coordenada[118]. Sugestionado pela propaganda colonial portuguesa, teria alimentado de tal modo as expectativas em (não?) encontrar o Brasil da sua teoria, que a descoberta de uma outra realidade de «sucesso» apenas poderia conduzir à incompreensão.

Portanto, no momento em que o Estado Novo fazia doravante sua a doutrina de Gilberto Freyre, este último contestava, precisamente, o território que todos consideravam o mais «luso-tropical». Eis um novo paradoxo que vários autores da época não conseguiram perceber. O padre António Brásio, por exemplo, opinava que atribuir ao cabo-verdiano características sociológicas, etnográficas e etnológicas de origem africanas era incorrer num «autêntico disparate»[119]. Já Manuel Ferreira discutia a validade do Luso-tropicalismo, verificando que, generalizar o caso da colonização brasileira para o conjunto do ultramar, era operação delicada e merecedora de mais atenção[120]. Por último, mais contundente, Alfredo Margarido, não só questionava as observações de Freyre a respeito de Cabo Verde, de Angola e de Moçambique, como punha em dúvida as próprias conclusões em relação à sociedade brasileira[121].

No entanto, pertenceu ao cabo-verdiano Baltasar Lopes a iniciativa de produzir a mais fundamentada refutação de Gilberto Freyre: «o Messias desiludiu-nos». Com valor de manifesto se investiram as suas palavras, lidas, em primeira instância, aos microfones da Rádio Barlavento e depois publi-

---

[118] Cf. Almerindo Lessa, *Seroantropologia das Ilhas de Cabo Verde: mesa redonda sobre o Homem Cabo-verdiano*, p. 114-115. Para o caso importa reter que esta opinião foi subscrita por Baltasar Lopes, um dos intervenientes na mesa redonda.

[119] António Brásio, «Descobrimento, povoamento, evangelização do Arquipélago de Cabo Verde», in *Studia*. Lisboa: Julho de 1962, n.º 10, p. 85.

[120] Manuel Ferreira, *A Aventura Crioula*. Lisboa: Ulisseia, 1967, p. 43; cf. *idem*, «Do regionalismo cabo-verdiano», in *Ocidente*. Lisboa: 1962, vol. LXIII, pp. 163-183.

[121] Cf. Alfredo Margarido, «Crónicas de Lisboa – Aristocracia e raça (comentários sugeridos por um artigo do Sr. Gilberto Freyre)», in *Cabo Verde - Boletim de Propaganda e Informação*, Dezembro de 1960, n.º 135, pp. 6-7.

cadas em livro[122]. Aí, Baltasar, sem dúvida decepcionado pelo que lhe pareceu um mal entendido, punha a tónica na «fuga a África do arquipélago». No seu entender, Freyre, para além de uma demasiado breve estadia, compulsara alguns livros pouco ilustrativos da situação real, os quais tendiam a aproximar Cabo Verde das Antilhas e, por extensão, de África. É que, ao invés do Haiti, onde o *vudu* ainda vingava, Cabo Verde, apenas no interior de Santiago, possuiria uma manifestação cultural tributária da Guiné, a tabanca, e esvaziada do simbolismo original[123].

Respondendo às acusações de «pobreza» cultural, Baltasar expunha o extenso património da tradição autóctone: o folclore novelístico, os provérbios e as adivinhas, os jogos infantis e as festas populares, a música popular e a sua instrumentação. Salientava a existência de um «regionalismo autêntico»[124], expressão da qual se pode inferir, pelo menos ao nível inconsciente, um eufemismo de uma cultura tendencialmente «nacional». Neste sentido, já num artigo de 1936, a propósito do crioulo, o escritor cabo-verdiano salientara que apenas a independência e o isolamento político viabilizariam a sua afirmação enquanto língua[125].

Ora, no escrito que se tem vindo a analisar, Baltasar voltava a conferir ao «dialecto» honras de, conjuntamente com a literatura «regional», sublimar todos aqueles elementos acima enunciados. Era nos seguintes termos que ligava o destino do homem cabo-verdiano à sobrevivência da sua língua de «berço»:

> O crioulo é a criação mais perene destas ilhas. Tudo pode desaparecer ou modificar-se no arquipélago: conduta, trajos, mobilidade das classes; se não ocorrer um cataclismo, físico ou social, que está fora das nossas previsões, podemos ter a certeza de que, para me citar a mim mesmo, o crioulo está radicado no solo das ilhas como o próprio indivíduo[126].

---

[122] Baltasar Lopes, *Cabo Verde visto por Gilberto Freyre*, 1956.

[123] *Idem, ibidem*, p. 19.

[124] Cf. *idem, ibidem*, p. 26.

[125] Cf. *idem*, «Notas para o estudo da linguagem das ilhas», in *Claridade*, S. Vicente, n.º 2, Agosto de 1936, pp. 5 e 10.

[126] Baltasar Lopes, *Cabo Verde visto por Gilberto Freyre*, p. 27.

Percebe-se, nesta passagem, a tentativa de fazer corresponder língua e psicologia de um povo, algo caro às teorias essencialistas do nacionalismo[127]. Todavia, o facto de *Claridade* ter agrupado intelectuais e escritores, decididos a reinventar e a recriar a essência do arquipélago, aponta para um aspecto mais consentâneo com as teorias construtivistas do nacionalismo, as quais pressupõem serem as elites a circunscrever e a forjar uma cultura e um nacionalismo próprios[128].

Uma outra crítica a Freyre partiu de Gabriel Mariano[129]. Esta foi empreendida através de uma comunicação integrada nos *Colóquios Cabo-Verdianos*, de 1959, intitulada «Do funco ao sobrado ou o 'mundo' que o mulato criou»[130], e no estudo *A Mestiçagem: seu papel na formação da sociedade cabo-verdiana*[131].

Nestas duas realizações, Mariano não se limitou a contestar Freyre. Pondo grandes reservas e invertendo mesmo o Luso-tropicalismo, viu, no

---

[127] Cf. Anthony Smith, *Nacionalismo*, pp. 77-88.

[128] Daí que, mais tarde, os «claridosos», sedeados em S. Vicente, não tivessem escapado às diatribes de não terem ido ao encontro da cultura das ilhas do grupo de Sotavento. Ou mesmo de terem engendrado uma sorte de pseudo-folclore regional inofensivo, propenso a agradar ao Estado Novo e ao gosto exótico do português metropolitano, pouco conhecedor das realidades da fome, do desemprego, da miséria e da emigração. Cf. Onésimo Silveira, *Conscencialização da literatura caboverdiana*, Lisboa, Edição da Casa dos Estudantes do Império, 1963.

[129] Poeta e ensaísta nascido, na ilha de S. Nicolau, em 1928, Mariano, «interessado pela valorização da cabo-verdianidade» (Manuel Ferreira, *No Reino de Caliban I. Antologia panorâmica da poesia africana de expressão portuguesa*, Amadora, Plátano Editora, 1997, p. 161), assinou alguns artigos nas revistas *Claridade* e *Mensagem*, esta última pertencente à Casa dos Estudantes do Império (CEI). Avulta, ainda, na sua produção, o famoso poema «Capitão Ambrósio», saga de uma revolta das massas cabo-verdianas contra as autoridades coloniais. Cf. José Luís Pires Laranjeira, *Literaturas africanas de expressão portuguesa*. Universidade Aberta, 1995, pp. 223-224. No que toca à parte ensaística da sua obra, esta foi reunida num volume dado à estampa em 1991, intitulado *Cultura Caboverdeana - Ensaios*, dividindo-se entre as temáticas culturais e literárias.

[130] Gabriel Mariano, «Do funco ao sobrado ou o 'mundo' que o mulato criou», in *Colóquios Cabo–Verdianos*. Lisboa: Junta de Investigações do Ultramar – Centro de Estudos Políticos e Sociais, 1959, n.º 22, pp. 23-49.

[131] *Idem*, «A Mestiçagem: seu papel na formação da sociedade caboverdiana», in *Suplemento Literário* n.º 1 de *Cabo Verde – Boletim de Propaganda e Informação*, Outubro de 1958, n.º 109, pp. 11-24.

mestiço, o ponto de partida e não somente o fim último do processo de aculturação levado a cabo pelo colonizador. Quer isto significar que em lugar de conferir ao carácter «plástico» do povo português o ónus da colonização das zonas tropicais, e do qual resultara o mestiço enquanto produto étnico-cultural desse encontro civilizacional, teria antes cabido a este último concatenar ambos os contributos[132].

Apropriando-se do conceito freyriano de «plasticidade», Mariano remetia-o para o mestiço e já não tanto para o português, anotando que, a haver algo de maleável e de tendencialmente sincrético na colonização lusa, tal apenas teria acontecido com toda a propriedade em Cabo Verde e sob a égide do primeiro. Como adiante se verá, Mariano não julgava o Brasil a mais conseguida ou original realização de uma sociedade miscigenada, nem tão-pouco qualquer sorte de paradigma luso-tropical. Nele se deparava com laivos racistas, algo inconcebível, ainda nas suas palavras, em Cabo Verde, onde desde cedo o vocábulo «branco» se revestira do significado de «pessoa de posses», dotando-se de uma acepção sócio-económica e não étnica[133].

Nas páginas de *A Mestiçagem: seu papel na formação da sociedade caboverdiana*, Gabriel Mariano, contrariando as ancestrais crenças na esterilidade cultural do mulato, assim como a degenerescência trazida pela mestiçagem e a «instabilidade», parecia responder a Freyre. Em primeiro lugar, refutava o alcance do Luso-tropicalismo, afiançando que «quem lançou os alicerces da sociedade crioula foi o homem crioulo, o próprio cabo-verdeano: o negro, o mulato e o branco já aculturado», devendo o português «reinol», após o «surto colonizador inicial, adaptar-se aos estilos novos que estavam madrugando em Cabo Verde»[134]. Depois, em relação à esterilidade do homem mestiço, alegava, muito na linha de Baltasar Lopes, que o dialecto crioulo, sua criação, impusera-se em todo o arquipélago, constituindo as primícias da cultura local, «veículo de todo o nosso folclore poético e novelístico», da «criação literária culta»[135] e da música popular. Se, em relação

---

[132] *Idem, ibidem*, p. 11.

[133] *Idem*, «Do funco ao sobrado ou o 'mundo' que o mulato criou», pp. 27-29.

[134] *Idem*, «A Mestiçagem: seu papel na formação da sociedade caboverdiana», p. 11.

[135] *Idem, ibidem*, pp. 12-13.

à degenerescência, se revelava mais parco em comentários, já quanto à muito propalada tese da «instabilidade», reiterava a não indecisão do mestiço entre o «branco» e o «negro», negando quaisquer «desajustamentos psíquicos».

Numa nota, porventura, dirigida ao presente, o qual, muitas vezes, via no cabo-verdiano — por força da sua presença nas repartições e nos organismos públicos na Guiné e em Angola — um agente do colonialismo português, Mariano asseverava que o mulato «não chegou a ser nunca uma terceira força feita joguete deste ou daquele grupo». No entanto, ressalve-se que, em contraste com a posição subscrita por Baltasar Lopes, este ensaísta concedia ao elemento negro uma maior importância, pois, de contrário, o homem cabo-verdiano em pouco se distinguiria do madeirense ou do açoriano.

Em *Do funco ao sobrado ou o 'mundo' que o mulato criou*, trabalho mais denso e sistematizado, o autor retomava idêntica argumentação, fazendo questão de a dirigir ainda mais inequivocamente contra Freyre, mas, apesar de tudo, numa lógica luso-tropical levada às últimas consequências. O seu título parece ter sido gizado a partir do nome de três livros do sociólogo brasileiro: «Do funco ao sobrado» (*Sobrados e Mocambos* e *Casa Grande e Senzala*); e «o 'mundo' que o mulato criou» (*O mundo que o Português criou*). No nome do seu ensaio, Mariano inverteu os títulos das referidas obras de Freyre, acentuando a oposição e a complementaridade do binómio senhor/escravo, com base nas trocas culturais feitas entre as respectivas «habitações», a princípio fechadas a qualquer contacto. Deste modo, infere-se, pela posição contrária dos termos, primeiro vindo a casa do africano, depois a do europeu, que a iniciativa de encetar relações de crescente cordialidade, entre senhor e escravo, pertenceu a este último. Ademais, a contracção da preposição «de» com o artigo «o» dotaria mesmo o «funco» — leia-se o mulato — de maior dinamismo.

Comparando Cabo Verde e Brasil, o autor começava por fazer divergir os territórios num aspecto em que, por regra, eram aparentados: a ausência de racismo. Para este efeito, chamava à colação exemplos de «antagonismo sociorracial» colhidos na Baía, desferindo um primeiro ataque à teoria de Freyre e, por extensão, à «nova» ideologia colonial apadrinhada pelo Estado Novo.

A seu ver, ambas as sociedades, esclavagistas nos primórdios, teriam diferido nos sistemas económicos ensaiados, tendo predominado, no Brasil, a monocultura do açúcar, e, em Cabo Verde, a policultura. Ora, na actualidade, os territórios ressentir-se-iam dessa ocorrência, em virtude de a monocultura favorecer uma clivagem mais visível entre proprietário e escravo. Quanto à policultura[136], estimulando um sentido comunitário de entreajuda, teria esbatido, com o correr dos séculos, a escravatura, convertendo-a numa mais «doce» servidão[137].

Não menos significativo era o facto de todos os linguajares crioulos se terem extinguido no Brasil, quando, em Cabo Verde, a despeito do uso do Português, o crioulo possuir honras de língua materna. De tudo isto, Mariano extraía a conclusão de que a construção da sociedade brasileira se processara de cima para baixo, enquanto na cabo-verdiana ocorrera o inverso[138].

Se o exemplo mais acabado de Luso-tropicalismo não reunia todas as características de uma «democracia racial», que dizer, então, das restantes províncias de além-mar portuguesas?

Neste ponto, o autor distinguia as zonas desabitadas por negros quando da descoberta (Cabo Verde, S. Tomé e o Brasil) da Guiné, Angola e Moçambique — territórios em que a mestiçagem possuía pouco relevo. Ao traçar esta delimitação, Gabriel Mariano negava novos êxitos ao colonialismo, quando Freyre, na sua viagem a convite do governo, vira Brasis embrionários na Guiné, em Angola e em Moçambique. E, ao ponderar o sucesso do Luso-tropicalismo no Brasil, que já refutara, Mariano mais não dava do que o mote para a seguinte questão:

> Terá o colonialismo, incluindo a própria colonização portuguesa, por muitos considerada o menos duro dos colonialismos europeus, aptidão para, partindo de culturas não europeias, criar novas formas de cultura? Isto é: poderá o colonialismo criar uma cultura nova[139]?

---

[136] Na qual Gabriel Mariano entrevia a influência africana e não mediterrânica.

[137] Cf. Gabriel Mariano, «Do funco ao sobrado ou o 'mundo' que o mulato criou», pp. 27-29.

[138] Cf. *idem, ibidem*, p. 40.

[139] *Idem, ibidem*, p. 32.

III

A construção do paradigma luso-tropical

3.1. Nos tempos do «Cabo Seco»

3.1.1. Desventuras da «colónia mártir»

Como se viu, nos alvores do século XX, Cabo Verde desfrutava de um estatuto ímpar no conjunto das parcelas ultramarinas africanas, ainda que poucos proventos retirasse da situação. Era, pelo menos, o que a sua imprensa não se cansava de apregoar.

No geral, os testemunhos portugueses davam de si uma imagem negativa, ligada às secas, às fomes, à pobreza e à emigração. Não foi raro, sobretudo na imprensa, falar-se no aparente equívoco em redor do nome com qual o arquipélago fora baptizado. Sugeria-se, antes, em tom sarcástico, o de «Cabo Seco».

Nem sempre os autores estiveram de acordo: uns julgando o território «incivilizado», outros achando-o europeizado. Contudo, predominou a primeira visão, associada ao cenário das crises alimentares[1], com dois dos mais

---

[1] Ver T. S. Bergsträus, «Crises alimentícias de Cabo Verde», in *Boletim da Sociedade de Geographia de Lisboa*, 1889, 9.ª série, n.º 12, pp. 37-44. Uma cronologia detalhada dos períodos de crise – que degeneraram em mortíferas fomes – e das epidemias que sobrevieram no arquipélago, pode ser encontrada in António Carreira, *Cabo Verde – Formação e Extinção de uma Sociedade Escravocrata (1460-1878)*. Praia: Instituto de Promoção Cultural, 2000, pp. 196-208. Quanto ao século XX, segundo a mesma fonte, cumpre assinalar os seguintes períodos de crise: 1902-1903; 1921-1922; 1930-1931; 1934-1935; 1940-1942; 1946-1948; 1958-1959; e 1969-1970.

113

antigos periódicos de temática colonial, nascidos ainda durante a vigência da Monarquia Constitucional — a *Revista Portugueza Colonial e Marítima* e o *Boletim da Sociedade de Geografia de Lisboa* —, a consagraram-lhe alguns dos artigos mais interessantes dessa época.

Começada a publicar em 1897, «sob a alta protecção de Sua Majestade El-Rei o Senhor D. Carlos», a *Revista Portugueza Colonial e Marítima* agrupou importantes vultos ligados aos meios coloniais, casos de Augusto de Castilho, Ernesto de Vasconcelos e Ernesto Vilhena de Jardim. A linha editorial procurou dinamizar o estudo do ultramar numa perspectiva comercial ligada à exploração das potencialidades locais, atribuindo menos importância à vertente etnográfica — o que já não sucedeu com o contemporâneo *Boletim da Sociedade de Geografia de Lisboa*.

Uma vez que, pela sua extensão geográfica, riqueza económica e o «orgulho» daí decorrente, tanto Angola, quanto Moçambique, possuíam maior valor aos olhos do escol ultramarino português, a *Revista Portugueza Colonial e Marítima* reservou ao arquipélago uma magra parcela das suas páginas. Os escassos escritos sobre si produzidos privilegiaram as «crises de fome»[2], apontando propostas para corrigir o problema, as quais, de um modo geral, não diferiram daquelas apresentadas ao longo de todo o século XX. Relevante parece a opinião, também mais tarde muito comum, de que:

> Um programma abstracto d'instrucção primaria [...] não conduz o indigena a outro resultado mais do que a engrossar com crescente percentagem as falanges, já numerosas, dos 'ignorantes, sabendo ler', que aspiram a um emprego do Estado ou dos municipios[3].

Veiculavam-se, pois, ideias contrárias ao processo educativo, facto aparentemente estranho num país ao tempo tão atrasado em matéria de alfabetização. Necessário se torna recordar que o poder colonial não estava interessado em criar elites letradas reivindicativas dos direitos consagrados

---

[2] Cf. A. F. Barros, «A proposito das crises de fome em Cabo Verde», in *Revista Portugueza Colonial e Marítima*. Lisboa: Setembro de 1903, n.º 72, pp. 241-255.

[3] *Idem*, «A proposito das crises de fome em Cabo Verde», in *ibidem*, n.º 73, p. 1.

pelo estatuto especial do arquipélago, para além de pretender que a valorização material do território passasse por um tipo de ensino mais voltado para a «escripturação commercial», a condução de navios da «grande cabotagem», «conhecimentos applicaveis á exploração industrial dos productos da provincia»[4] e a aprendizagem «de algumas artes e officios»[5].

Por seu lado, o *Boletim da Sociedade de Geografia de Lisboa* ofereceu uma visão mais matizada do ultramar, fazendo publicar alguns artigos sobre cultura. No caso concreto de Cabo Verde, são de assinalar três ensaios sobre o «dialecto» crioulo, dentre os quais avulta o famoso ensaio do linguista Adolfo Coelho, *Os dialectos românicos ou neo-latinos na Africa, Asia e America*[6]. Aí, o autor defendia que os «crioulos» não haviam seguido «uma transformação lenta, gradual, tendo por ponto de partida principal a alteração phonetica» — semelhante à ocorrida nas línguas de origem latina. E, ainda que espelhassem, pela predominância do léxico europeu, a relação desigual do colonialismo, a verdade é que os «dialectos portuguezes» eram «interessantes productos» que urgia estudar[7]. Portanto, ao invés de muitos contemporâneos e até de vindouros, que encaravam, a partir de um ponto de vista eurocêntrico, os linguajares crioulos — espécie de subproduto da colonização —, Adolfo Coelho reconhecia-os cientificamente, embora numa perspectiva de «língua alterada».

Apadrinhado por Adolfo Coelho, num prefácio introdutório, o cabo-verdiano António de Paula Brito, director do correio da Praia, fez um levantamento da gramática do crioulo de Santiago, também dado à estampa no *Boletim da Sociedade de Geografia*. Conforme escrevia, fora um pouco em resposta a Hugo Schuchardt, filólogo alemão que se interessara pelo crioulo de Cabo Verde, que António de Paula Brito buscara «antecipar os estrangeiros», vendo, no seu próprio trabalho, um contributo «ao pro-

---

[4] *Idem, ibidem*, p. 2.

[5] Reflectindo acerca da «educação do negro», um outro texto desta revista indicava que o «cabo-verdeano é, em geral, um typo perfeito e aprumado, com certa cultura já desenvolvida». Cf. José de Macedo, «A educação do negro», in *ibidem*, Lisboa, 1901, p. 291.

[6] Adolfo Coelho, «Os dialectos românicos ou neo-latinos na Africa, Asia e America», in *Boletim da Sociedade de Geographia de Lisboa*, 1880, 2.ª série, n.º 3, pp. 129-196.

[7] *Idem, ibidem*, p. 130.

gresso litterario do povo ultramarino». De facto, Portugal, «que caminhou sempre na vanguarda da civilisação colonial-africana»[8], não podia agora atrasar-se em matéria científica[9].

Por seu lado, uma comunicação sobre a ilha de S. Vicente, proferida a 4 de Janeiro de 1882, na sede da Sociedade de Geografia, prestava numerosas informações a propósito dos mais diversos aspectos, dizendo o seguinte dos seus habitantes:

> São, em geral os habitantes d'esta ilha, como os de toda a provincia, pacíficos, indolentes, faltos de instrução e muito dados ao uso e abuso de bebidas alcoolicas. Amigos de dansas e folguedos, consumindo n'um dia os ganhos da semana [...] primando pouco pela moralidade; mas vivendo inconscientemente no meio da devassidão, sem conhecer-lhe a torpeza, assim passam a vida, sendo felizes a seu modo! A indole geralmente não é má, e se os costumes não lhe correspondem, são d'isso irresponsaveis [...]. De instrucção religiosa carecem; julgam-se catholicos por serem baptisados e assistirem ás festas solemnes do culto; mas na verdade não passam de idolatras, com seus visos de fetichismo, esperando mais de uma certa e determinada imagem, ou de um amuleto qualquer, que do próprio Auctor da natureza![10]

Um relatório, outrossim vindo a terreiro no *Boletim da Sociedade de Geografia*, tomou como objecto de estudo a ilha da Boavista. O seu autor, considerando as características mais marcantes do ilhéu («diversão de cores», indolência e emigração), não escondia que «originalidade de costumes não

---

[8] António de Paula Brito, «Dialectos crioulos-portuguezes. Apontamentos para a grammatica do crioulo que se falla na ilha de S. Thiago de Cabo Verde», in *Boletim da Sociedade de Geographia de Lisboa*, 1887, 7.ª série, n.º 10, pp. 613 e ss.

[9] Há que integrar este último escrito no movimento europeu de (re)descoberta de África e não tanto na perfilhação de um qualquer sentimento nacionalista. É que a linguística e a etnografia ainda se encontravam ao serviço do colonizador. Em 1889, o mesmo António de Paula Brito assinou uma corografia da sua ilha natal de Santiago, inserindo algumas notas etnográficas. Ver: «Subsidios para a corographia da ilha de S. Thiago de Cabo Verde», in *ibidem*, 1891, 10.ª série, n.º 1, pp. 37-44.

[10] «A ilha de S. Vicente de Cabo Verde», in *ibidem*, 1882, 3.ª série, n.º 3, p. 101.

têem muita»[11]. Supersticiosos nos eventos relacionados com os ciclos da vida (cristã) — casamentos, nascimentos, baptizados, enterros —, os naturais da Boavista (e do arquipélago) «não são de malevolo caracter», mas dados à hospitalidade[12]. Absortos em «constantes divertimentos», possuidores de danças «lânguidas», «libertinas» e «licenciosas», mas vítimas de uma fome que continuadamente enfrentavam com denodado estoicismo, os cabo-verdianos revelar-se-iam um povo de contrastes e, por isso, de difícil apreensão para o olhar metropolitano. Em última análise, seriam «ruinas, e tudo ruinas»[13], como que traduzindo, através de uma «idiossincrasia» lusa supostamente falhada, os restos arquitectónicos da outrora gloriosa Cidade Velha, primeira cidade portuguesa no ultramar.

Fundado em 1899, por «agricultores, proprietarios, negociantes e industriaes da Africa Occidental», o Centro Colonial de Lisboa empenhou-se na defesa dos «interesses ligados á exploração agricola, commercial e industrial das colonias portuguezas»[14]. Entre as disputas travadas, a maior parte das quais publicada no seu boletim, sobressaiu a apologia das roças são-tomenses contra o relatório do chocolateiro inglês William Cadbury, que acusou os portugueses de promoverem trabalho escravo. Um dos principais interlocutores desta querela, o roceiro Francisco Mantero, refutou o libelo acusatório de Cadbury, especificando que as preocupações humanitárias inglesas encobriam reais motivos de concorrência comercial[15]. Descredibilizar o cacau de S. Tomé, eis um dos objectivos que lhe pareceu por demais evidente[16].

---

[11] «Boa Vista. Relatorio do Serviço de Saude da ilha da Boa Vista referido ao anno de 1875», in *ibidem*, 1886, 6.ª série, n.º 7, p. 411.

[12] *Idem, ibidem*, p. 413.

[13] *Idem, ibidem*, p. 414.

[14] João de África, «O Boletim do Centro Colonial», in *Boletim do Centro Colonial de Lisboa.* Lisboa: 15 de Abril de 1909, n.º 1, p. 3.

[15] Cf. Francisco Mantero, *A mão d'obra em S. Tomé e Príncipe.* Lisboa: Edição do Autor, 1910.

[16] E não só Mantero. Os meios coloniais portugueses reagiram com prontidão ao que consideraram de «calúnia a campear livremente». Cf. «Usurpadores», in *Revista Colonial* de 25 de Março de 1913, n.º 3, pp. 11-12; e Jerónimo Paiva de Carvalho, *Trabalho indígena na*

No decorrer das investigações, a fim de refutar a crença no «engajamento» compulsivo dos serviçais, Mantero examinou a sua proveniência geográfica[17]. Neste âmbito, teceu algumas observações sobre os naturais de Cabo Verde, registando que «vestidos e calçados á européa [...] professam a religião catholica, não despida por completo do fetichismo importado da Guiné»[18]. Mantero indicava que a instituição familiar era «regulada pelos preceitos da moral christã e pelos da lei civil portuguesa», concluindo que Cabo Verde possuía, «mais do que qualquer outra das nossas colonias da costa occidental [...] alguns effeitos apreciaveis de civilisação»[19]. O único reparo ia para a «indolência», suposto «mal ingenito de todas as raças intertropicaes»[20]. Mas, dada a pobreza das ilhas, considerava o emprego da mão-de-obra cabo-verdiana nas roças são-tomenses de «patriotico e valioso», como forma eficaz de dar trabalho aos «esfomeados».

Menos «optimistas» eram as impressões da *Revista Colonial* (1913-1923), periódico que, durante a maior parte da vigência da Primeira República, acompanhou o desenrolar do projecto ultramarino português. A revista, reflectindo amiúde sobre temáticas de índole económica, apresentava estatísticas das províncias ultramarinas, convidando, explicitamente, ao estabelecimento de colonos em Angola e Moçambique. Sob o impacto da Grande Guerra e as vicissitudes da República, a *Revista Colonial* demonstrou uma atitude crítica perante as políticas gizadas, não poupando os órgãos governativos centrais ou coloniais.

No que concerne Cabo Verde, o periódico alinhou alguns dos mais interessantes testemunhos desta época, os quais comprovam a persistência das imagens negativas, nomeadamente, na censura à «imoralidade» e na veiculação dos estereótipos ligados à mestiçagem. Por exemplo, em 1918,

---

Provincia de S. Thomé e Príncipe. Monografia de defesa contra as acusações feitas no estrangeiro. Lisboa: Tip. do Comercio, 1907.

[17] Cf. Francisco Mantero, «A mão d'obra em S. Tomé e *Príncipe*», in *Boletim do Centro Colonial de Lisboa*, Lisboa, Outubro de 1910, n.º 7, pp. 3-11.

[18] Francisco Mantero, «A mão d'obra em S. Tomé e *Príncipe*», in *ibidem*, Setembro de 1910, n.º 6, p. 5.

[19] *Idem, ibidem*, pp. 5-6.

[20] *Idem, ibidem*, p. 6.

um viajante francês atacava os grandes *bailes nacionais* de Cabo Verde, pois, «neste scenario de taberna e miséria [...] esbatem-se e desaparecem totalmente todas as *nuances* sociais»[21]. Tentando escudar-se numa posição de pretensa tolerância racial, na medida em que apenas dirigia os seus comentários contra a despudorada convivência entre as diversas classes sociais, o articulista não evitava denunciar o seu próprio racismo. Citava, assim, as irónicas observações de Clemenceau acerca do «sistema de colonização portuguesa»: «les portuguais et les... fent des bens menages [(sic)]»[22].

Quanto à definição que dava da morna, «manifestação de instinto bestial abafado», é legítimo nela intuir um lugar-comum da mestiçagem: a «assimilação» europeia como uma ténue camada civilizacional pronta a romper-se. Neste contexto, a convivência social suscitada pelos «bailes nacionais» poderia ser vista como parte integrante das relações igualitárias suscitadas pela comunhão (sexual) racial.

Gomes da Costa, dissertando acerca das vantagens de empregar soldados na colonização, apontava que estes, na sua maior parte solteiros, se iriam envolver com mulheres locais, quando «a verdadeira colonização exige homens casados para evitar que se fundem colónias de mulatos onde são precisas colónias de brancos»[23]. Num outro seu artigo, o futuro líder do golpe do 28 de Maio de 1926 desfechava acusações contra o governo, devido ao facto de este não esboçar a «mais simples medida governativa tendente a modificar esta desgraçada e crónica situação»[24] — as fomes.

Outros títulos, como «Falando claro»[25] e «Obras, palavras não servem»[26], sucederam-se nesse periódico. Fustigavam a população, as autoridades locais e o governo central, pela miséria reinante, ainda que «a obra de as-

---

[21] F. Laucereau, «Cartas de longe», in *Revista Colonial*. Lisboa, Setembro de 1918, n.º 67, p. 114.

[22] *Idem, ibidem*, p. 115.

[23] Gomes da Costa, «Colonização», in *ibidem*, Lisboa, Agosto de 1913, n.º 8, p. 6.

[24] *Idem*, «Pelas nossas Possessões. Canárias e cabo Verde», in *ibidem*, Lisboa, Abril de 1913, n.º 8, p. 18.

[25] Alexandre Matos, «Falando claro», in *ibidem*, Lisboa, Maio de 1914, n.º 8, pp. 151-152.

[26] Silva Monteiro, «Obras, palavras não servem», in *ibidem*, Lisboa, Fevereiro de 1916, n.º 38, pp. 39-40.

similação», ao invés dos outros territórios africanos, fosse «em bom caminho»[27].

Durante os meados dos anos 20, o *Boletim da Agência-Geral das Colónias* personificou a transição entre a imagem cabo-verdiana de «colónia mártir» para aqueloutra de «colónia modelo». É provável que o programa deste periódico de grande longevidade tenha vivamente contribuído nesse senti-do. Vale a pena recordá-lo:

> Não se compreende que um país, que desfruta o terceiro lugar en-tre as grandes nações coloniais do mundo, não tenha uma única publicação oficial que faça a propaganda das nossas colónias e acção colonizadora[28].

Dado o mote, um apreciável número de publicações buscou tratar a questão cabo-verdiana de um modo desapaixonado. Foi o caso da série de artigos do antigo combatente das «campanhas de pacificação» angolanas dos inícios do século, João de Almeida, propondo melhoramentos no Porto Grande de S. Vicente. Como outros antes e depois dele, João de Almeida entendeu que somente obras de fundo poderiam vencer a concorrência dos portos vizinhos de Dakar e das Canárias. Estas teriam que contemplar «uma ponte ou cais, por rudimentar ou modesto que seja»[29] e alojamentos, pois «não se encontra um hotel, uma simples hospedaria com um modesto quarto» ou um «bar característico das cidades à beira-mar, onde o passageiro possa descansar»[30].

---

[27] Lourenço Cayolla, «Deputados Coloniaes», in *ibidem*, Lisboa, Agosto de 1921, II série, n.º 2, p. 55.

[28] Armando Zuzarte Cortesão, «O Boletim da Agência-Geral das Colónias», in *Boletim da Agência-Geral das Colónias*, 1925, n.º 1, p. 5.

[29] João de Almeida «O Porto Grande de S. Vicente de Cabo Verde. Plano de melhora-mento para valorizar este porto e atrair a Cabo Verde a navegação de longo curso», in *ibidem*, Setembro de 1925, n.º 3 p. 82.

[30] *Idem*, «O Porto Grande de S. Vicente de Cabo Verde. Plano de melhoramento para valorizar este porto e atrair a Cabo Verde a navegação de longo curso», in *ibidem*, Outubro de 1925, n.º 4 p. 118.

No que respeita à população de Cabo Verde, João de Almeida não fugia ao espírito do tempo, lamentando que «as famílias puramente brancas, descendentes dos colonos, hoje muito poucas [...] abastardaram-se, cruzando-se com os pretos e mestiços»[31]. O autor registava que, se o «cabo-verdiano é bom marinheiro e bom trabalhador fora da sua terra», o mesmo já não acontece no torrão natal, onde «é imprevidente, sem estímulo pelo trabalho, descurando tudo e abandonando a agricultura, outrora a sua principal fonte de riqueza»[32]. Reaparecendo aqui e além, o estigma da indolência ganhava também forma na impiedosa descrição dos habitantes do Porto Grande — «gatunos», «vadios», com «hábitos atávicos», «má educação» —, imagem que o leitor metropolitano deste tipo de literatura assimilava a todo o cabo-verdiano.

Em 1929, o *Boletim* dedicou a Cabo Verde um número especial, onde participaram os poetas José Lopes e Eugénio Tavares[33]. Provêem das suas penas os artigos mais atraentes. Quanto aos restantes, a maior parte passando em revista aspectos económicos, abordavam, ainda, a instrução. Elogiando os exemplos «edificantes» dos alunos que, «despedidos por falta de espaço», se recusavam «com lágrimas a abandonar a classe», tais exemplos «demonstram quanto o cabo-verdiano deseja ser alguém, procurando sempre, pelo seu esforço, tornar-se maior do que é»[34].

No ano anterior, 1928, um antigo vogal do Conselho daquela província ultramarina expressava aquela que se iria tornar a imagem marcante do arquipélago:

---

[31] *Idem*, «O Porto Grande de S. Vicente de Cabo Verde. Plano de melhoramento para valorizar este porto e atrair a Cabo Verde a navegação de longo curso», in *ibidem*, Setembro de 1925, n.º 3, pp. 88-89.

[32] *Idem*, «O Porto Grande de S. Vicente de Cabo Verde. Plano de melhoramento para valorizar este porto e atrair a Cabo Verde a navegação de longo curso», in *ibidem*, Setembro de 1925, n.º 3, p. 90.

[33] Ver *Boletim da Agência-Geral das Colónias*, Março de 1929, n.º 45.

[34] João Gomes da Fonseca, «Breve notícia sobre o fomento de Cabo Verde», in *ibidem*, Março de 1929, n.º 45, p. 120.

> Os problemas de Cabo Verde não podem ser encarados como proble-
> mas de colonização. Aquelas terras foram, como se sabe, descobertas há
> quatro séculos pelos portugueses, que nelas começaram desde logo, a
> desenvolver, com o povoamento, a civilização. A gente de Cabo Verde
> está, hoje, à altura da gente do continente, no mesmo grau de cultura
> moral[35].

3.1.2. Das ilhas adjacentes ao Portugal crioulo

Analisada a problemática em torno do nacionalismo cabo-verdiano e
vistas as imagens inspiradas pelo arquipélago no pensamento colonial português dos inícios do século passado, cumpre avaliar em que medida os
finais dos anos 20 assinalaram uma substancial mudança no ângulo de
abordagem. Não se pretende com esta argumentação fundamentar que, no
decorrer da mencionada década, se tenha subitamente «descoberto» Cabo
Verde. Pelo contrário, a primeira ressalva a levar em linha de conta é a de
que as dificuldades do arquipélago o publicitavam pelos piores motivos.
E que, apesar de ser objecto de estudos e de relatórios minuciosos, documentando os modos de vida da população e a «psicologia» dos naturais,
nunca estes aspectos se haviam imposto à dominante perspectiva económica — fim último, ainda que muitas vezes encapotado, de todo o sistema
colonialista.

Elucidado, então, o contributo cabo-verdiano na estruturação da imagética colonial do seu arquipélago, cabe examinar as achegas provenientes
da metrópole, devendo-se evidenciar, uma vez mais, o carácter de osmose
que rodeou o desenrolar de todo o processo. Por conseguinte, conceder a
primazia da «descoberta» cultural de Cabo Verde a José Osório de Oliveira
e o galardão — como mais tarde o próprio acreditou — de ter sido precursor de *Claridade*, na medida em que levara «os jovens intelectuais [...] a

---

[35] Macedo Monteiro, «Problemas de Cabo Verde», in *ibidem*, Agosto de 1928, n.º 38, pp. 200-201.

lerem um sociólogo como Gilberto Freyre»[36], noutra coisa não resultaria que em exagero[37]. Mas, sem dúvida, o seu papel em ambos os eventos merece reconhecimento, até porque foi um dos mais prolíferos escritores portugueses sobre Cabo Verde[38], tendo-se verdadeiramente interessado pelos problemas ilhéus. Estas, em resumo, as duas possíveis visões acerca de si: por um lado, o amigo, o paladino e a incansável voz da consciência das duras realidades do «arquipélago crioulo»[39]; por outro, o visionário, o propagandista e o auto-proclamado inspirador da literatura «claridosa»[40].

Filho da escritora portuguesa Ana de Castro Osório e do poeta brasileiro Paulino de Oliveira, o grande divulgador de Cabo Verde viveu parte da infância no Brasil. Uma vez regressado, ingressou no jornalismo, envolvendo-se, em 1922, numa frustrada tentativa de golpe militar levada a cabo por sectores afectos ao sidonismo. Preso durante alguns meses, rumou ao Brasil, de onde voltou em 1926, começando a trabalhar no Ministério das Colónias. Nesse mesmo ano partiu para Cabo Verde, primeiro como chefe do Gabinete do Governador da Colónia, depois como director dos Serviços de Correios.

---

[36] José Osório de Oliveira, «A literatura Cabo Verdiana é uma realidade», in *Cabo Verde - Boletim de Propaganda e Informação*, Dezembro de 1951, Ano III, n.º 27, p. 29.

[37] Veja-se, de resto, que tal presunção foi contestada por parte de alguns cabo-verdianos. Foram os casos do poeta José Lopes e do director da revista visada, Bento Levy, o qual inseriu, na íntegra, no número de Dezembro do *Boletim*, o polémico artigo de Osório de Oliveira (inicialmente publicado no *Diário Popular* de 3 de Novembro de 1951), submetendo-o a críticas irónicas.

[38] Sobre este arquipélago — para além da monografia de carácter «oficial», *As Ilhas Portuguesas de Cabo Verde*, Campanha Nacional de Educação para Adultos, 1955; da sua abordagem em obras consagradas ao Ultramar: *Roteiro da África*. Lisboa: Agência Editorial Brasileira, 1936; e *Literatura Africana*. Lisboa: Agência-Geral das Colónias, 1944 – Osório de Oliveira assinou artigos em jornais e revistas como: *Seara Nova*, *Jornal da Europa*, *Boletim da Sociedade Luso-africana do Rio de Janeiro*, *O Mundo Português*, *Panorama*, *Claridade*, *Cabo Verde – Boletim de Propaganda e Informação*, *Diário Popular* e *Diário de Notícias*. A lista poderia prosseguir. Cf. Fontes e Bibliografia.

[39] Dele disse Gilberto Freyre: «Cabo Verde é a menina dos seus olhos». *Aventura e Rotina*, p. 24.

[40] Cf. Manuel Ferreira, «Prefácio», in *Claridade – edição fac-similada*, pp. XXIII-XXV.

Personalidade ideologicamente complexa[41] que, volvidos dois anos, de novo em Portugal, aderiu ao grupo da *Seara Nova*[42], Osório de Oliveira desempenhou, entre 1935 e 1956, as funções de chefe de Divisão de Propaganda da Agência-Geral das Colónias/Ultramar. Nunca tendo sido um «intelectual orgânico» do Estado Novo, consagrou a maior parte dos seus estudos às literaturas brasileira e africana. A 4 de Junho de 1928, numa série de conferências promovidas pela União Portuguesa do Ultramar, Osório de Oliveira, ao proferir uma comunicação subordinada a Cabo Verde, dava o mote para muita da sua produção escrita.

O discurso principiava com um aviso: Portugal, país colonizador por excelência, a fim de abraçar um projecto de valorização económica dos territórios ultramarinos, com os «processos pragmáticos do nosso século», deveria desapegar-se das «sombras tutelares dos nossos navegadores»[43]. Osório advertia que a sua conferência, ao invés das até então havidas, versaria «a alma de um povo» e menos um «capítulo de economia». É que Cabo Verde, «prova da riqueza do nosso domínio e das possibilidades do nosso futuro», pelo seu «problema étnico e social», forçosamente teria de «figurar ao lado dos grandes problemas do futuro»[44].

Chamando a atenção da assistência para o facto de ter intitulado a sua alocução de «ilhas adjacentes», Osório adiantava que, apesar da «fome e desolação» verificadas nesses «pedaços de deserto em meio do Oceano» — únicas alturas em que notícias suas chegavam à metrópole —, existia, em Cabo Verde, «uma população portuguesa, absolutamente portuguesa, tão portuguesa como a das ilhas adjacentes para não dizer como a do con-

---

[41] Como o foram, de qualquer modo, boa parte dos membros da sua geração. Recordem-se, entre outros, os casos de Humberto Delgado, Henrique Galvão e Carlos Selvagem, os quais, primeiramente afectos ao Estado Novo, passaram à oposição.

[42] Quando, tempos antes, colaborara com o órgão do Integralismo Lusitano, a revista *Nação Portuguesa*. Ver: José Osório de Oliveira: «A verdadeira literatura portuguesa. Conferência que devia ter sido dita no Brasil», in *Nação Portuguesa*. Lisboa, 1926, n.º 11, pp. 471-478. O caso não foi inédito. O compositor Luís de Freitas Branco militou nas hostes integralistas antes de se converter ao ideário seareiro.

[43] José Osório de Oliveira, «As ilhas adjacentes de Cabo Verde I», in *Seara Nova*, 28 de Junho de 1928, n.º 123, p. 53.

[44] *Idem, ibidem*, p. 53.

tinente»[45]. Prosseguia o orador, descrevendo as belezas naturais, invisíveis aos «viajantes de passagem», e sempre de olhos fixos na aridez do litoral. Depois, desmontava todos os fatalismos acerca do «território condenado», recomendando políticas de reflorestação e de vigilância ao açambarcamento levado à prática por certos comerciantes. Por último, não obstante reconhecer o valor da obra lírica de Eugénio Tavares, dizia-se desiludido com a literatura local, pois idealizara Cabo Verde semelhante à Reunião ou à Martinica, com uma «poesia sensual e melancólica» própria das «ilhas tropicais» e «das raças crioulas»[46].

Foi na segunda parte da conferência[47] que o publicista sistematizou as suas impressões sobre o arquipélago, não só salientando elementos que integravam e integrariam o regionalismo cabo-verdiano, assim como aspectos que entrariam na concepção de todas as futuras apreciações portuguesas de ordem propagandística ou não. Estes elementos, cobrindo variados ângulos da vida insular, podem ser divididos em três grupos.

Em primeiro lugar, o elevado patriotismo do cabo-verdiano e a sua ligação quase umbilical à metrópole, tanto do ponto de vista da cultura, quanto do sentimento de pertença. Em segundo, uma especificidade feita de tensão, aceitação, rejeição e fusão dos vários contributos culturais. Por fim, uma firme crença nas potencialidades do arquipélago, sobretudo, na sua importante posição geográfica, capaz de desafiar todos os comentários acerca da insignificância económica.

No que se refere à temática «patriótica», são passíveis de destaque os seguintes pontos:

i)   O triângulo Portugal/Cabo-Verde/Brasil, uma vez que «Cabo Verde é, com o Brasil, a melhor demonstração da nossa capacidade colonizadora»[48];

---

[45] *Idem, ibidem,* p. 54.

[46] *Idem, ibidem,* p. 56.

[47] *Idem,* «As ilhas adjacentes de Cabo Verde II», in *Seara Nova,* 12 de Julho de 1928, n.º 124, pp. 71-76.

[48] *Idem, ibidem,* p. 71.

ii)   Cabo Verde enquanto caso de Luso-tropicalismo *avant la lettre*, que, ao favorecer a mestiçagem, permitira a completa assimilação dos padrões civilizacionais metropolitanos;

iii) A «sentinela do portuguesismo», espécie de reduto ou nau mantida à tona de água, quando a Índia (sem os esplendores quinhentistas), o Brasil (independente) e Angola e Moçambique (pouco rentáveis) naufragavam ou haviam naufragado;

iv)   Povo «naturalmente navegador [...] apegado à família e amante da sua terra»[49];

v)   Um patriotismo autêntico, contrariando a «lenda do nativismo»;

vi)   Um patriotismo autêntico, mesmo na diáspora, pois «nenhum emigrante português é, tanto como ele, amigo de Portugal»[50];

vii) A aspiração à adjacência;

viii) Baixas taxas de criminalidade, quase só delitos passionais, a sugerirem o lugar-comum luso do «povo de brandos costumes».

Relativamente à(s) especificidade(s) cabo-verdiana(s), apontava o autor cinco elementos:

i)   Uma taxa de analfabetismo singularmente baixa, inferior à da metrópole;

ii)   A ausência de práticas animistas: «mesmo os do povo, mesmo os pretos, não andam de tanga e não adoram os manipanços»[51];

iii) «Tendências civilizadoras», «virtudes cívicas» e uma «educação cívica»[52];

iv)   «Riquezas de folk-lore, uma poesia, uma música e uma dança dignas de serem conhecidas»[53];

v)   A morna, que encontrara no poeta Eugénio Tavares um cultor de primeira plana.

---

[49] *Idem, ibidem*, p. 76.

[50] *Idem, ibidem*, p. 76.

[51] *Idem, ibidem*, p. 73.

[52] *Idem, ibidem*, p. 72.

[53] *Idem, ibidem*, p. 73.

Um último conjunto de referências procurava dar conta de uma série de possibilidades — muitas vezes desconhecidas, deliberadamente ignoradas ou mesmo malbaratadas — que Cabo Verde tinha a oferecer:

i) Uma «riqueza» moral capaz de compensar a «pobreza» de recursos;

ii) A urgência de intensificar a produção da indústria salineira;

iii) A necessidade de criar indústrias de pesca e de conservas de peixe;

iv) O Porto Grande de S. Vicente, ponto geo-estratégico, cujas obras de melhoramento se impunham.

Esta enumeração, que permite decompor, parcela a parcela, os elementos cabo-verdianos mais significativos para Osório de Oliveira, possibilita, por outro lado, descortinar alguns juízos de valor correntes na época. Entre todos, sobressai a ideia de que o cabo-verdiano, mercê da mestiçagem, teria assimilado os padrões civilizacionais europeus, convertendo-se num verdadeiro português. Ao distanciar-se das superstições assacadas à cultura africana, o ilhéu dever-lhe-ia apenas o suficiente para se considerar um português portador de alguns costumes «exóticos», mas, apesar de tudo, ainda português, não diferente do madeirense ou do açoriano, e daí a tese da adjacência.

Detentor de verdadeiro patriotismo, nem por isso o cabo-verdiano amaria menos a sua terra natal, o mesmo não se podendo dizer da metrópole, normalmente surda aos apelos de auxílio que não fossem somente aqueles chegados nas situações extremas de penúria e fome. Jazendo, pois, no esquecimento dos compatriotas, o arquipélago em pouco diferia, neste capítulo dos Açores, embora enfrentasse problemas bem mais graves[54].

Nos anos seguintes, provavelmente sob influência de Gilberto Freyre, a sua imagem de «sentinela de portuguesismo» cada vez mais se fixou na de um «pequeníssimo Brasil»[55]. Denunciando o «critério estúpido» da «pureza das raças», uma vez que a mestiçagem, pelo menos no caso português, «dá resultado», Osório de Oliveira passou a acentuar «as afinidades existentes

---

[54] *Idem*, «As ilhas adjacentes de Cabo Verde I», p. 54.

[55] *Idem*, «A elegia dum povo», in *O Mundo Português*, 1939, vol. VI, p. 375.

entre Cabo Verde e os estados do Nordeste do Brasil», afirmando que a nova literatura brasileira aí nascida tivera um efeito catalizador no grupo da *Claridade*[56]. A literatura que «criara» o Brasil ajudaria agora a criar Cabo Verde, daí decorrendo que, a ilustrar os seus artigos, surgissem poemas dos «claridosos» sobre a temática do «homem de dois mundos».

Para além de escritos e de iniciativas, como a Sessão Caboverdeana[57], realizada em 1944, no Teatro da Trindade, em Lisboa, o autor deu à estampa a primeira colectânea de mornas de Eugénio Tavares[58] e assinou uma monografia inserida na Campanha Nacional para a Educação de Adultos[59]. Nesta última, datada de 1955, Osório sintetizava o seu olhar, voltando a lembrar que «tão pouco se fala de Cabo Verde»[60] no contexto das realizações coloniais portuguesas. No que parece tratar-se de uma confissão da inutilidade dos seus esforços para impulsionar o arquipélago, tanto mais que os condicionalismos económicos continuavam a fazer valer todo o seu peso, Osório, citando os escritores de *Claridade*, descrevia algumas temáticas «tipicamente» cabo-verdianas, como a emigração, a saudade, a morna e a poética.

Ainda assim, talvez por nova influência de Gilberto Freyre, que se escusara a contemplar um novo Brasil em Cabo Verde, Osório, a despeito de intitular de «Semelhança com o norte do Brasil» um dos capítulos da monografia, logo se apressava a advertir que os cabo-verdianos eram «tão

---

[56] *Idem*, «Palavras sobre Cabo Verde para serem lidas no Brasil», in *Boletim da Sociedade Luso-africana do Rio de Janeiro*, Julho-Dezembro de 1936, n.os 18-19, p. 184. Este artigo seria republicado no segundo número da revista *Claridade*, precedido pelas seguintes palavras a abonarem o prestígio de que Osório de Oliveira, pelo menos inicialmente, auferiu no arquipélago: «por deferência do autor, publicamos estas notáveis considerações de José Osório de Oliveira, cuja compreensão do caso crioulo se tem traduzido de forma tão inteligente e assídua. Congratulamo-nos com a colaboração de Osório, sempre benvinda nesta revista que, justamente, procura revelar a mensagem da alma patrícia». *Claridade*, São Vicente, Agosto de 1936, n.º 2, p. 4.

[57] Aí foi lida poesia de Jorge Barbosa, Manuel Lopes, Osvaldo Alcântara, Pedro Corsino de Azevedo e Nuno Miranda, Cf. *idem*, *Poesia de Cabo Verde*. Lisboa: Agência-Geral das Colónias, 1944.

[58] Eugénio Tavares, *Mornas. Cantigas Crioulas*. Lisboa, 1932.

[59] José Osório de Oliveira, *As Ilhas Portuguesas de Cabo Verde*. Campanha Nacional de Educação para adultos, 1955.

[60] *Idem, ibidem*, p. 8.

europeus, nos seus usos e costumes como os portugueses da Metrópole»[61]. É que, «se a sua maneira de ser tem particularidades, também as tem o português de Trás-os-Montes ou o dos Açores»[62].

No capítulo consagrado à proximidade da cultura brasileira, Osório concluía:

> Cabo Verde não deixa de ser português pelo carácter da sua gente. A excelência da nossa colonização consistiu, precisamente na capacidade biológica e psicológica que possui o homem português, de se adaptar a outras terras e outros climas. Teria sido absurdo instalar o Portugal europeu em regiões tropicais, sem o adaptar ao meio. Por isso mesmo, um escritor português — Augusto Casimiro — pôde dedicar a Cabo Verde um livro intitulado *Portugal Crioulo*[63].

Não foi por acaso que o publicista, com o fito de reforçar a ideia acerca da «outra maneira de ser português», se socorria de Augusto Casimiro. Este poeta e capitão do exército destinara ao mencionado arquipélago parte importante da sua obra escrita em prosa, nele vendo um prolongamento insular de Portugal.

Nascido em 1899, Casimiro frequentou a Universidade de Coimbra, inscrevendo-se, posteriormente, na Escola do Exército. Concluído o curso de infantaria, esteve destacado em Angola nos anos seguintes. Integrado no Corpo Expedicionário Português (CEP), combateu na Primeira Guerra Mundial. Em 1931, após participar numa tentativa de golpe militar, conheceu um exílio de quatro anos em Cabo Verde. Passado à reserva em 1937, manteve assinalável actividade literária, sendo director da revista *Seara Nova* entre 1961 e 1967. Autor de dois volumes fulcrais para o estudo da participação do CEP na Primeira Guerra Mundial[64] e de livros de teor colonial,

---

[61] *Idem, ibidem*, p. 34.

[62] *Idem, ibidem*, p. 22.

[63] *Idem, ibidem*, p. 30.

[64] Augusto Casimiro, *Nas Trincheiras da Flandres*. Porto: Renascença Portuguesa, 1919; e *Calvários da Flandres*. Porto: Renascença Portuguesa, 1920.

Casimiro foi o exemplo de outro escritor «fascinado» e tido por «amigo» de Cabo Verde, decisivo na construção da imagem colonial contemporânea do arquipélago. Como pórtico de um dos seus mais sugestivos livros figurava: «escrever sobre Cabo Verde é um dever nacional»[65].

Tendo percorrido as diversas ilhas, Casimiro permaneceu mais tempo na Brava — a «mais ariana», no seu entender —, reclamando-se, em relação ao conjunto insular, a favor de um sincretismo cultural, que não excluía a preponderância do elemento europeu, pois, «nos costumes, na fala, nas actividades, a Europa sobrelevava a África»[66]. Numa iniciativa levada a cabo pelo *Diário de Lisboa* de 1935, procurando dar a conhecer melhor o arquipélago, o escritor definia-o de maneira mais lírica: «Portugal exilado no meio do Atlântico azul»[67].

Três circunstâncias parecem ter marcado a perspectiva de Casimiro: a sua anterior pertença ao movimento da «Renascença Portuguesa»; em segundo lugar, o facto de ter conhecido Cabo Verde durante um imposto exílio político de quatro anos; por fim, as ilhas por si visitadas.

Membro da «Renascença Portuguesa» e cultor do Saudosismo de Pascoaes, pelo menos numa fase inicial, Casimiro transplantou esta visão do mundo para Cabo Verde. Sendo certo que a saudade alimentava a lírica e a música do arquipélago, não resulta menos verdade afirmar que o escritor, incessantemente, andou em busca dela nos hábitos e nas idiossincrasias dos cabo-verdianos. A ausência forçada da pátria e a circunstância de se haver demorado na Brava — ilha de Eugénio Tavares, onde consta terem os naturais nele avistado semelhanças com esse autor de mornas saudosas — reflectem a inclinação, um tanto romântica, de um poeta desterrado pretender divisar, nas singularidades do local do exílio, o seu próprio estado de espírito. Significativamente, muitos anos mais tarde, na qualidade de director de *Seara Nova*, Casimiro evocaria o «amor às gentes e às terras crioulas de

---

[65] Augusto Casimiro, *Ilhas Crioulas*. Lisboa: Editora Cosmos, 1935, p. 3.

[66] *Idem, ibidem*, p. 13.

[67] *Idem*, «As Ilhas Encantadas – Visão de Cabo Verde», in *Suplemento Literário* do *Diário de Lisboa*, 16 de Agosto de 1935, p. 1.

Cabo Verde» dos tempos em que vivera «nas ilhas onde quisera morrer e dormir o último sono»[68].

Também nas páginas de *Seara Nova*, o poeta já atestara, por duas vezes, o entusiasmo pela vida do arquipélago. Na primeira ocasião, em 1937, publicara um excerto do texto a futuramente incluir no seu *Portugal Crioulo*. Intitulava-se «Brava — Canteiro do Atlântico»[69], espécie de visão madeirense da ilha. Cerca de cinco anos depois, Casimiro ajuizava acerca dos arquipélagos atlânticos descobertos e povoados pelos portugueses (Madeira, Açores, Cabo Verde e S. Tomé e Príncipe). Contudo, ao enumerar esses territórios desabitados e conquistados à «selva», o autor não fazia quaisquer juízos de valor sobre os naturais e do maior ou menor carácter africanizante, legitimando, por defeito, a lusitanidade de todos eles[70].

Como quer que seja, as suas obras (literárias) que causaram mais impacto vinham exaltar a especificidade de Cabo Verde no conjunto do «mundo português». Em *Ilhas Crioulas*, tocando a já costumada e trágica nota da crise: «a população definha. Esgota-se. Morre devagar». Culpando a inépcia das chefias em elaborar projectos de protecção dos solos, assim como «a falta de espírito associativo» perante a desigualdade de uma «minoria possidente» e a maioria da população vivendo na «penúria»[71].

No que respeita ao «folclore crioulo», na esteira dos «claridosos», Casimiro verificava existirem, na ilha de Santiago, «maiores reminiscências da África natal», enquanto, nas outras ilhas, «a simbiose deu-se e o elemento português prevaleceu»[72]. Em sua opinião, fora nas ilhas da Brava e do Fogo que «a mútua influência das duas raças realizou, temperou melhor um tipo novo». Um conjunto de manifestações festivas, como os «canizados», de nítida origem europeia, isso mesmo comprovaria.

---

[68] *Idem*, «Diário Imperfeito», in *Seara Nova*, Fevereiro de 1964, n.º 1.420, p. 43.

[69] Cf. *idem*, «Brava – Canteiro do Atlântico», in *Seara Nova*, 18 de Setembro de 1937, n.º 527, pp. 444-447.

[70] Cf. *idem*, «Ilhas portuguesas do Atlântico», in *Seara Nova*, 25 de Julho de 1942, n.º 780, pp. 60-61.

[71] *Idem*, *Ilhas Crioulas*. Lisboa: Editora Cosmos, 1935, pp. 16-17.

[72] *Idem*, *ibidem*, p. 32.

Quanto ao «dialecto crioulo» e à música (a morna), a predominância portuguesa seria indiscutível. Ao garantir que muitos antigos costumes já esquecidos na metrópole continuavam a vingar no arquipélago, caso de certas romarias, o autor invertia a equação das sobrevivências culturais, como se Cabo Verde fosse um depositário museológico etnográfico do Portugal de outrora.

Que maior prova de autenticidade se poderia exigir de uma cultura tantas vezes amesquinhada? Era a prova de que, pelo menos em teoria, Cabo Verde, guardando um travo africano, retivera os traços chegados desde os tempos dos descobridores.

Por fim, após sugerir soluções para as crises e a emigração, Casimiro relacionava o arquipélago de Cabo Verde com o Brasil, em virtude da idêntica ocupação da terra (latifúndio?), da «transfiguração da língua» e da mestiçagem havida. O drama das ilhas, todavia, superara o brasileiro, suposição que manteve em *Portugal Crioulo*, a sua mais importante obra sobre Cabo Verde. Neste livro, através de uma prosa deveras lírica e num estilo que procedia tanto da crónica quanto da etnografia, Augusto Casimiro secundava os seus escritos precedentes, definindo o Mindelo como «uma cidade parasitária», mas também «capital espiritual do arquipélago»; Santiago como o «passado remanescente dos morgadios»; o Sal como «uma mina alva»; a Boavista como «uma praia de pescadores»; e, finalmente, a Brava como «um presépio ou canteiro de Portugal»[73].

Na simplificação quase estereotipada das ilhas, percebe-se que o tipo cabo-verdiano por excelência seria o europeizado. Entre «o africano em S. Tiago» e o «madeirense ou o açoriano» na Brava, Casimiro não escondia que fora nesta última ilha, povoada por insulares dos arquipélagos adjacentes, que teria despontado um «tipo diferente mas português ainda. *Crioulos*»[74]. Além do mais, o bravense, como o açoriano, era um emigrante «nato», sempre ansioso pelo regresso a casa.

Se à primeira vista subsistem alguns matizes entre Osório e Casimiro, a realidade revela-se bem mais complexa. Aproxima-os a crença de cumprirem

---

[73] *Idem, Portugal Crioulo*. Lisboa: Editorial Cosmos, 1940, pp. 24-25.

[74] *Idem, ibidem*, p. 121.

um inadiável desígnio de promoção do arquipélago nos meios coloniais, que resolvesse as dificuldades estruturais através da almejada adjacência. Osório privilegiou o binómio Brasil/Cabo Verde, julgando S. Vicente a ilha mais dinâmica e «brasileira», berço de *Claridade*, cujo porto urgia restaurar e rodear de indústrias de conserva. Por seu turno, Casimiro destacou a etnografia bem «portuguesa» e o aspecto madeirense e/ou açoriano da Brava, aí vendo os mesmos sentimentos de saudade, melancolia e fatalismo daqueles insulares ou do próprio continental.

Tinham sido traçados dois possíveis desenhos de Cabo Verde: o do «Brasil miniatural» e o do «pequeno Portugal desterrado». Ambos esboçavam uma única política a equacionar — a concessão da adjacência e consequente absorção no espaço português metropolitano. Estas imagens, tendo como pontos de referência territórios não africanos, minimizavam o impacto do continente do qual, pelo menos geograficamente, Cabo Verde fazia parte, comprovando que Osório e Casimiro procuravam paralelos no exterior e se debruçaram menos sobre o território em si mesmo.

Mas, o primado de ambos os escritores foi determinante. No período mediando a eclosão dos seus textos capitais, ou seja, entre 1928 e 1935-40, a propaganda ultramarina portuguesa conheceu um desenvolvimento sem precedentes, plasmado numa explosão de títulos. Era a consequência das novas técnicas de difusão e da natureza quase publicitária do regime de Salazar, quando da divulgação das suas realizações.

3.1.3. *Cabo Verde na África misteriosa*

A obra *África Misteriosa*, do jornalista Julião Quintinha, conheceu um sucesso invulgar quando da sua publicação em 1928, facto que lhe valeu um prémio de literatura da Agência-Geral das Colónias e, três anos volvidos, nova edição[75]. No prólogo destinado à edição de 1931, o autor explicava

---

[75] Tratou-se do 2.º lugar do Prémio de Literatura Colonial, instituído pela Agência-Geral das Colónias em 1928. Julião Quintinha voltaria a ser galardoado com o 2.º lugar, em 1929 (*Oiro Africano*) e, em 1930, com o 1.º lugar (*A Derrocada do Império Vátua e Mouzinho de Albuquerque*).

que estas «vertiginosas impressões» de uma «viagem jornalística nas Colónias da África Portuguesa» não ambicionavam ser «pretensiosa ciência colonial», mas, ainda e sempre, «um simples livro de impressões», pelo que «só o dever profissional» lhe motivava, na hora da reedição, «expurgar a erva daninha de alguns erros cometidos»[76].

Best-seller e obra de referência na literatura colonial portuguesa do século XX, o trabalho de Quintinha foi fruto de uma viagem empreendida pelo continente africano, na qualidade de representante do *Jornal da Europa*. A jornada durou mais de dois anos e veio a inspirar muitos trabalhos subsequentes, assim como reportagens e números especiais daquele periódico.

Recheado de descrições «exóticas» e de algum «demasiado realismo» — que um seu crítico teria julgado «lascivo e dissolvente» — e celebrando o «sensual» das danças e das mulheres africanas, «que dir-se-ia[m] ser talhadas só para o amor», o livro de Quintinha buscava desvendar a «sedução do *mistério*» exercido no «homem branco» pela «complicada alma gentílica». Mas, ao mesmo tempo, não desligava o «colorido cartaz de mistério e fantasia» do «obscuro drama social» do homem africano. O mesmo é dizer que as violências e os desmandos do trabalho indígena — tido por imprescindível às «necessidades materiais» da Europa colonialista — não eram de molde a compaginar com as «legítimas e humanitárias aspirações sociais» apregoadas por essa mesma Europa[77].

Uma vez que Quintinha acreditava no empreendimento ultramarino português e nas «virtudes» colonizadoras da «raça», como ao tempo se dizia, é impossível falar-se de uma literatura política ou socialmente empenhada. No entanto, um vector de denúncia perpassava as suas notas de viagem. Assim, o elemento pitoresco, que tanto deliciava o leitor ocidental, não deveria constituir um fim em si mesmo, mas antes uma chamada de atenção para as duras realidades coloniais que, amiúde, se escondiam por entre as engrenagens da retórica da propaganda.

---

[76] Julião Quintinha, *África Misteriosa. Crónicas e impressões duma viagem jornalística nas Colónias da África Portuguesa*. Lisboa: Nunes de Carvalho, 1931, pp. 7-8.

[77] Cf. *idem, ibidem*, pp. 21-22.

Neste âmbito, nenhum outro capítulo de *África Misteriosa* melhor interpretou tal finalidade, quanto aquele incidindo sobre Cabo Verde. Com o título de «Arquipélago da Melancolia», as páginas de Quintinha reservadas a esse território insular contam-se entre as mais vívidas, mas também entre as mais esquecidas do autor. Era, pelo menos, o que atestava um artigo de *Seara Nova*, vindo a lume após a sua morte, ao assegurar que o referido capítulo «é do melhor, objectivo e denso de poesia, que alguém alguma vez escreveu sobre as Ilhas Crioulas e o povo que as habita»[78].

O mesmo artigo, socorrendo-se do testemunho de Castro Soromenho, outro destacado escritor português de «temática africana», declarava que o texto de Quintinha abrira caminho aos «claridosos», influência essa nunca reconhecida. Mais ainda: o conjunto da sua obra sobre África ter-se-ia revelado um marco para todos quantos depois dele, ao serviço ou não da ideologia estadonovista, tinham ensaiado o género do romance sobre temas coloniais.

Em que diferia, então, o texto de Quintinha do espírito da época? Talvez pelo equilíbrio entre um realismo sem pudores e algum exotismo romântico. Nesta medida, vale a pena cotejá-lo com outra famosa descrição literária das ilhas, a do escritor Abel Botelho. Trata-se do romance *Amor Crioulo*, editado, postumamente, em 1921. O título é enganador, pois, os «amores crioulos» do protagonista, o *Silveira*, têm lugar na Argentina, país para onde este se deslocava de barco, e não em Cabo Verde, simples local de passagem. Seja como for, o romance compõe um quadro do arquipélago que sobressai entre todas as paragens visitadas pelo *Silveira*, inclusive, as argentinas.

A chegada faz-se, como sucede em muitos outros bosquejos das ilhas, pela manhã, sendo S. Vicente o único ponto tocado. Para o leitor que nunca tivera o ensejo de visitar o arquipélago ou não se encontrava familiarizado com a vida local, o porto e a cidade do Mindelo tornam-se a *totalidade* de Cabo Verde. De resto, a imagem recorrente das ilhas (aridez) não andava longe da traçada por Botelho. As expressões empregues — «ciclópico muro

---

[78] Pedro Silveira, «Um escritor que continua vivo», in *Seara Nova*, Outubro de 1968, n.º 1.476.

negro», «anfiteatro de maldição e de treva», «paisagem de pesadelo» e o mar «como um lago dantesco estrangulado» — contam-se entre as mais desencantadas alguma vez proferidas acerca de Cabo Verde, culminando mesmo no niilismo: «repúdio formal da Natureza»[79].

Mas, se este «pórtico do Averno» era um fatalismo físico e geográfico, acaso não poderia o Homem desafiá-lo e, ao menos, enfrentá-lo?

Neste capítulo, o escritor mostrava-se ainda mais pessimista, descobrindo o rosto do Outro estampado no cabo-verdiano. Tal ideia percepciona-se no facto de Botelho descrever os homens que, uma vez ancorado o barco, a este se dirigem, como uma «exótica invasão» de «graça gentílica». Ou no olhar estereotipado acerca das coisas africanas, que ora recupera o velho lugar-comum do canibalismo, ora confere um sabor quase cinegético e esclavagista à expressão: «o impecável marfim dos dentes».

Na verdade, uma dimensão animalesca, entrevista nos naturais, percorre todo o episódio cabo-verdiano, avultando passagens como a do «impúdico enxame de simiescos truões [...] zurrando toda a classe de ruídos bárbaros»[80]. Repare-se no emprego desta última palavra na sua acepção original, ou seja, aqueles que não falam a «nossa» língua, o que representa uma censura ao crioulo, tido por «adulteração burda do português»[81].

Identificando sempre o ilhéu como negro e nunca mestiço, Abel Botelho não sentia Cabo Verde como um território luso, mas um mero ponto de escala perdido no Atlântico, um lugar de alteridade. Portanto, deveria acolher em si toda a «abominável selvajaria» que muitos viajantes achavam por bem descobrir em África e no africano.

Sem nunca resvalar para este excessivo criticismo, ainda que mencionasse a «impressão dantesca» causada ao avistar S. Vicente, Julião Quintinha demorava-se na «rara grandeza» que, apesar de «todas as imperfeições», esta ilha, «sem uma flor, sem uma ave, sem gota de água nascente», encerrava.

---

[79] Abel Botelho, *Amor Crioulo (vida argentina)*. Porto: Livraria Chardron, 1921, pp. 67-68.

[80] *Idem, ibidem*, p. 69.

[81] *Idem, ibidem*, p. 71.

Seria, por isso mesmo, uma heróica «criação dos portugueses», assegurando-lhes uma «dominante posição atlântica»[82].

À semelhança de tantos outros aí desembarcados, o jornalista admirava-se com o esquecimento ao qual o porto fora votado, recordando que, enquanto os colonialistas portugueses se entregavam à contemplativa exaltação das glórias do passado, «os franceses em Dakar e os espanhóis nas Canárias» tinham procedido ao melhoramento e apetrechamento destes portos rivais de S. Vicente, causando a sua actual ruína. Este assunto, como vimos, central nas preocupações cabo-verdianas, foi tema de discussão num jantar em honra do governador Júlio de Abreu, para o qual Quintinha foi convidado.

Aí, na companhia do senador Vera Cruz, do Presidente da Câmara Coronel Regala, do capitão do porto Owen Pinto, e do bispo D. José Alves Martins, o jornalista colhia, da boca dos «mais altos representantes» do arquipélago, as quatro panaceias para solucionar os problemas das ilhas: os aludidos melhoramentos estruturais do porto; uma «intensa» campanha de arborização; «algumas obras de fomento em cada uma das ilhas»; e, finalmente, a promoção do ensino técnico-profissional. Nada de novo, em resumo, do que há muito se vinha dizendo, nem sequer a franqueza com a qual, face ao exposto, o jornalista questionava as autoridades coloniais: «o que não compreendo [...] é o motivo por que os poderes competentes não atendem tão lúcidas palavras e claras sugestões?[83]»

De todo o modo, o que impressionava Julião Quintinha era que S. Vicente, um hipotético «colossal empório no Atlântico», sem quaisquer infra-estruturas para acolher o recém-chegado (algo impensável num ancoradouro tão movimentado), se limitasse a exibir ao visitante «o lodo de todos os portos internacionais» — veja-se a prostituição — e uma «rede de mendigos»:

---

[82] Julião Quintinha, *África Misteriosa. Crónicas e impressões duma viagem jornalística nas Colónias da África Portuguesa*, pp. 48-49.

[83] *Idem, ibidem*, p. 57.

E nesta amálgama de sangue da Guiné e da Europa, em que se diluíram glóbulos judaicos e moiriscos, tudo refundido ao calor da febre e das lestadas que crestam o Arquipélago, e moldado pela fome, álcool, e desolação, eu divisei os vestígios desses cem mil estrangeiros que todos os anos passam pelo porto — tripulantes, grumetes, párias e lords — todos lobos esfaimados que assaltam os mercados de prazer, onda cosmopolita que vem cuspir todas as taras de vício, esculpindo heterogéneas fisionomias, excitando as depravações, requintando a melancolia[84].

Nas outras ilhas aportadas — Santiago, Fogo e Brava — manter-se-ia a toada «melancólica» da paisagem e das gentes, voltando a pena crítica de Quintinha a agitar-se. Na Praia, tanto na fisionomia da cidade, quanto nos «tipos» humanos, distinguia dois modos de ocupação, um europeu e um africano, sendo parco em comentários acerca da mestiçagem. Discorria, sim, sobre o interior de Santiago, o «outro Cabo Verde ridente e florido», no qual «sente-se a água por toda a parte», e na necessidade da arborização progressiva e do fomento agrícola do arquipélago[85].

Na Brava, surpreendido pela fertilidade da terra, o autor deleitava-se com «a terra africana em que menos pretos vi». Inconscientemente, talvez, dava dos naturais uma descrição idiossincrática que em muito releva daquela amiúde traçada a propósito do português: «melancolia e fatalidade marítima, a tristeza da emigração, o encanto aventureiro com desejos de correr mundo e a alegria no regresso ao lar, o lirismo dessa gente ingénua»[86].

De volta a Santiago, última etapa da jornada cabo-verdiana, o jornalista documentava um batuque e aproximava a morna do fado. Não fazendo juízos de valor sobre a filiação das duas danças populares, limitava-se a incluir ambas no lote das «coisas típicas e originais» do arquipélago. Ainda assim, ao condenar à extinção o batuque e outros costumes vivamente desdenhados pelos europeus — como aqueles rodeando o nascimento, o casamento e a morte —, Quintinha parecia inferir que somente a morna,

---

[84] *Idem, ibidem*, pp. 50-51.

[85] Cf. *idem, ibidem*, pp. 64-67.

[86] *Idem, ibidem*, p. 82.

de cunho mais europeu, porque dançada nos «bailes nacionais» e nos «salões com muita dignidade», sobreviveria à simbiose cultural ainda em curso[87].

Vaticínio, também ele, aplicável ao restante arquipélago e, por extensão, ao ilhéu?

O texto não autoriza inferir tal conclusão. O cabo-verdiano, pelo menos por ora, não deixava de ser o Outro, ainda que mais familiar do que o africano continental, conforme atestam os capítulos seguintes da obra de Quintinha versando Angola e Moçambique.

Sem associar, explicitamente, os cabo-verdianos aos portugueses ou aos brasileiros — como o fez Osório de Oliveira —, Julião Quintinha ia ao encontro de Augusto Casimiro, parecendo fazer corresponder o bravense ao madeirense (similar ambiente físico — «jardim») e ao açoriano (apetência pela emigração). Fundamentalmente, o jornalista expressava a dualidade da política ultramarina portuguesa: indecisa em conceder uma adjacência sempre protelada ou guardar as devidas distâncias em relação ao Outro ainda por «civilizar». É, pois, discutível avaliar até que ponto *África Misteriosa* terá nutrido os «claridosos», pois sempre estes se bateram por contradizer o «exotismo» cabo-verdiano. Decerto, será mais devido ao elaborado realismo descritivo do jornalista, seguido e transcendido por aquele grupo literário, que se pode estabelecer o vínculo.

Primitivamente publicado no *Jornal da Europa*, dividido em vários artigos, o trabalho de Julião Quintinha inseriu-se num «número extraordinário dedicado a Cabo Verde» por esse periódico empenhado em fornecer «informação colonial e marítima»[88]. Muitas pessoas ofereceram a sua colaboração à iniciativa datada de 1928, intentando dar uma ideia global do arquipélago. A imprensa ultramarina das décadas seguintes iria seguir a tentativa de síntese traçada pelo *Jornal da Europa*, em particular, o apreço concedido às manifestações culturais cabo-verdianas, doravante vistas como produto

---

[87] Cf. *idem, ibidem*, p. 85. Retenha-se que, quando da sua primeira passagem pela Praia, o autor auspiciara que a cidade, «no seu aspecto geral», iria, gradualmente, desligar-se dos traços africanos.

[88] Ver *Jornal da Europa. Informação colonial e marítima para Portugal, Colónias, Ilhas, Brasil e América do Norte*, 22 de Abril de 1928, 3.º número especial, 2.ª série.

das vicissitudes geográficas e climatéricas. Como adiante se constatará, as tragédias que ensombravam Cabo Verde conheceriam, nos anos vindouros, um triplo tratamento: ora como objecto de estudos mais ou menos fundamentados; ora como motivo para composições de recorte literário; ora, ainda, como causa do «fatalismo» e da especificidade da cultura local.

Um tanto na linha seguida por Osório[89] e Quintinha, o periódico caracterizava os elementos culturais do arquipélago, com o fito de chamar a atenção das autoridades metropolitanas para os problemas económico-sociais enfrentados, assim como enaltecer o êxito da obra colonial assimiladora. Porém, esta visão tardará a impor-se. Predominava, na leitura etnográfica dos povos colonizados, um interesse científico genuíno, é certo, mas enquadrando, muitas vezes, um sentido crítico «moralista», espécie de racismo travestido de ética.

De toda a forma, este número do *Jornal da Europa* escusava-se a grandes reparos à «licenciosidade» e à «indolência» do natural, pondo antes a tónica no «grande futuro de Cabo Verde»[90] — título do artigo inicial, da autoria de Guilherme de Ayala Monteiro, director do mensário. Este jornalista indicava que a metrópole apenas atendia as ilhas quando o telégrafo noticiava fome, sendo provável que houvesse «portugueses que não saibam de todo onde o arquipélago fica situado», mas, por certo, não existiria «um só que não tenha conhecimento dos *famintos* de Cabo Verde»[91].

Outros trabalhos aí inseridos não escapavam às usuais enumerações dos problemas locais e respectivas propostas de solução. Contudo, as responsabilidades eram, no geral, imputadas à metrópole[92]. O cabo-verdiano, com

---

[89] Também Osório de Oliveira aqui fazia publicar um artigo, o qual, devidamente ampliado, iria ler na série de conferências promovidas pela União Portuguesa do Ultramar, que tivemos oportunidade de ver na alínea anterior. Cf. José Osório de Oliveira «A alma cabo-verdeana», in *Jornal da Europa*, 22 de Abril de 1928, 3.º número especial, 2.ª série, p. 18.

[90] Guilherme de Ayala Monteiro, «O grande futuro de Cabo Verde», in *ibidem*, p. 7.

[91] *Idem, ibidem*, p. 7.

[92] De qualquer forma, um artigo não assinado, exaltando o trabalho de Guedes Vaz à frente do governo das ilhas, mostrava-se mais crítico. Embora Julião Quintinha fosse o redactor do *Jornal da Europa*, este texto, à luz do seu entendimento do arquipélago, não parece provir da sua pena: «em Cabo Verde, especialmente a população menos culta, entre-

a sua «índole pacífica, os seus costumes brandos»[93], era «absolvido» de nada fazer pelo território.

Quanto aos artigos que passavam em revista a literatura, as artes, as impressões de viagem e as «idiossincrasias» do povo de Cabo Verde, cabe dizer que a bitola usada se distanciava daquela até então empregue, nomeadamente, no acentuar da dimensão «modelar» em detrimento da «mártir». Pois, se «a confusão étnica de elementos desencontrados[94]» e a «alma nostálgica e amorosa»[95] tinham gerado um «país pequeno cujos filhos aspiram ser grandes, pela cultura moral e intelectual, mais que pelos progressos materiais»[96], havia, sim, que realçar os aspectos positivos.

A «chave do Atlântico» ganhava, pois, um ânimo novo na voz da propaganda, através de uma panóplia de periódicos aparecida nos finais dos anos 20 e inícios dos anos 30, alguns dos quais ligados à lenta emergência do regime de Salazar, abnegado defensor, como se sabe, da questão colonial[97]. A maior parte destas publicações, influenciadas pelos escritos de Osório de Oliveira e de Julião Quintinha, alguns ecos de Gilberto Freyre, os reflexos de *Claridade* e a cada vez mais assídua colaboração de escritores cabo-verdianos, iriam fixar, se não mesmo cristalizar, a imagem do arquipélago paradigma da colonização lusa.

---

ga-se à fatalidade e deixa correr. Nos anos de abundância afrouxa a sua actividade, e canta e dança em redor da colheita do milho, supondo que aquilo não acaba mais. Nos anos de crise entoa o seu clamor e, depois de apelar para a benemerência dos homens, entrega-se à clemência divina, encarando, até, a morte com certa resignação». Ver: «A notável acção do governador Guedes Vaz está sendo exercida a contento do povo de Cabo Verde», in *ibidem*, s. a., p. 17.

[93] José dos Reis Borges, «A instrução pública em Cabo Verde», in *ibidem*, p. 10.

[94] Luís de Sousa, «O sentido da 'morna'», in *ibidem*, p. 15.

[95] José Osório de Oliveira «A alma caboverdeana», in *ibidem*, p. 18.

[96] José Lopes, «Acção da imprensa caboverdeana», in *ibidem*, p. 25.

[97] Ver, por exemplo: *Boletim da (Agência) Geral das Colónias* (1925); *Lusocolonial* (1927); *Expansão Nacional* (1928); *Jornal das Colónias* (1927); *Império Português* (1929); *Acção Colonial* (1930); *Portugal Colonial* (1931); *O Mundo Português* (1934); *Humanidade* (1935); *Vida Colonial* (1935).

3.2. Continuidades e rupturas do paradigma

3.2.1. A resposta da propaganda

a) O modelo

Munida de todos estes ensinamentos, a propaganda estadonovista aceitou a reinvenção de Cabo Verde encetada pelos «claridosos» e pelos mencionados autores portugueses, passando tanto a divulgá-la quanto a reforçá-la. Esta imagem não andaria longe daquela traçada por Manuel Ferreira, em 1962, facto que comprova até que ponto sectores portugueses afectos à oposição se identificavam com o projecto «claridoso».

Escrevia Manuel Ferreira que Cabo Verde, até ao século XX, recebendo traços culturais europeus (portugueses) e africanos, forjara uma «terceira» cultura, a «cabo-verdianidade», cujos elementos nucleares sistematizava em diversas alíneas. O autor salientava: a originalidade da morna, forma musical cantada e dançada; o uso generalizado do crioulo, dialecto derivado do português antigo; a existência de uma arte popular e de uma culinária diferenciadas; uma identidade psico-social própria; e, finalmente, uma cultura oral e uma emergente literatura, em poética e em prosa, capaz de recriar e de sublimar todos esses elementos[98].

Cabo Verde, além do mais, distinguia-se pelo seu particular apreço pelas letras, sendo espaço de origem de uma elite culta, mas também, espaço onde uma percentagem muito significativa das pessoas saberia ler e escrever. Acentuavam-se as similitudes com o Brasil, não se esquecia a proximidade geográfico-cultural da metrópole e debatia-se a especificidade cabo-verdiana no conjunto ultramarino africano, sendo o arquipélago muitas vezes comparado a Goa[99].

Como explicar o súbito interesse do Estado Novo e da imprensa em geral por Cabo Verde, tendência que ganhou um alento ainda maior nos anos 50?

---

[98] Cf. Manuel Ferreira, «Do Regionalismo Cabo-Verdiano», in *Ocidente*. Lisboa: 1962, vol. LXIII, pp. 182-183.

[99] Cf. Capítulo 4.

Em primeiro lugar, é preciso atender ao empenho com o qual a maior parte dos articulistas se entregava à promoção da causa colonial, remetendo para a vencida Primeira República acusações de desinteresse. Cabo Verde, como todas as outras parcelas de além-mar, teria beneficiado da «redescoberta» do património ultramarino[100].

Ciente do sucesso da sua «missão civilizadora», o regime não podia consentir que circulassem informações acerca das crises de fome no arquipélago, sinal evidente de incompetência governativa. Na Primeira República houvera espaço para a discussão do problema. Com o Estado Novo, dado o seu carácter anti-democrático, fechava-se tal possibilidade. Assim, o regime de Salazar tentou publicitar uma imagem de «riqueza cultural», romantizando as dificuldades locais. Ao mesmo tempo, reputava as vicissitudes insulares de congénitas e profundamente imbricadas na «psicologia» do autóctone, circunstância que acabava por minimizar, aos olhos do público, o impacto das tragédias cíclicas.

Por outro lado, o arquipélago representava, pelo menos do ponto de vista racial, o melhor exemplo de Luso-tropicalismo, o qual era medido a partir da produção literária das elites cultas, que, aliás, se identificavam com a teoria de Gilberto Freyre. Esta imagem e aqueloutra relacionada com o suposto portuguesismo/europeísmo do cabo-verdiano, bem como a sempre prometida adjacência, completavam o quadro, que em pouco diferia do gizado por Osório de Oliveira.

Por último, mais importante ainda, cabe reflectir acerca do público-alvo. Três conclusões parecem possíveis. A primeira diz-nos que a propaganda, antes de mais, se dirigiu aos mais jovens, facto constatável na quantidade de artigos sobre Cabo Verde saídos na revista *O Mundo Português*. É, igualmente, possível ajuizar que «as ilhas do sol e da morna»[101], com o seu apreço pela instrução e pela cultura, se adequassem à oficialmente propalada «Política do Espírito». No ilhéu, o estudante metropolitano encontraria uma referência para si mesmo, um exemplo de como o processo educativo

---

[100] Cf. Capítulo 1.

[101] Título de um artigo de Mário de Morais, publicado na revista *O Mundo Português*. «Ilhas do Sol e da Morna», in *O Mundo Português*, 1935, vol. II, n.º 2, pp. 199-202.

ministrado pelo Estado Novo concederia igualdade de oportunidades. O estudante aperceber-se-ia, também, do empenho do governo em cuidar de um território pobre, intenção expressa numa linguagem paternalista dirigida tanto a si quanto ao colonizado. O sabor levemente exótico das descrições de Cabo Verde e o «portuguesismo» dos naturais convidariam a juventude a querer saber mais sobre um conjunto insular tantas vezes esquecido e difamado.

A segunda ilação ensina que a propaganda, ante o desconhecimento quase geral do cidadão metropolitano médio pelas coisas do arquipélago, dirigiu-se às elites cultas, coloniais ou não. Afinal, Cabo Verde nunca foi uma colónia de povoamento, não necessitando o Estado de promover o arquipélago da forma quase publicitária com a qual descrevia os promissores territórios de Angola e Moçambique. Talvez por isso ganhe todo o sentido afirmar que o apreço pela cultura local funcionou como uma espécie de mecanismo de compensação[102].

De qualquer modo, estas elites metropolitanas vulgarizaram uma ideia de Cabo Verde imbuída de paternalismo proteccionista, visivelmente agradado com o sucesso literário dos seus «filhos» — veja-se *Claridade*. Nos anos 50, a adopção oficial do Luso-tropicalismo reforçou tal afecto, conferindo-lhe uma sustentação de ordem científica e já não meramente sentimental.

A terceira inferência a retirar acerca do público-alvo da propaganda indica-nos o necessário exercício persuasivo a realizar junto do autóctone cabo-verdiano. O grande objectivo sempre residiu na manutenção do conjunto insular na órbita metropolitana, fosse através da protelada adjacência, fosse baseada na consabida «lusitanidade». Repetidos até à exaustão, estes *leitmotiven* deveriam convencer os cabo-verdianos da pertença a Portugal, pertença essa integral, com uma cidadania plena e um processo «civilizador» já quase completado.

---

[102] Embora não seja menos verdade que o arquipélago mantinha com a metrópole um comércio altamente vantajoso para esta última, sem esquecer a privilegiada localização geográfica como ponto de apoio à comunicação com as outras colónias africanas. Cf. José Augusto Pereira, «A economia de Cabo Verde no contexto do Estado Novo (1940-1960)», in *Ler História*. Lisboa: ISCTE, 2004, n.º 47, pp. 55-79.

Como afiançou, em 1956, o Ministro do Ultramar, Sarmento Rodrigues, as levas de emigrantes cabo-verdianos, indo-se instalar noutros pontos do ultramar, auxiliavam o processo colonizador da Metrópole, imitando os madeirenses e os açorianos da época do expansionismo marítimo[103]. Obviamente, Sarmento Rodrigues não discriminava as duas faces deste movimento populacional: aquela que se submetia às ingratas condições das roças são-tomenses ou aquela que ia ocupar lugares nas repartições públicas angolanas ou guineenses. Sublinhava, sim, uma ideia-chave: até na vocação colonial, essa idiossincrática virtude portuguesa, nada distinguiria o antigo colonizador do cabo-verdiano.

b) Na imprensa do regime

Publicada pela Agência-Geral das Colónias (AGC) e pelo Secretariado da Propaganda Nacional/Secretariado Nacional de Informação (SPN/SNI), entre 1934 e 1947, a revista *O Mundo Português* acompanhou de próximo a consolidação da «mística imperial».

Nos anos 30 e 40, nas páginas desta revista, Cabo Verde foi alvo das mais diversas abordagens. Ora se publicavam poemas de vultos literários cabo-verdianos, como Eugénio Tavares, José Lopes, Pedro Monteiro Cardoso e Pedro Corsino de Azevedo; ora Osório de Oliveira tecia grandes elogios às gentes crioulas; ora, ainda, avultavam as impressões de viagem e pequenos contos exemplares.

A maior parte dos textos «oficiais» aí publicados versaram as viagens empreendidas pelo Chefe de Estado, Óscar Carmona, nos anos 30, ao império colonial. Em todos eles fica patenteada a ideia de que «Cabo Verde foi a primeira terra do Império», pelo que a «designação usual *Cabo Verde*

---

[103] Cf. Manuel Sarmento Rodrigues, «Harmonia Racial e expansão económica na África Portuguesa – Desenvolvimento progressivo das Províncias do Ultramar», in *Cabo Verde – Boletim de Propaganda e Informação*, Abril de 1956, n.º 79, pp. 23-24.

começou a não soar-me bem», de tal modo «o lusitaníssimo arquipélago se mostrou integrado [...] no espírito e costumes nacionais»[104].

António Pedro, artista do Modernismo, que visitou o arquipélago nos anos 20, tendo editado, em 1929, na Praia, *Diário*, livro de poemas de «ganga folclórica»[105], acompanhou, em 1939, a deslocação de Carmona ao «arquipélago triste»[106]. Era em termos desencantados que celebrava o seu reencontro: «se o entusiasmo desta gente sofredora não fosse contagioso como a sua melancolia, mais triste nos seria revê-la resignada à geográfica tragédia da sua pobreza quase inevitável»[107]. Apelidando os homens de «pobres e tristes», com um «desejo de evasão que caracteriza a neurastenia que os inunda» e uma «sensualíssima ociosidade», António Pedro não escapava ao lugar-comum. Ao gosto da propaganda, garantia tratarem-se da «primeira semente que Portugal deixou cair no mar»[108].

Juliano Ribeiro, enviado do *Jornal de Notícias*, nessa deslocação de Carmona, expressava-se nos seguintes termos, que foram transcritos pelo *Boletim Geral das Colónias*:

> O mestiço, portuguesíssimo, domina, triunfante. Fala crioulo, sim. E que é o crioulo, afinal? Português antigo, Português arcaico, o Português dos Descobrimentos [...]. Amarrado ao seu Destino, vergastado por mil desgraças, dum estoicismo surpreendente, o caboverdiano, branco, mestiço ou de cor, vibra com a mesma alma, sente com o mesmo coração. E os negros de Sotavento, descendentes, decerto, daqueles casais que António Nola mandou vir da Guiné, para povoar as ilhas desertas, não são dos menos cultos nem dos menos patriotas[109].

---

[104] Vasco Borges, «Impressões da segunda visita presidencial ao Império», in *O Mundo Português*, 1939, vol. VI, p. 498.

[105] Manuel Ferreira, «Prefácio», in *Claridade – edição fac-similada*, p. XXII.

[106] António Pedro, «Cabo Verde. Notas da viagem presidencial», in *O Mundo Português*, 1939, vol. VI, p. 449.

[107] *Idem, ibidem*, p. 449.

[108] *Idem, ibidem*, p. 449.

[109] Juliano Ribeiro, «Rota Imperial», in *Boletim Geral das Colónias*. Lisboa, Novembro 1939, n.º 173, pp. 640-641.

Em 1943, e já depois da publicação de *Portugal Crioulo*, de Augusto Casimiro, *O Mundo Português* dava guarida a um tipo de artigo que então se vulgarizou: divisar em Cabo Verde o «arquipélago dos contrastes»[110]. Tal ponto de vista confirmava o quanto evoluíra a posição dos círculos colonialistas, que agora tinham passado a relacionar a «fatalidade» (e o fatalismo), a «estranha psicologia» e a morna, com «a expressão viva de um povo que pretende um lugar ao sol»[111] e o «testemunho mais vivo da grande colonização portuguesa»[112]. No fundo, o arquipélago preparava-se para assumir uma dimensão de «modelo», na qual a vertente «mártir» não deixava de representar um papel importante. Em última instância, seriam as adversidades que tinham ajudado a forjar uma mentalidade simultaneamente «evasionista» e apegada à terra, assim como um desejo de, através da educação (ou «civilização»), tentar escapar ao fatalismo geográfico e climático.

Mas, ao que parece, as impressões sobre «a mais ignorada de todas as colónias portuguesas»[113] e «que goza de tão má fama no Continente»[114] em pouco se alteraram com o correr dos anos. Toda a obra da propaganda não deve ter convencido o cidadão comum das «belezas ocultas» do arquipélago. Todavia, o esforço foi grande, e a revista *Panorama*, editada pelo SNI, ainda em finais dos anos 60 e inícios de 70, buscava desmitificar as «lendas» construídas em torno do arquipélago[115].

---

[110] Gaetano Bonucci, «À volta de Cabo-Verde. O arquipélago dos contrastes», in *O Mundo Português*, 1943, vol. X, pp. 873-877.

[111] *Idem, ibidem*, p. 873.

[112] *Idem, ibidem*, p. 877.

[113] Z. Z., «Cabo Verde», in *Vida Colonial. Jornal de Propaganda e Informação Colonial*. Lisboa, Maio de 1935, n.º 1, p. 10.

[114] Eduardo Pessoa Domingos, «Impressões de S. Vicente», in *Turismo*, Lisboa, Novembro/Dezembro de 1945, n.º 65.

[115] Cf. Victor Henriques, «Sotavento, ilhas crioulas — na ilha do Fogo; na ilha do Maio», in *Panorama. Revista Portuguesa de Arte e Turismo*, Lisboa, Secretariado Nacional de Informação, Março de 1968, IV série, n.º 25, pp. 21-32. Cf. Nuno Miranda, «Em Cabo Verde – Tempo ilhéu», in *Panorama. Revista Portuguesa de Arte e Turismo*. Lisboa: SNI, 1968, IV série, n.º 39, pp. 25-29.

c) Na imprensa africana em Portugal

Uma fonte também ela relevante provém da consulta da imprensa então publicada em Lisboa por africanos sedeados, ou não, na capital. Nas primeiras décadas do século XX, estes periódicos serviram de órgãos a outros tantos movimentos, que Mário de Andrade classificou de «protonacionalistas»[116]. Pondo de lado as ambiguidades que tal conceptualismo suscita, proporciona-se antes denunciar o refluxo destes movimentos perante o cerceamento de liberdades imposto pela Ditadura Militar e, mais tarde, pelo Estado Novo.

Um desses jornais, surgido em 1921, intitulou-se *Correio de África. Quinzenário defensor dos interesses de África*, tendo por programa o «desenvolvimento moral, intelectual e físico da raça africana». Aí participaram cabo-verdianos, como José Lopes, Pedro Monteiro Cardoso e Pedro Corsino Lopes (director)[117].

Uma leitura das páginas de *Correio de África* autoriza inferir que, nesta época, também para os naturais de Cabo Verde, o arquipélago continuava a ser «terra da fome» e «colónia-mártir»[118], expressões provenientes do punho do próprio Corsino Lopes. Em tempos de imprensa livre e uma vez que o arquipélago enfrentava nova crise de fome, o director do quinzenário vincava o «legítimo orgulho da raça africana» e a «pungente ironia do Destino, a contrastar com o adiantado grau de civilização que atingiu o seu povo»[119].

---

[116] Ver Mário Pinto de Andrade, *Origens do Nacionalismo Africano. Continuidade e ruptura nos movimentos unitários emergentes da luta contra a dominação colonial Portuguesa (1911-1961)*; cf. Julião Soares Sousa, «Os movimentos unitários anti-colonialistas (1954-1960). O contributo de Amílcar Cabral», in *Estudos do Século XX*. Coimbra: Quarteto, 2003, n.º 3, pp. 325-328.

[117] Pedro Corsino de Azevedo foi um dos directores do periódico e vice-presidente da Liga Africana, partido que defendia os direitos do homem negro a partir da metrópole. Refira-se que boa parte dos colaboradores de *Correio de África* pertenceu à Liga Africana. O periódico denunciou abusos cometidos nas colónias portuguesas. Cf. João Nobre de Oliveira, *A Imprensa Cabo-verdiana (1820-1975)*, p. 364.

[118] Pedro Corsino Lopes, «Fomento de cabo Verde», in *Correio de África. Quinzenário defensor dos interesses de África*, Lisboa, 21 de Novembro de 1921, n.º 16, p. 1.

[119] *Idem*, «Homenagem à Terra-martir», in *Correio de África. Quinzenário defensor dos interesses de África*, Lisboa, 4 de Maio de 1922, n.º 40, p. 1.

Também uma carta aberta, redigida pelos habitantes da ilha de S. Nicolau, exaltava a «especificidade» cabo-verdiana. A epístola, afrontando a ameaça de encerramento do liceu no arquipélago, declarava que «aos estudos ministrados nesta ilha deve Cabo Verde a prioridade sobre as demais colónias portuguesas», ocupando mesmo «a vanguarda das nossas possessões ultramarinas, sob o ponto de vista do progresso intelectual e moral do seu povo»[120].

Já Pedro Monteiro Cardoso, no que pode ser entendido como uma crítica aos açambarcadores de Cabo Verde, dedicava um poema «à mocidade caboverdeana», fustigando «a caterva mercantil» que, «num conluio infame e vil [...] com essa vária burocracia parasitária [...] suga-te e explora-te, ó Pátria!»[121].

Tendo como director João de Castro, presidente Geral da Convenção do Movimento Nacionalista Africano e Chefe do Partido Nacional Africano, o semanário *África*, publicado em Lisboa, a partir de 1932, pautou por uma atitude mais ambígua. Embora fizesse a apologia do africano, o periódico[122] não deixava de se referir a importantes figuras colonialistas, colocando, lado a lado, discursos de Armindo Monteiro e do seu director[123]. Louvando a «obra gigantesca que Portugal está erguendo em África», o jornal abria com editoriais de recorte «bombástico», convidando os «colonos de todas as categorias» e «os africanos de todas as classes» a lutar por um «Portugal maior», numa tentativa algo ingénua de aparentar uma inexistente igualdade entre colono e colonizado.

Ao arquipélago, os efémeros meses de vida de *África* não tiveram o ensejo de lhe consagrar muitos artigos. Os mais expressivos, porém, longe do triunfalismo dos editoriais, transmitiam uma impressão de impotência e

---

[120] «Apelo aos caboverdianos», in *Correio de África. Quinzenário defensor dos interesses de África*, Lisboa, 15 de Dezembro de 1921, n.º 20, p. 1.

[121] Afro (Pedro Monteiro Cardoso), «À mocidade caboverdeana», in *Correio de África. Quinzenário defensor dos interesses de África*, Lisboa, 15 de Fevereiro de 1923, n.º 61, p. 2.

[122] O seu logótipo lembra a bandeira da marinha imperial japonesa.

[123] Ver: Armindo Monteiro e João de Castro, «O pensamento imperial português. Dois notáveis discursos que traduzem duas opiniões sobre a reorganização do Estado Nacional», in *África*, Lisboa, 7 de Junho de 1932, n.º 8, pp. 4-5.

fatalismo. Falavam no «calvário de Cabo Verde», no «arquipélago ignorado» e no «arquipélago mártir». Um desses escritos, em tom de desafio, interrogava: «o que faz o Governo da Metrópole com o dinheiro de Cabo Verde?[124]» É que um povo, sem a «indisciplina ou a desordem dos grandes centros, sem o horror dos crimes hediondos», não merecia ser entregue, «nas horas de maior desdita, exclusivamente a si próprio, à sua desgraça[125]».

Mais combativo, *Mocidade Africana*, mensário fundado por estudantes africanos de Lisboa, e dirigido por são-tomenses, fez a defesa do negro, apresentando poemas contra o racismo e artigos e «estórias» de vários pontos do mundo. Animado por jovens cabo-verdianos, boa parte deles futuros membros do projecto «claridoso», o periódico bateu-se, também, por desagravar as usuais acusações que pendiam sob o mestiço. Foi nas suas páginas que a morte de Eugénio Tavares recebeu uma evocação sentida[126] e Pedro Monteiro Cardoso dava a publicar um conjunto de artigos, mais tarde reunidos no livro *Folclore caboverdiano*.

d) Outros ecos

Aparte o estudo monográfico de Osório de Oliveira, trabalho já citado e que não escamoteava a ligação privilegiada do autor com as ilhas de Cabo Verde, as monografias oficiais do arquipélago primaram pelo cunho decididamente «oficial», passe a redundância. A do antigo integralista Manuel Múrias[127], aparecida em 1939, enfatizava a história e a economia, pouco

---

[124] «O Calvário de Cabo Verde», in *África*, Lisboa, 6 de Outubro de 1932, n.º 21, p. 2.

[125] *Idem, ibidem*, p. 2.

[126] Cf. Vários artigos, in *Mocidade Africana*, 1 de Julho de 1930, n.º 7. Cf. António Aurélio Gonçalves, «Dois astros: Januário Leite e Eugénio Tavares», in *Mocidade Africana*, 1 de Agosto de 1931, n.º 20.

[127] Manuel Múrias, um dos «intelectuais orgânicos» do regime, privilegiou, nos seus estudos, a vertente colonial, tendo ocupado, nesse âmbito, os cargos de Secretário-geral do Congresso da Expansão Portuguesa no Mundo, Secretário-geral dos Congressos do Mundo Português, Director do Arquivo Histórico Colonial e Inspector do Ensino Colonial. De parceria com Hernâni Cidade e António Baião, dirigiu a *História da Expansão Portuguesa no Mundo*.

dizendo sobre o autóctone — essa «boa gente que lá moureja [...] inteligente», desenvolvendo «uma bem curiosa actividade literária de expressão poética, na linguagem creoula da terra»[128].

Esta última frase de Múrias pode levantar algumas dúvidas, posto que os autores de *Claridade* da primeira fase escreveram a maior parte dos seus poemas em português e não em crioulo. Referir-se-ia a Eugénio Tavares e Pedro Cardoso, expoentes da geração anterior, entretanto falecidos? Ou interpretaria a poesia «claridosa» como voz de uma expressão «crioula» em sentido cultural e não tanto linguístico?

É possível que ambas as hipóteses tenham a sua razão de ser. Afinal, Múrias, homem ligado à propaganda, decerto conheceria os esforços publicitários de Osório de Oliveira, o qual tanto se prestara a divulgar as mornas de Eugénio Tavares, quanto a defender o grupo reunido à volta de Baltasar Lopes. Nesta óptica, «linguagem crioula» significaria a um tempo «língua» e «cultura».

Já a «pequena monografia» não assinada de 1961 inseria-se numa série de trabalhos deste género sobre cada uma das províncias ultramarinas. Num registo similar aos catálogos aparecidos nas exposições, a monografia localizava o arquipélago, explicitava os caprichos do clima, enumerava a flora e a fauna aí existentes e fornecia informações precisas a propósito das várias actividades económicas e das vias de comunicação. Mas pouco dizia a respeito do povo cabo-verdiano, não indo o espaço concedido para o efeito além das três páginas[129]. Uma lista de todos os governadores e uma bibliografia (contendo entradas sobre a literatura local) fechavam o trabalho.

Henrique Galvão, em *Outras terras, outras gentes*[130], obra imbuída daquele exotismo que percorria os livros de Julião Quintinha, traçava sobre Cabo Verde notórias impressões de viagem. Impõe-se aproximar o livro de Galvão de *África Misteriosa*, pois, ambos os olhares aí espelhados são pa-

---

[128] Manuel Múrias, *Cabo Verde. Memória breve*. Lisboa: Agência-Geral das Colónias, 1939, p. 54.

[129] Ver *Cabo Verde - Pequena Monografia*. Lisboa: Agência-Geral do Ultramar, s. a., 1961.

[130] Henrique Galvão, *Outras terras, outras gentes*. Porto: Empresa do Jornal de Notícias, 1944.

ternalistas, muitas vezes racistas, mas aparentemente sinceros. Pela sua linguagem realista, *Outras terras, outras gentes* parece até pertencer aos finais dos anos 20, inícios dos anos 30, quando a maior parte da imprensa ainda não recobrira os estereótipos acerca dos mestiços de Cabo Verde com as cores mais favoráveis. E, em Galvão, é preciso ver um colonialista «formado» nos tempos da República que, até à cisão de 1949 com o Estado Novo, se manteve próximo da «mística imperial»[131].

Escrevia Galvão que, apesar de todas as influências, a «índole» do ilhéu «só é igual e parecida com ela própria», refutação, portanto, de todos aqueles que comparavam o habitante do arquipélago ao português ou ao brasileiro. Convidava o mesmo autor, todos quantos visitavam o arquipélago, a não assimilar o cabo-verdiano à «chusma de rufiões e prostitutas» do porto de S. Vicente, prova, pois, do quanto, apesar de toda a propaganda, a tradicional imagem de «decadência» continuava e continuaria a sobreviver[132].

Censurando os «quadros vivos», resultantes das impressões à primeira vista, Galvão salientava, no natural, a «clareza de inteligência», a «brandura paciente e resignada dos costumes», o «espírito sofredor, e uma espécie de fatalismo»[133]. Ou, por outras palavras, as dimensões «mártir» e «modelo»:

> Não creio que haja em parte nenhuma do Mundo, em tão escassa superfície de terra habitável, variedade tão rica, opulenta e eloqüente, em volta de tronco comum tão agradável e simpático — nem tão glorioso documento da capacidade colonizadora do país[134].

Depois, o colonialista verberava na estranha divisão da população em duas castas: a dos «funcionários, comerciantes e proprietários — muitos deles gozando em Lisboa os rendimentos dos seus rendeiros» — e a «massa

---

[131] Ver: Eugénio Montoito, *Henrique Galvão ou a dissidência de um cadete do 28 de Maio (1927-1952)*. Lisboa: Centro de História da Universidade de Lisboa, 2005.

[132] Cf. Henrique Galvão, *Outras terras, outras gentes*, p. 49.

[133] Cf. *idem, ibidem*, p. 49.

[134] *Idem, ibidem*, p. 52.

numerosa dos homens da terra e do mar [...] os verdadeiros habitantes de Cabo Verde», onde incluía os emigrantes. O diagnóstico por si traçado acerca da sociedade descobria, orbitando entre as duas castas, «alguns milhares de vadios e de poetas».

Muito crítico, Galvão antecipava as ainda mais duras observações a propósito de Angola, no famoso relatório de 1949, que selaria a sua dissidência do regime de Salazar. No caso cabo-verdiano, eram alguns dos fundamentos da estrutura colonial que atacava, nomeadamente, as clivagens económicas, que tinham foros de exploração. Curiosa era a sua menção aos «vadios» e aos «poetas». Nos anos 50, como se verá, Galvão referir-se-ia mais em concreto aos últimos.

Por seu turno, a Exposição Colonial do Porto, de 1934, da qual Henrique Galvão foi director, produziu imagens oficiais do arquipélago não diferentes daquelas surgidas na revista *O Mundo Português*. Coube ao periódico *Ultramar*, «órgão Oficial da Exposição Colonial», documentá-las.

Por exemplo, Machado Saldanha, representante do Governo da Colónia de Cabo Verde na exposição, enunciava algumas das características comuns ao arquipélago e a Portugal, visto que «ali portugueses criaram portugueses», na «melhor vitória da colonização». O elogio prosseguia com a costumada alusão à percentagem do analfabetismo e a não menos usual censura aos que «apenas percorrem os seus portos de escala e só observam os contornos abruptos das respectivas ilhas»[135]. Mais original (e realista) demonstrava ser a nota contra a «lenda da improdutividade do arquipélago», a qual teria de «ser totalmente desfeita pela exposição dos produtos»[136]. É preciso não esquecer que a cultura da purgueira[137] e a produção cafezeira[138] — de grande qualidade — constituíam, para o sistema capitalista colonial, um

---

[135] Machado Saldanha, «Cabo Verde na Exposição Colonial», in *Ultramar. Órgão Oficial da Exposição Colonial*, Porto, n.º 9, 1 de Junho de 1934, p. 1.

[136] *Idem, ibidem*, p. 1.

[137] Cf. Ernesto de Vasconcelos, *As Colónias - exposição portuguesa em Sevilha*. Lisboa: Imprensa Nacional de Lisboa, 1929, p. 12.

[138] Ver: Gil de sacramento Monteiro, «Estado actual da cultura do café», in *Cabo Verde – Boletim de Propaganda e Informação*, Maio de 1950, n.º 8, pp. 30-31.

importante trunfo a estimular[139]. Daí a necessidade de investir na «super-estrutura» ideológica da propaganda, pois, como informa Cláudio Alves Furtado, na ilha de Santiago, em 1962, a relação entre proprietários e rendeiros pautava pelo «conflito incessante»[140].

Em 1946, a conhecida obra do SNI destinada aos emigrantes, *Portugal. Breviário da Pátria para os portugueses ausentes*[141], comprovava, pela omissão, o lugar de Cabo Verde no império colonial, do ponto de vista económico. Redigida por «intelectuais orgânicos» do regime, como João Ameal e Marcelo Caetano, talvez a ausência do arquipélago[142] se explique pela menor permeabilidade deste grupo à doutrina luso-tropical[143].

Em *Tradições, Princípios e Métodos da Colonização Portuguesa*[144], volume dado à estampa no emblemático ano de 1951, por Marcelo Caetano, a tónica era posta no «convívio pacífico das raças», sem a barreira da cor a entravar a solidariedade nacional. Obra programática, reflectindo sobre o passado (mitologia dos Descobrimentos e «mística imperial») e antecipando o futuro (Luso-tropicalismo), o escrito de Marcelo fornecia as coordenadas orientadoras da questão ultramarina. Fixava como princípios: a unidade política; a assimilação espiritual; a diferenciação administrativa; e a solidariedade económica[145].

---

[139] Ver: José Augusto Pereira, «A economia de Cabo Verde no contexto do Estado Novo (1940-1960)», pp. 55-79.

[140] Cláudio Alves Furtado, *A transformação das estruturas agrárias numa sociedade em mudança – Santiago, Cabo Verde*. Praia: Instituto Caboverdiano do Livro e do Disco, 1993, p. 93.

[141] AA. VV., *Portugal. Breviário da Pátria para os portugueses ausentes*. Lisboa: Edições do Secretariado Nacional de Informação, 1946.

[142] Cf. Amadeu Cunha, «O Império Português», in *ibidem*, pp. 187-218. O artigo sobre o império colonial português reflectia a importância económica de Angola e Moçambique, pormenorizando as «campanhas de pacificação», verdadeiro «último canto d'*Os Lusíadas*», e a política do Estado Novo, expressa no Acto Colonial.

[143] Cf. Cláudia Castelo, *«O modo português de estar no mundo»*, pp. 85-87. De qualquer maneira, seguidores de Freyre, como Orlando Ribeiro e Osório de Oliveira, assinaram aí artigos, ainda que não directamente relacionados com a questão colonial.

[144] Marcelo Caetano, *Tradições, Princípios e Métodos da Colonização Portuguesa*. Lisboa: Agência-Geral do Ultramar, 1951.

[145] *Idem, ibidem*, p. 29.

A respeito de Cabo Verde, Marcelo Caetano contava que «a população é toda civilizada, não se aplicando aos pretos o estatuto de *indígenas*». Todavia, ao invés de muitos contemporâneos, não integrava o arquipélago no conjunto formado pelo Brasil e pela Índia, resultados maiores da «orientação» assimiladora portuguesa[146].

3.2.2. *A sentinela lusíada, chave do Atlântico*

As décadas seguintes não trouxeram ideias novas ao discurso encetado pela propaganda. Tratou-se, apenas, de um completo reconhecimento das potencialidades oferecidas pelo arquipélago à defesa ideológica de um império cada vez mais alvo de críticas anticoloniais e, por isso mesmo, também cada vez mais convicto da sua peculiar natureza multirracial.

Se os anos 30 e 40 haviam exaltado, através de uma simbiose que muitos julgaram perfeita, um modelo de povoamento, sociedade e cultura, já os anos 50, instigados pela adopção oficial do Luso-tropicalismo, colocaram Cabo Verde no centro da ideologia ultramarina. Sendo verdade que não era, como a Guiné, o «berço do império», que não detinha, como Angola e Moçambique, amplos recursos, e que não possuía o simbolismo de Goa ou o sabor exótico oriental macaísta, ainda assim, o arquipélago encarnava, mais do que qualquer outra colónia, o exemplo acabado de um espaço luso-tropical.

Emerge, pois, o paradoxo: eis a teoria de Freyre, olhada com desdém em Portugal nos tempos da «mística imperial», mas prontamente aceite pelos cabo-verdianos na defesa do seu «regionalismo», caucionando agora a visão colonial portuguesa do arquipélago, visão essa em que o autor da teoria não se revia.

O desfasamento temporal entre o aparecimento de *Aventura e Rotina* (1933) e a oficialização do credo luso-tropical (1951) engendrou esse duplo desencontro. Nos anos 30 e 40, exaltando a mestiçagem e redefinindo o lugar dos povos coloniais, Freyre vinha dar um trunfo, de certo modo

---

[146] Cf. *idem, ibidem*, p. 33.

emancipador, à elite literária cabo-verdiana, enquanto descobria os círculos ultramarinos portugueses entrincheirados no Darwinismo Social. Pelo contrário, a partir da década de 50, a doutrina de Freyre, posta às ordens da política externa do Estado Novo, fortalecia as grilhetas, que uma nova geração de intelectuais ilhéus, sem a ambiguidade que entrevia nos «claridosos», desejava quebrar.

De qualquer modo, a imprensa mais afecta ao Estado Novo fez publicar números especiais de revistas inteiramente consagradas (ou quase) a Cabo Verde, como sucedeu com *Estudos Ultramarinos*[147] e *Garcia de Orta*. A primeira, órgão do Instituto Superior de Estudos Ultramarinos[148], num caderno de «literatura e arte», datado de 1959, inseria 14 artigos e uma secção de «amostra de poesia ultramarina». Representado por quatro artigos, quando as restantes colónias (Guiné, S. Tomé e Príncipe, Angola, Moçambique e Índia), no que à literatura concerne, eram analisadas numa só rubrica, Cabo Verde demonstrava a importância cultural que assumia aos olhos metropolitanos.

A consulta de outros números de *Estudos Ultramarinos* — tendo por temáticas a «política ultramarina», a «problemática social», os «problemas político-sociais» ou a «política e ensino» —, nos quais o arquipélago se achava ausente, parecem justificar a afirmação de que, na falta de abastança económica, se enaltecesse a «realidade espiritual de um povo»[149]. O mesmo seja dito em relação a um número de *Garcia de Orta*, de 1961, que dava a ler ensaios de cartografia, botânica, demografia, medicina e «considerações

---

[147] Ver, in *Estudos Ultramarinos. Revista trimestral do Instituto Superior de Estudos Ultramarinos*, Lisboa, 1959: Manuel Ferreira, «Consciência Literária Cabo-Verdiana. Quatro gerações: Claridade – Certeza – Suplemento Literário – Boletim do Liceu Gil Eanes», pp. 31-53; Gabriel Mariano, «Inquietação e Serenidade. Aspectos da Insularidade na poesia de Cabo Verde», pp. 55-79; Manuel Lopes, «Temas cabo-verdianos. Claridade», pp. 81-88; e Nuno Miranda, «Integração ecuménica em Cabo Verde», pp. 89-92. A «amostra de poesia ultramarina» compreendia: Aguinaldo Fonseca, Arnaldo França, Gabriel Mariano, Jorge Barbosa, Manuel Lopes e Osvaldo Alcântara. Finalmente, este número de *Estudos Ultramarinos* incluía, ainda, recensões de *O Dialecto Crioulo de Cabo Verde*, de Baltasar Lopes da Silva, e do artigo de Manuel Ferreira, «Comentários em torno do Bilinguismo Cabo-Verdiano».

[148] Estabelecimento de ensino sucessor da Escola Superior Colonial.

[149] Manuel Lopes, «Temas cabo-verdianos. Claridade», in *Estudos Ultramarinos*, Lisboa, 1959, p. 81.

em torno da problemática das crises de Cabo Verde», mas reservava, para a área da cultura, um mais extenso leque de artigos[150].

Por seu lado, a revista *Ultramar*, órgão da Mocidade Portuguesa, que sucedera, em 1957, à *Revista do Gabinete de Estudos Ultramarinos*, esforçou-se por homenagear os vultos literários cabo-verdianos, casos de Eugénio Tavares e de Jorge Barbosa. Neste periódico, igualmente Amândio César, jornalista afecto ao regime e autor de reportagens oriundas dos teatros da guerra colonial[151], se deteve na figura de Jorge Barbosa. Nas suas palavras, o poeta ilhéu mais conotado com o «evasionismo» daria a conhecer, ao olhar metropolitano, a «expressão humana da vida dos cabo-verdianos»[152].

Com efeito, o primeiro dos fundadores de *Claridade* a desaparecer (1971)[153], que devotava ao Brasil um amor já descrito, parecia concitar em si todas as premissas que o poriam ao serviço de uma estética luso-tropical. Este vencedor do Prémio de Literatura Colonial (1956) foi, ainda, agraciado com o grau de Cavaleiro da Ordem do Império. E, ao mesmo tempo que sofria a manipulação da propaganda, deixava de colher o aplauso de parte de alguns naturais do arquipélago pertencentes à geração de 50 — recordem-se as críticas de Amílcar Cabral, Manuel Duarte e Onésimo da Silveira. Não cabendo aqui discutir a sua posição política, é de realçar o quanto a ideia portuguesa do arquipélago se alimentou dos seus poemas, sobretudo, o apelo do mar, o lirismo construído à volta da emigração e a imagem recorrente do «pequeno Brasil».

---

[150] Estes dividiam-se entre os primórdios da colonização, a documentação histórica, um estudo sócio-cultural e um outro sobre literatura, as danças locais e a música e a usual «pequena amostra de poesia». Ver: *Garcia de Orta*, Lisboa, 1961, vol. 9, n.º 1.

[151] Avultam, entre as suas reportagens: *Guiné 1965, contra-ataque*. Braga: Editora Pax, 1965; *Angola 1961*. Lisboa: Editorial Verbo, 1962; *Angola, terra de Coragem*. Braga: Livraria Cruz, 1964. Foi, também, um estudioso da literatura e da cultura ultramarinas, sendo de assinalar: *Elementos para uma definição de Cultura Angolana*. Lisboa: Agência-Geral do Ultramar, 1965; e *Presença de S. Tomé e Príncipe na moderna cultura portuguesa*. São Tomé: Câmara Municipal de S. Tomé, 1968.

[152] Amândio César, «Algumas vozes poéticas de África», in *Ultramar*, Abril-Junho 1962, Ano XI, vol. X, n.º 9, p. 106.

[153] Se exceptuarmos Pedro Corsino de Azevedo, autor da 1.ª fase da revista, falecido em 1942.

No campo da literatura, científica ou de divulgação, dispensando-se Gilberto Freyre, como chegara a pretender Baltasar Lopes[154], de elaborar um exaustivo estudo sociológico e etnográfico das ilhas, coube a vários autores a feitura de ensaios específicos, depois publicados em revistas[155]. Excluindo a monografia de Osório de Oliveira, de 1955, e *A Aventura Crioula*, de Manuel Ferreira, de 1967, poucos exemplos de trabalhos de grande envergadura podem ser apontados. De toda a maneira, são de reter *A Ilha do Fogo e as suas erupções*, de Orlando Ribeiro, e um volume da obra *Ultramar Português*, de António Mendes Correia.

O livro de Orlando Ribeiro, como o próprio adiantava no prefácio, resultou de uma viagem à ilha do Fogo, em 1951, a fim de recolher, *in loco*, dados sobre a erupção que estava então em curso[156]. Rapidamente o estudo ultrapassou o simples registo da actividade vulcânica, evoluindo para o âmbito da sua área de formação. O produto final veio a ser uma valiosa síntese da geografia física e humana daquela ilha.

Se, na introdução, Orlando Ribeiro distinguia a «população crioula» de Cabo Verde das gentes dos demais arquipélagos da Macaronésia[157], no capítulo reservado à «casa e a gente», admitia que «os sentimentos, as ideias, as emoções, aproximam, dentro de cada classe», portugueses e cabo-verdianos. A seu ver, a débil «infusão de sangue branco» não teria tolhido a «influência de civilização», proporcionando um caso singular «entre os nossos territórios do ultramar», pois, enquanto no Brasil e na Índia já existiam sociedades estabelecidas, em Cabo Verde tudo chegara «de fora e de vários sítios: a gente, o gado, as plantas»[158].

---

[154] Escrevia, em 1956, Baltasar Lopes: «começou a alastrar-se entre os do nosso grupo a esperança que viessem um dia a Cabo Verde deslocar a sua tenda de campo esses dois especialistas das culturas tropicais [Gilberto Freyre e Artur Ramos], munidos, como estavam, de técnicas e experiência que nenhum de nós possuía». Baltasar Lopes da Silva, *Cabo Verde visto por Gilberto Freyre*, p. 6.

[155] Daí advindo, em larga medida, o interesse neste tipo de fonte para a caracterização de Cabo Verde.

[156] Cf. Orlando Ribeiro, *A Ilha do Fogo e as suas erupções*. Lisboa: Comissão Nacional para as Comemorações dos Descobrimentos Portugueses, 1997, p. 15.

[157] Cf. *idem, ibidem*, p. 31.

[158] *Idem, ibidem*, p. 203.

Mendes Correia, na revisita que fez ao arquipélago, extravasou os limites impostos pela sua disciplina de formação, a antropologia, compondo um estudo abrangente e completo. Nenhuma área foi esquecida e cada capítulo possuía um breve resumo em inglês e em francês. Acumulando ao tempo a direcção da Escola Superior Colonial, a presidência das Juntas das Missões Geográficas e de Investigações do Ultramar (JIU) e a presidência da SGL, Mendes Correia procurou moderar a sua posição anterior perante a mestiçagem.

Eximindo-se, como antes, de avançar conclusões definitivas sobre «o problema tão debatido do mestiçamento», o geógrafo salvaguardava, no entanto, que «a vitalidade orgânica [...] os elementos demográficos, sanitários e culturais» dos cabo-verdianos viabilizavam um «juízo favorável» da «grande experiência humana dos Portugueses»[159]. Palavras notáveis que selavam a sua evolução e se diriam vindas de Gilberto Freyre em pessoa. Depois, reflectindo sobre «língua, cultura e educação», Mendes Correia reabilitava o crioulo — não mais uma «língua de trapos», mas, «fundamentalmente o português [...] com simplificações, aligeiramentos ou alterações».

Outrossim, as festividades populares mereciam o seu interesse. Filiando estas nas tradições portuguesas, o antropólogo rematava, expondo a posição de quase toda a propaganda pós-anos 40:

> Se, no temperamento erótico, na sua arte, os caboverdianos podem traduzir o lirismo português, de fundo nostálgico, aliado à languidez sensual e ao fundo também nostálgico do Africano, e interpretado por este sob o céu dos trópicos, há também um misto de superstição e religiosidade nas concepções da vida e nas crenças profundas daquela população. Mistura que corresponde aos contributos de psicologias e culturas do Africano e do Português[160].

De igual modo, Henrique Galvão, na década de 50, revisitou o arquipélago. Desta feita e com o concurso de Carlos Selvagem — também ele

---

[159] António Mendes Correia, *Ultramar Português*. Lisboa: Agência-Geral do Ultramar, 1954, vol II – Ilhas de Cabo Verde, p. 145.

[160] *Idem, ibidem*, pp. 191-192.

dramaturgo, militar e colonialista —, Galvão detinha-se menos nos «cruza-mentos», descrevendo, mais secamente, a «fisionomia e organização» das ilhas. E, conquanto aduzisse que «a feição europeia mais acentuada, em termo de transição entre colónia africana e arquipélago metropolitano»[161], fosse apanágio de Cabo Verde, Galvão contestava todos aqueles atreitos em avaliar a «grande massa anónima» a partir do «fulgor de alguns expoentes», ou seja, das realizações da elite literária:

> O português julga ter deixado uma marca indelével no mestiço e no preto caboverdeano. Julga ter-lhe imposto a sua religião, ter-lhe feito perder os seus costumes africanos, as suas danças, a sua magia, os seus costumes licenciosos. No fundo só aparentemente se modificou a psique negra. O preto caboverdeano ficou sempre o mesmo preto africano, passivo e infantil. A transformação foi superficial [...]. Os caboverdeanos têm, na sua maioria, sangue português, mas não pensam, não sentem, em português. São mais vivos mas pouco empreendedores; a maior parte dos rapazes dizem-se navegadores e amam as aventuras; facilmente se expatriam, mas, em regra, regressam à terra natal. Ficou-lhes da raça negra o feitio versátil, ligeiro, inconsequente, e uma grande infantilidade. Ao invés dos negros da África são quase sempre tristonhos, taciturnos, morosos[162].

Este excerto exprimia, talvez, a verdadeira face do pensamento ultramarino, em breve devidamente recoberta pela cosmética luso-tropical. Insistindo nos bordões da indolência, da infantilidade, do desregramento sexual e da superstição, o texto, todo ele num registo paternalista, tinha os cabo-verdianos por «dóceis», «pacíficos», «submissos» e «muito inteligentes», qualidades que os habilitariam a tornarem-se «auxiliares preciosos na valorização do nosso vasto império áfricano»[163].

---

[161] Henrique Galvão e Carlos Selvagem, *Império Ultramarino Português. Monografia do Império*. Lisboa: Empresa Nacional de Publicidade, 1950-1953, 1.º vol, p. 176.

[162] *Idem, ibidem*, p. 183.

[163] *Idem, ibidem*, p. 184.

Não fugindo ao que há muito se preconizava, Galvão e Selvagem viam, no ilhéu «assimilado», o subalterno do colonizador. Outro sentido não poderia ter a sempre habitual menção à quase «ausência» de criminalidade no arquipélago. Moderadamente escolarizado e europeizado, os seus serviços supririam a falta de quadros de segunda linha nas colónias africanas, confirmando, a todos os títulos, a alegação acerca da «cidadania de segunda».

A consulta da revista *Panorama*, editada pelo SPN/SNI, entre 1941 e 1973, possibilita aprofundar a imagem de Cabo Verde no contexto das demais províncias ultramarinas e até metropolitanas. De facto, um seu número de 1954, fiel aos sinais dos tempos, punha, lado a lado, como à época se dizia, as províncias portuguesas d'aquém e d'além mar. O tratamento descritivo de todas elas, para lá das intenções ideológicas de visar incutir e reforçar a crença num Portugal uno «do Minho a Timor», dificilmente ultrapassava o tom de um folheto turístico, ou não fosse esse o subtítulo do periódico. Podia-se, desta forma, ler o relato «economicista» de S. Tomé e Príncipe, Angola e Moçambique — «Portugal a continuar-se»[164] —, mas que quase ignorava a população autóctone, bem como apreender «pedaços» da vida quotidiana dos habitantes das colónias menos vastas (Guiné, Índia e Macau).

Novamente, quando da falta de assinaláveis recursos num determinado espaço, sublinhava-se a «riqueza» cultural. Cabo Verde, mais do qualquer outro, encaixou neste perfil, falando a revista no «trágico lirismo de expressão poética» da morna. «Prolongamento marítimo do Império», o arquipélago assumia os contornos de um lugar envolto numa aura romântica, quase um poema geográfico, no qual o «amor», a «morabeza» e os «olhos negros profundos» das «crioulas» se sobrepunham a todas as adversidades. Até o emprego da insólita e redundante expressão, «esterilidade dantesca», provavelmente inspirada nos escritos de Abel Botelho ou de Julião Quintinha, mais não era do que retratar um lugar pouco fértil, é certo, mas a todo o momento bafejado por uma fecundidade cultural entendida como única no conjunto ultramarino[165].

---

[164] Jorge Felner da Costa, «Quem parte leva saudades. Quem fica saudades tem», in *Panorama. Revista Portuguesa de Arte e Turismo*. Lisboa: SNI, 1954, II série, n.º 10-11.

[165] Cf. *idem, ibidem*.

O próprio Salazar, num discurso dirigido à Assembleia Nacional, a 30 de Junho de 1961, no rescaldo dos acontecimentos de Março, em Angola, após indicar que os cabo-verdianos, devido às crises do território, «nunca pensaram em avançar no sentido de uma utópica independência»[166], advogava o seguinte:

> Como aquelas terras foram achadas desertas e povoadas por nós e sob nossa direcção, o fundo cultural é diferente e superior ao africano, e a instrução desenvolvida afirma essa superioridade [...]. Dos valores de Cabo Verde um porém se destaca e de importância para a defesa do Atlântico Sul — é a sua posição estratégica, e esse valor pode ser negociado, evidentemente dentro de um quadro político e ético que não é o nosso. A tal independência que por outros motivos qualifiquei de inviável teria logo à nascença de ser hipotecada ou vendida, negando-se a si mesma, para obter o pão de cada dia. Mas para a transacção, desde que o Brasil não esteja interessado no negócio, só existe um pretendente possível[167].

A intervenção do Presidente do Conselho, tendo valor de ameaça velada dirigida ao aliado americano, começava por relembrar que Cabo Verde estava, do ponto de vista geográfico, mais próximo de Lisboa do que o Havai de Washington, «de modo que [perante] a teoria que se dispõe a contestar pelas distâncias a validade de uma soberania nacional parece não estarmos mal colocados»[168]. Mas, se tais palavras desejavam invalidar a argumentação anticolonial sustentada pela recém-eleita administração Kennedy (Novembro de 1960), era, ao aludir ao único «pretendente possível» a auxiliar um Cabo Verde independente — e que outro não seria senão a União Soviética —, que Salazar expunha a forma com a qual planeava de-

---

[166] António de Oliveira Salazar, *O Ultramar Português e a O. N. U.* Discurso proferido por sua Excelência o Presidente do Conselho, Prof. Doutor Oliveira Salazar, na Sessão Extraordinária da Assembleia Nacional, em 30 de Junho de 1961. Lisboa: Secretariado Nacional de Informação, 1961, p. 9.

[167] *Idem, ibidem*, pp. 9-10.

[168] *Idem, ibidem*, p. 9.

fender o arquipélago. Tratava-se, no fundo, de acenar aos americanos a eventualidade de Cabo Verde se tornar num Açores soviético, passe o termo, contrapeso comunista no Atlântico à base das Lajes.

Estes raciocínios encontraram, num artigo surgido na revista *Ultramar*, uma formulação mais explícita do que Cabo Verde realmente representava para a propaganda. O breve trabalho, de 1970, intitulado *Cabo Verde, Sentinela Lusíada no Atlântico*[169], exemplificava que, a poucos anos da derrocada do império, o arquipélago adquirira a sua derradeira imagem: a de baluarte perante um mundo cada vez menos amistoso para com a política colonial mantida pelo Estado Novo. Sem ser original, mas muito ao gosto da linguagem bélico-defensiva da época, esta ideia de bastião encerrava, para além das habituais glosas acerca do «mais perfeito padrão de luso-tropicalismo» e da «bem portuguesa gente de Cabo Verde»[170], três aspectos susceptíveis de realce.

O primeiro dizia respeito à relevância geo-estratégica do território e às tentativas do regime em garantir um apoio mais substancial da NATO. Frisando que este «ponto de capital importância na vida da Nação — porque nó de comunicações entre a metrópole e o ultramar —, era também, por razões de ordem geopolítica e militar»[171], um elo indispensável para «o mundo livre ocidental», a propaganda ensaiava intimidar os aliados europeus e americano. Sobre estes penderia a ameaça de os movimentos independentistas das colónias portuguesas, uma vez vencedores, darem guarida a posições comunistas[172].

O segundo aspecto, não mencionado, mas somente sugerido, estava em relação directa com o anterior. Assentava no facto muito concreto de a guerra de libertação, apesar de mobilizar muitos cabo-verdianos na Guiné,

---

[169] Alexandre Sarmento, «Cabo Verde, Sentinela Lusíada no Atlântico», in *Ultramar*, Abril--Junho 1961, Ano X, vol. X, n.º 39, pp. 87-91.

[170] *Idem, ibidem*, pp. 87-88.

[171] *Idem, ibidem*, p. 87.

[172] Cf. José Freire Antunes, *Kennedy e Salazar. O leão e a raposa*. Lisboa: Difusão Cultural, 1991; *idem, Nixon e Caetano. Promessas e abandono*. Lisboa: Difusão Cultural, 1992; e Luís Nuno Rodrigues, «Missão impossível. O Plano Anderson e a questão colonial portuguesa em 1965», in *Relações Internacionais*, Lisboa, 2004, n.º 2, p. 99-112.

não se ter estendido ao arquipélago. Se bem que a propaganda estivesse ciente das dificuldades do PAIGC em lançar uma investida desta envergadura[173], podia sempre argumentar que a maioria dos ilhéus estava com o regime, não passando os guerrilheiros, que lutavam na selva guineense, de uns poucos dissidentes a soldo de Moscovo e/ou de Pequim.

Finalmente, o último aspecto girava em redor da cultura, «uma das facetas mais dignas de nota nas ilhas». Aqui, o articulista inventariava vultos dos campos da «política, das profissões liberais, da magistratura, da administração pública, das letras»[174]. De realçar que, só após tal caracterização, o texto referia que, «também no plano económico, Cabo Verde tem vindo a progredir».

3.2.3. *A(s) voz(es) do* Boletim de Propaganda e Informação

Surgido em 1949, na Praia, pela mão do governo da colónia, o *Cabo Verde – Boletim de Propaganda e Informação* conheceu uma inusitada longevidade, prolongando-se a sua vida editorial até 1964. Como o seu próprio nome indica, seguiu uma linha oficiosa, visível nos editoriais, o primeiro dos quais assinado por Carlos Alves Roçadas, ao tempo governador da colónia. Ainda assim, uma inconfessada ambiguidade ideológica permeou algumas páginas do periódico, não sendo de estranhar que opositores do colonialismo aí publicassem artigos. Em 1958, o *Boletim* chegou mesmo a dar voz à nova geração de intelectuais descontentes do regime, através do famoso *Suplemento Literário*.

---

[173] Afinal, o arquipélago não era Cuba com a sua famosa e «inexpugnável» Sierra Maestra, podendo o artigo rematar que «as ilhas de Cabo Verde situam-se em plano especial que, mais do que qualquer outra província ultramarina, as aproxima cultural e biologicamente de Portugal continental. Pretender desvirtuar estes factos com propagandas inconsistentes ou invocando ideais supostamente atribuídos à população do Arquipélago é ir contra as mais sólidas realidades e atentar contra a dedicação e os mais íntimos sentimentos». Alexandre Sarmento, «Cabo Verde, Sentinela Lusíada no Atlântico», p. 88.

[174] *Idem, ibidem*, p. 90.

Como explicar este aparente contra-senso entre uma linha editorial oficial favorável ao colonialismo e a existência de uma crítica encapotada ao mesmo colonialismo? Ou como entender a convivência ideológica entre duas (ou três) gerações cabo-verdianas, todas elas sensíveis aos problemas locais, mas apresentando soluções diferentes, se não inconciliáveis? Finalmente, que juízo fazer da acção do *Boletim* ao longo de década e meia na vida e na cultura do arquipélago?

De certo modo, respondem a tais perguntas as considerações feitas por Alves Roçadas no mencionado editorial do primeiro número do *Boletim*. Escrevia o governador que, com a novel publicação, «pretende-se apenas mobilizar, a bem de Cabo Verde, o seu primeiro escalão de combate — os homens que crêem mais na luta que na fatalidade»[175]. E continuava Roçadas, assegurando que «ninguém deixará de cooperar», visto que «se torna imprescindível [...] que o cérebro caminhe sempre à frente do braço». Tratava-se, portanto, de uma «chamada à inteligência, à cultura, aos conhecimentos»[176], no fundo, à intelectualidade autóctone.

O próprio título do editorial — «Recomecemos» — sugeria o estabelecimento de um vínculo com o passado recente, «pois nada se quer fazer de novo». Pensaria o governador, no momento em que escrevia tais palavras, em *Claridade* e nos seus autores? Decerto, porque a «revista de arte e letras» constituía, por vários motivos, um modelo para a propaganda colonial. Em primeiro lugar, pela notoriedade e influência alcançada pelos seus membros. Depois, pela sua tenaz perseverança, que permitira retomar a publicação em 1947, dez anos volvidos sobre o último número. Além do mais, a produção literária dos «claridosos», tocando os problemas fundamentais do arquipélago, não deixava de ser equiparada a empenho cívico, virtude que o *Boletim de Propaganda e Informação* para si mesmo reclamava. Por todas estas razões impunha-se enquadrar a *intelligentsia*.

---

[175] Carlos Alves Roçadas, «Recomecemos», in *Cabo Verde – Boletim de Propaganda e Informação*, Outubro de 1949, n.º 1, p. 2. Ironicamente, um desses homens era Amílcar Cabral, que, algumas páginas mais à frente, assinava um artigo relativo à (falta de) chuva no arquipélago.

[176] *Idem, ibidem*, p. 2.

Mas que tipo de enquadramento foi ambicionado? O editorial do número seguinte, da lavra do director, Bento Levy, que dirigia também a tipografia estatal, dava um mote decidido, ainda que vago: «cerrem fileiras connosco [...] para a reacção que se impõe [...]. Estamos em marcha»[177].

Nos anos subsequentes, fiel ao desígnio inicial, este primeiro periódico oficioso do arquipélago[178] abordava um largo manancial de temáticas, entre as quais se incluíam a literatura, numerosos ensaios na área das ciências sociais e humanas e no campo das ciências físicas e naturais, discursos, alocuções e entrevistas de figuras da hierarquia governativa, efemérides, depoimentos de estudiosos estrangeiros e, sobretudo, textos versando possíveis soluções para a falta de chuvas e as estiagens.

De resto, o *Boletim* via a luz do dia ao mesmo tempo que uma premente crise alimentar ceifava a vida a milhares de cabo-verdianos. Tal ocorrência possibilita perceber a ambiguidade oficial perante as tragédias que ciclicamente enlutavam o arquipélago. É que, não obstante a maior parte dos artigos dessa época aludirem de alguma forma à chuva — evoque-se o poema «Regresso»[179], de Amílcar Cabral —, pouco se dizia acerca da fome e das suas vítimas[180]. Apóstolo do optimismo oficial, o *Boletim* anunciava grandiosos projectos visando a resolução das secas num futuro mais ou menos próximo, mas escusava-se a divulgar os seus efeitos no presente, sob pena de desacreditar as autoridades coloniais.

Como quer que seja, afluíram a Cabo Verde técnicos e engenheiros dispostos a avaliar e a propor soluções para os graves problemas locais, fazendo publicar, no *Boletim*, extractos ou resumos dos relatórios a apresentar às autoridades. Outras vezes, o governo encorajava a vinda de estudiosos

---

[177] Bento Levy, «Em marcha», in *ibidem*, Novembro de 1949, n.º 2, p. 2.

[178] Cf. João Nobre de Oliveira, *A Imprensa Cabo-verdiana (1820-1975)*, p. 527.

[179] Reza assim a primeira estrofe: «Mamãi velha, venha ouvir comigo/ o bater da chuva lá no seu portão./ É um bater de amigo/ que vibra dentro do meu coração». Amílcar Cabral, «Regresso», in *Cabo Verde - Boletim de Propaganda e Informação*, Novembro de 1949, n.º 2, p. 11.

[180] João Nobre de Oliveira, *A Imprensa Cabo-verdiana (1820-1975)*, p. 527.

portugueses e estrangeiros da área das ciências humanas e sociais, lançando-
-lhes o desafio de caracterizar a natureza da «gente crioula»[181].

São de anotar dois exemplos. O primeiro remonta ao historiador norte-
-americano Richard Pattee, aureolado como profundo conhecedor da
«psicologia latino-americana», autor de duas obras sobre a presença portuguesa em África no período final do colonialismo[182]. Quanto ao segundo
exemplo, centra-se em Sepp Matzenetter, secretário-geral da Sociedade de
Geografia de Viena de Áustria, e Thusnelda Matzenetter, sua esposa, a qual
«esteve colhendo elementos para um estudo antropológico da população
caboverdiana»[183].

Pattee, como outros antes dele, interpretou a cultura e vivência do
arquipélago fundamentando-se em modelos exteriores. Inevitavelmente, o
arquétipo escolhido foi o objecto da sua especialidade científica: a «América
Espanhola» (Cuba, República Dominicana, Panamá). Disto mesmo se justificou,
lembrando a comum «mestiçagem», o «sabor crioulo» e o «alto grau de fusão
racial». No seu entender, em Cabo Verde dificilmente se encontraria «qualquer
coisa que seja tipicamente africana», sendo até o batuque «mais uma
sobrevivência, a recordação de algo já sem vitalidade»[184]. Contudo, o
arquipélago seria «mais português, mais europeu, mais cosmopolita que o
Haiti»[185], tendo o «luso-tropicalismo de que se fala tanto» percorrido o «seu
caminho», pois, os traços culturais cabo-verdianos, embora «caibam perfeitamente
dentro do padrão lusitano, revelam características próprias»[186].

---

[181] Recorde-se Almerindo Lessa.

[182] Richard Pattee, *Portugal em África. Impressões e reflexões de viagem pela África Portuguesa*. Lisboa: Agência-Geral do Ultramar, 1959; e *Portugal na África Contemporânea*,
Lisboa, Junta de Investigações do Ultramar, 1971-1974, 3 vols.

[183] Maria Helena Spencer, «A Terra e a gente de Cabo Verde estudadas por estrangeiros
ilustres», in *Cabo Verde - Boletim de Propaganda e Informação*, Outubro de 1958, n.º 109,
p. 23.

[184] Richard Pattee, «A Província de Cabo Verde», in *ibidem*, Março de 1958, n.º 102, p. 7.

[185] Luís de Melo, «Entrevista com o Professor Richard Pattee», in *ibidem*, Agosto de 1957,
n.º 95, p. 18.

[186] Richard Pattee, «A Província de Cabo Verde», p. 8.

Contraponto de Gilberto Freyre, Richard Pattee não enjeitava recuperar a teoria luso-tropical, aplicando-a quase sem reservas ao arquipélago. Epígono de Gilberto Freyre, Pattee, talvez porque defendesse a predominância da matriz cultural europeia subscrita pelos «claridosos», não chegou a gerar polémica.

Aos olhos da propaganda, a sua posição amenizava os reparos do sociólogo brasileiro, tanto mais que Pattee, invocando notórios conhecimentos sobre a realidade latino-americana, salientava o quanto a «uniformidade da sua cultura», a «perfeita integração dos seus elementos étnicos no conjunto português» e a «ausência de abismo entre governantes europeus e massa indígena», aproximavam Cabo Verde dos países de língua espanhola da América Central[187]. No entanto, tais alvitres, fruto de um breve contacto com a realidade local, como o próprio admitiu, poderiam enfermar de imprecisão. Daí a sua crença com laivos de anedótico — e, todavia, reiterada numa entrevista concedida ao *Boletim de Propaganda e Informação* — nas afinidades de Cabo Verde com a Islândia, mercê, unicamente, da «nudez total da paisagem»[188].

Quanto a Sepp Matzenetter, estabelecia paralelos geológicos entre Cabo Verde e as Canárias. Sob o ponto de vista humano, com excepção da Brava, o autor asseverava que as restantes ilhas eram portadoras de características africanas. Em todo o caso, por esta altura, Matzenetter ainda não visitara todas as ilhas do arquipélago, pelo que o factor étnico o persuadiu da predominância cultural africana[189]. Talvez por isso, num artigo de 1959, traduzido para o *Boletim de Propaganda e Informação*, se mostrasse mais circunspecto em apadrinhar a «tese» africana, limitando-se a insistir na ausência de discriminação racial e no facto de os cabo-verdianos, a despeito da «cor da pele», se considerarem portugueses[190].

---

[187] *Idem, ibidem*, p. 7.

[188] *Idem, ibidem*, p. 9.

[189] Maria Helena Spencer, «A Terra e a gente de Cabo Verde estudadas por estrangeiros ilustres», in *ibidem*, Outubro de 1958, n.º 109, p. 24.

[190] Cf. Joseph Matzenetter, «Viagem de estudo às ilhas de Cabo Verde em 1958», in *ibidem*, Agosto de 1959, n.º 119, p. 17.

Não ficaram por aqui os esforços do *Boletim* no intuito de auscultar o maior número possível de viajantes chegados a Cabo Verde. Dir-se-ia que o periódico, seguindo os ditames da propaganda, se empenhou em difundir a imagética cara à ideologia ultramarina, mesmo que fundada em discutíveis relatos de viagem.

Entre os viajantes portugueses, cabe assinalar dois engenheiros-geógrafos, convidados a «tentar definir as impressões colhidas em contacto com as gentes e as terras caboverdianas»[191]. O interesse destes dois depoimentos assenta no facto de o *Boletim de Propaganda e Informação* os ter expressamente solicitado, para além de que os engenheiros forneceram algumas pistas acerca do modo como, «na metrópole, a quase totalidade das pessoas faz uma ideia errada acerca do que é e, principalmente, do que poderia ser Cabo Verde»[192].

Enquanto um deles (Ferreira Bastos) falava em «má impressão geral», agravada pela denúncia da prisão do Tarrafal, no decorrer da campanha eleitoral de 1951, o outro (Carvalho do Vale) sublinhava que os portugueses «imaginam a Praia um aglomerado de palhotas dispersas», e os naturais «andando sempre de tanga, como se fosse[m] qualquer tribu escondida no interior do continente africano»[193]. Curiosamente, alguns anos volvidos, a cabo-verdiana Maria Helena Spencer, redactora do *Boletim de Propaganda e Informação*, contaria que, em Lisboa, a rapariga em casa da qual trabalhava, certa vez, algo amedrontada, teria comentado: «o meu namorado vai para África... Cabo Verde, ou lá o que é»[194].

Todos estes testemunhos autorizam três ilações. Em primeiro lugar, comprovam que o cidadão metropolitano, apesar de toda a propaganda colonial desenvolvida, continuava a desconhecer o arquipélago. Em segundo, corroboram a ideia de que esse mesmo cidadão metropolitano em pouco

---

[191] Leopoldo Carlos Carvalho do Vale e Manuel Alarcão Ferreira Bastos, «Dois depoimentos sobre Cabo Verde», in *ibidem*, Maio de 1951, n.º 20, p. 3.

[192] *Idem, ibidem*, p. 3.

[193] *Idem, ibidem*, p. 3.

[194] Maria Helena Spencer, «Aqui Cabo Verde», in *Revista d'Aquém e d'Além Mar*, 1955, n.º 60, p. 12.

alterara a sua imagem de cliché negativo acerca de África[195]. Por último, demonstram que os conhecedores de Cabo Verde sentiam necessidade de o apartar do referencial africano estereotipado.

Mais frequentes foram os artigos veiculando a visão oficial de Cabo Verde e aqueloutros reproduzindo discursos e entrevistas de governantes do arquipélago e personalidades pertencentes ao Ministério das Colónias/ /Ultramar. Um ensaio datado de 1951 comprovava o vínculo entre a «colónia modelo» e a «nova» ideologia gravitando em torno da teoria de Gilberto Freyre. Elogiando Salazar pelo Acto Colonial, o autor dissertava sobre o «caboverdiano», caracterizando o «seu elevado nível moral e social», as suas qualidades profissionais, o «por vezes cintilante brilho da sua cultura», para concluir que «ele traz no fundo da alma o mesmo sentimentalismo da raça lusa»[196]. Havendo adquirido, «no seu convívio com o branco», estas «virtudes», o natural do arquipélago seria, pois, o resultado da «arte rara que tem por artista máximo Portugal» — ou seja, colonizar[197].

Cumpre apresentar outros exemplos significativos. O padre Olavo Martins, provincial da Congregação do Espírito Santo, de passagem por Cabo Verde, declarava, em entrevista, ser o «arquipélago um pedaço bem português», um «prolongamento português». Estabelecia comparações entre a paisagem local e algumas províncias metropolitanas. Exortava, porém, os autóctones, no que respeita ao «problema mais candente nesta terra», a prestar atenção a certos «atropelos e contrafacções do que mais humano e digno existe». Tal insinuação sibilina seria pouco depois desvendada. Ao invés da habitual (e lógica?) problemática das secas, Olavo Martins registava antes a pouca «solidez» da instituição familiar. Deste modo, verberava na persistência de «crime[s] de lesa-majestade divina e humana», tais como a mancebia, a separação de casais e o pretenso desregramento sexual[198] — observações

---

[195] Ver Rosa Cabecinhas e Luís Cunha, «Colonialismo, identidade nacional e representações do 'Negro'», in *Estudos do Século XX*. Coimbra: Quarteto, 2003, n.º 3, pp. 157-184.

[196] Luís Matos, «O caboverdiano», in *Cabo Verde - Boletim de Propaganda e Informação*, Março de 1951, n.º 18, p. 27.

[197] *Idem, ibidem*, p. 28.

[198] Maria Helena Spencer, «O que pensa de Cabo Verde e da sua gente o Provincial da Congregação do Espírito Santo», in *ibidem* Abril de 1954, n.º 55, pp. 9-10.

a levar em linha de conta, não só à luz da moral católica, mas também a filiar na longa tradição crítica dos costumes conjugais do cabo-verdiano.

Coube ao *Boletim de Propaganda e Informação* fazer publicar discursos das mais altas instâncias, os quais pouco diferiam da incessante apologia da colonização portuguesa e da promessa de melhores dias para o arquipélago. O Chefe de Estado Craveiro Lopes, em visita oficial, em Junho de 1954, fiel ao credo freyriano, sentiu-se no dever de enunciar o quanto:

> Estas ilhas constituem para a Nação Portuguesa sobre tudo um padrão inconfundível da sua capacidade de modelação espiritual. Neste mar africano distante o misticismo, a doçura, o bucolismo das velhas províncias metropolitanas enraizou profundamente; porventura ainda mais acentuado pela dolência resultante da mistura de tantos sangues generosos sobre a doçura do sangue tropical[199].

Já Sarmento Rodrigues, Ministro do Ultramar, também em visita às províncias de além-mar, anotava:

> Podemos ver hoje em Cabo Verde o resultado de actividades civilizadoras que foram as primeiras e são as mais altamente desenvolvidas em Cabo Verde. Aqui a população é inteiramente civilizada, tendo assimilado a cultura portuguesa. Persistem as diferenças raciais mas são cada vez menos acentuadas e todos têm a mesma cultura. Foi uma perfeita transplantação dos usos e costumes portugueses para estas ilhas, ainda que tenham sido adaptados ao clima e condições locais. Assim, conseguiu-se a evolução social. Pode-se dizer, no mesmo plano, que Cabo Verde procede actualmente como uma segunda Metrópole, enviando para a frente grande número de elementos para executarem uma vasta missão civilizadora nas regiões primitivas de África[200].

---

[199] Craveiro Lopes, «Discurso de despedida», in *Boletim Geral do Ultramar*, Lisboa, 1955, n.º 360, p. 7.

[200] Manuel Sarmento Rodrigues, «Harmonia racial e expansão económica na África Portuguesa», in *Cabo Verde - Boletim de Propaganda e Informação*, Abril de 1956, n.º 79, p. 23.

Teófilo Duarte[201], administrador do Banco Nacional Ultramarino, contrapunha ao «primitivismo das habitações», ao «hábito de semi-nudez» e ao «rudimentarismo de costumes de toda a espécie», das populações guineense e angolana, o «modo de ser da população caboverdeana tão aproximado do metropolitano (na fala, nos sentimentos, nos hábitos)»[202]. Urgia, pois, fazer corresponder «ao nível cultural da sua população [...] um outro nível de vida material». Além disso (e por tudo isso), este antigo titular da pasta das colónias pronunciava-se a favor da elevação de Cabo Verde a arquipélago adjacente[203].

Por seu turno, Manuel Marques de Abrantes Cabral, empossado governador em Novembro de 1953, uma vez desembarcado em Cabo Verde, dizia vir ocupar o «posto avançado da civilização ocidental e cristã»[204]. Na sua primeira deslocação oficial à ilha de S. Vicente, acrescentava que era «vulgar escreverem-se coisas sobre Cabo Verde que não correspondem à verdade»[205]. Referir-se-ia, certamente, às acusações de indolência dirigidas à população — estribilho que muitos artigos do *Boletim* se empenharam em desmentir e mesmo desmitificar com base em provas médicas[206] —, visto que, logo a seguir, elogiava o arquipélago como «terra de trabalho».

Objecto de muitos editoriais, a própria figura de Salazar, a pretexto de uma deslocação de representantes da imprensa ultramarina a Lisboa, figurava numa curiosa entrevista datada de 1952. Ao que consta, o Presidente do Conselho terá pretendido inteirar-se acerca do número de periódicos

---

[201] Antigo governador do arquipélago (1918-1919), este antigo sidonista sobraçou a pasta das colónias durante o consulado de Salazar (1947-1950).

[202] Teófilo Duarte, «Discurso proferido na Praia« in «Capitão Teófilo Duarte - um grande amigo de Cabo Verde», in *Cabo Verde - Boletim de Propaganda e Informação*, Fevereiro de 1954, n.º 53, p. 14.

[203] *Idem, ibidem*, p. 14.

[204] «A chegada do novo governador de Cabo Verde», in *ibidem*, Janeiro de 1954, n.º 52, p. 6.

[205] «Primeira visita oficial de sua Excelência o Governador a S. Vicente», in *ibidem*, Março de 1954, n.º 54, p. 28.

[206] Cf. Henrique Teixeira de Sousa, «Será o caboverdeano indolente?», in *ibidem*, Novembro de 1952, n.º 38, pp. 25-28;

existentes em Cabo Verde, assim como dos trabalhos do aeroporto do Sal e das dificuldades resultantes das estiagens. Não adiantando Salazar soluções para este último problema, mas apenas um «silêncio meditativo», coube ao entrevistador traduzir esse silêncio em três propostas: apresar a água das chuvas em barragens; introduzir novas espécies alimentares; e tornar mais rápido o ciclo vegetativo[207]. Sem dúvida, vale a pena integrar este episódio na mitologia da figura do «chefe», na qual até o silêncio era tido como eloquente.

Aparentar alguma liberdade e um simulacro de debate interno — eis um dos outros apanágios do periódico. O número de Abril de 1953 é emblemático a este respeito. Abria com um editorial intitulado «Salazar», louvando o «eloquente» significado de «vinte e cinco anos no governo de um País»[208]. Algumas páginas depois, dois artigos seguidos sobre o crioulo pareciam promover o suposto debate interno: enquanto o poeta José Lopes recomendava: «deve-se estudá-lo; não destruí-lo»[209]; José Maria da Costa advertia que «devemos evitar o criolo, o criolo é uma inferioridade», afiançando que «fala criolo quem não tem confiança no seu conhecimento do bom português»[210]. Continuava o articulista, assacando aos «educados» — leiam-se os literatos e, provavelmente, as classes mais desafogadas sob o ponto de vista económico — a responsabilidade daquilo que qualificava de «legado do escravo boçal». E rematava, negando qualquer possibilidade de êxito literário aos textos redigidos em crioulo, pois, somente traduzidos, conseguiriam alcançar um público mais vasto.

Noutras ocasiões, o *Boletim* exaltava a cabo-verdianidade, ainda que acentuando a sua dependência da cultura (e da política) metropolitana. Era, assim, que publicava a famosa carta de António Vieira, descrevendo os «clérigos e cónegos» cabo-verdianos do século XVII:

---

[207] Félix Monteiro, «O que Sua Excelência o Presidente do Conselho nos perguntou sobre Cabo Verde», in *ibidem*, Março de 1952, n.º 30.

[208] «Salazar» in *ibidem*, Abril de 1953, n.º 43, p. 2.

[209] José Lopes, «Assuntos de linguagem», in *ibidem*, Abril de 1953, n.º 43, p. 23.

[210] José Maria Costa, «Devemos evitar o criolo, o criolo é uma inferioridade», in *ibidem*, p. 24.

> Tão negros como azeviche; mas tão compostos, tão auctorisados, tão
> doutos, tão grandes musicos, tão discretos e bem morigerados, que podem
> fazer inveja aos que lá vemos nas nossas cathedrais[211].

Nesta passagem, muito citada na imprensa local, há como que uma procura de afirmação do autóctone, sentimento que deve ser compaginado com as notícias dos anos 20 e 30 acerca do elevado índice de alfabetização no arquipélago. A história legitimaria a especificidade/identidade.

Também os intelectuais «claridosos» e outros colaboraram com poemas, contos, ensaios e crónicas. Jorge Barbosa assinou uma rubrica intitulada «Crónicas de S. Vicente», na qual perpassou, por vezes, algum desencanto[212]. Gabriel Mariano publicou uma série de artigos relacionando morna e cabo-verdianidade[213].

Uma iniciativa de maior fôlego teve lugar em 1957, quando a Rádio Barlavento organizou «um interessante inquérito sobre cada uma das nossas ilhas, ouvindo os seus naturais». O programa radiofónico convidou algumas personalidades, como Baltasar Lopes, Jorge Pedro Barbosa (filho de Jorge Barbosa), Teixeira de Sousa e Maria Helena Spencer, a dissertarem acerca das suas ilhas. O resultado foi, posteriormente, publicado no *Boletim*, pois, destinando-se o periódico aos leitores cabo-verdianos, importava, também, divulgar uma visão «a partir de dentro», conquanto de acordo com os parâmetros da visão «a partir de fora», isto é, da metrópole[214].

---

[211] António Vieira, «Carta do Padre António Vieira escripta de Cabo Verde ao padre confessor de sua alteza, indo arribado aquele Estado», in *ibidem*, Agosto de 1951, n.º 23, p. 11.

[212] Jorge Barbosa, «Crónicas de S. Vicente», in *ibidem*, Novembro de 1952, n.º 38, pp. 21-22. Uma das suas impressões acerca da vida no arquipélago intitula-se: «Nada aqui acontece». Refere Barbosa que «vivémos no fim do mundo. A não serem as secas e mais os nossos dramas de sempre, nada aqui acontece. Tudo vem atrasado, as modas, a música, os livros, as cartas dos amigos».

[213] Gabriel Mariano, «A morna expressão da alma de um povo», in *ibidem*, Março de 1952, n.º 30, pp. 18-20.

[214] AA.VV., «Cabo Verde visto por cabo-verdianos», in *ibidem*, Agosto de 1957, n.º 95, pp. 5-13; AA.VV., «Cabo Verde visto por cabo-verdianos», in *ibidem*, Setembro de 1957, n.º 96, pp. 3-11.

Em última análise, o principal intento do *Boletim de Propaganda e Informação* consistiu em persuadir os cabo-verdianos da sua portugalidade e da sua posição única no cômputo das colónias africanas. Por tudo isto, o *Boletim* buscou ser uma polifonia de vozes consonantes, quer aplaudindo as políticas coloniais/ultramarinas de Lisboa, quer denunciando, com alguma cautela, os problemas das ilhas[215]. Tal não obstou a que, aqui e além, as dissonâncias se fizessem escutar.

Não foi alheia à aparente abertura, a personalidade do seu director, Bento Levy, homem favorável à situação, mas que não enjeitou publicar o *Suplemento Cultural*. Afinal, a imprensa cabo-verdiana atravessou um período de dificuldades, tendo-se assistido ao fim de *Claridade* (1960), do *Notícias de Cabo Verde* (1962) e à tentativa falhada do *Diário de Cabo Verde* (apenas um número surgido em 1956). Caberia, pois, ao *Boletim de Propaganda e Informação* assumir o papel de periódico mais representativo deste período, acabando o crescente anticolonialismo por, de alguma forma, se ter conseguido infiltrar no órgão oficioso do arquipélago.

---

[215] A partir de Outubro de 1962, o periódico passou a designar-se *Cabo Verde – Boletim Documental e de Cultura*, revestindo-se de um carácter mais cultural. Foi criado um novo boletim, *O Arquipélago*, «órgão exclusivamente noticioso», com intentos propagandísticos (1962-1970). Cf. João Nobre de Oliveira, *A Imprensa Cabo-verdiana (1820-1975)*, p. 532.

IV

VISÕES DE CABO VERDE

4.1. A colónia à luz da metrópole

4.1.1. Sob o signo do mar

O que quer que tenha aproximado portugueses e cabo-verdianos deve ser procurado na quase obsessão que ambos acalentaram em (re)definir a sua essência ou «espírito de um povo» (*volksgeist*). Sabemos o quanto isto tem sido verdade para Portugal, bastando apenas lembrar os mais recentes títulos publicados[1] ou o cíclico, ainda que mitigado, iberismo.

Em Cabo Verde, de uma maneira ou de outra, a imprensa periódica, o florescer de grupos literários e a própria propaganda colonial, estimularam a assunção de um regionalismo (depois nacionalismo) que não mais deixou de buscar descobrir e/ou (re)inventar a cabo-verdianidade[2]. Dir-se-ia que o «mistério» da nacionalidade lusa encontrara um equivalente na idiossincrasia do ilhéu e que, por outro lado, os próprios portugueses que escreviam sobre o arquipélago para aí teriam transferido as suas inquietações identitárias. Ao mesmo tempo, como atrás ficou expresso, a ideologia colonial, a fim de assegurar a lealdade dos cabo-verdianos ao projecto ultramarino,

---

[1] Por exemplo: João Medina, *Portuguesismo(s)*; e Miguel Real, *A morte de Portugal*. Porto: Campo das Letras, 2007.

[2] Cf. Manuel Brito-Semedo, *A construção da identidade nacional. Análise da imprensa entre 1877 e 1975*.

177

não enjeitou descrevê-los enquanto portugueses não diferentes dos metro-politanos.

Esta aproximação, para além dos diversos aspectos já tratados, dirigiu-se, ainda, a alguns elementos ditos mítico-culturais, como o mar, a saudade e o fado/morna. Estes, por seu lado, enquadraram uma série de aspectos dicotó-micos, ambivalentes e híbridos — que se combinaram e recombinaram em numerosas produções de recorte ensaístico e poético —, tais como a diáspora, a insularidade, a finisterra, o mito da saudade, a melancolia, a hospitalidade, a «morabeza» e a música enquanto espelho da alma de um povo.

Ora, foi no mar que as representações portuguesas e cabo-verdianas de Cabo Verde descobriram, realmente, um esteio maior. Sem errar por muito, é possível afirmar que, no presente, o elemento marinho, nas suas múltiplas dimensões, constitui uma das pontes mais sólidas entre as mitologias na-cionais destes dois países da CPLP. As duas bandeiras, com a esfera armilar portuguesa e a representação da infinitude do mar cabo-verdiano, atestam cabalmente tal ideia. Nos hinos, as referências ao mar são múltiplas[3]. A sua poesia mais famosa carrega esse apelo e, em larga medida, a memória e a história fundamentam-se em imagens inspiradas pelo oceano.

Porém, mais relevante ainda, pelo menos no que ao caso cabo-verdiano concerne, é o facto de a mitologia ligada ao expansionismo português ter tocado o arquipélago através de uma dupla perspectiva temporal: uma voltada para o passado e uma outra aberta ao futuro. Isto é tanto mais verdade se pensarmos o quanto ambos os territórios se reviram em povos «do mar», como os fenícios. Há aqui que reconhecer uma tentativa de filia-ção a um passado glorioso de navegações e, no que respeita a Portugal, um claro sentimento de correspondência e um outro de continuidade. Um sentimento de correspondência, na medida em que, como os fenícios, o pequeno povo «colocado na extrema faixa da Europa aberta para África»[4]

---

[3] A palavra «mar», no caso do hino português, surge logo no primeiro verso e, mais adian-te, uma segunda vez – embora num contexto não identitário. No hino de Cabo Verde, vamos encontrá-la duas vezes literalmente: «a esperança é do tamanho do mar» e «sentinela de mares e ventos»; e duas outras vezes sugerida: «entre estrelas e o atlântico» e «no pó da ilha nua».

[4] Luís Terry, «O Destino Histórico de Portugal», in *O Mundo Português*, 1935, vol. II, p. 314.

se teria elevado muito acima das suas expectativas enquanto nação. Um sentimento de continuidade, na medida em que os fenícios chegaram a ser apontados como os descobridores de Cabo Verde na Antiguidade[5].

Por outro lado, o mar abria-se ao futuro. Na encruzilhada de continentes, como outrora o fora a Fenícia — essa fundadora de colónias, que absorvera o contributo da Ásia e o legara à Grécia e a Roma —, Portugal seria «o portador do escol da civilização Europeia a essa imensa Terra, fértil, magnânima e generosa que é a África»[6]. Na encruzilhada de continentes, Cabo Verde seria um novo Brasil, espelho do Portugal descobridor e imune aos preconceitos de raça, e, por isso, apto a participar de pleno direito na obra colonizadora que Portugal vinha empreendendo na «outra» África.

Daqui procede um facto igualmente percebido na época. Assenta naquilo que podemos chamar de «realização enquanto povo», pois, tanto portugueses quanto cabo-verdianos, graças aos seus processos migratórios ou de diáspora, se espalharam pelo mundo, convivendo com o Outro e tornando-se mesmo no Outro.

Ora, não será isto mesmo que quer significar o famoso aforismo-paradoxo de Fernando Pessoa: «português que é só português não é português»[7]?

No fundo, cercados pelo mar, Portugal (finisterra) e Cabo Verde (arquipélago) teriam acolhido em si uma ampla diversidade de etnias e culturas, forjando um composto étnico-cultural mestiço, suficientemente maleável para, por via da emigração, conseguir adaptar-se a regiões exógenas. Uma vez realizada a «lusotopia-tropical» nos espaços de povoamento primevo, a natureza «incaracterística» destes povos conduzi-los-ia, até pelos circunstancialismos de ordem geográfica, a novas paragens e sítios, nos quais facilmente se diluiriam.

---

5 Cf. António de Almeida, «Sobre a terminologia anatómica dos crioulos de Cabo Verde», in *Anais da Junta de Investigações das Colónias*. Lisboa: JIC, 1949, Tomo V – «Estudos de Antropologia e Etnologia», p. 7.

6 Cf.*idem, ibidem*, p. 314.

7 Eduardo Lourenço, *Nós e a Europa ou as duas razões*. Lisboa: Imprensa Nacional, 1994, p. 14.

Eis a resposta ao paradoxo de Pessoa, que a propaganda colonial julgou por bem descortinar no cabo-verdiano, sobretudo, quando reputava a sua emigração de quase inata. Além do mais, o mar continha todas as premissas daquela permanente melancolia que a maior parte dos viajantes estrangeiros e pensadores nacionais avistaram no português e no cabo-verdiano: o mar a um tempo prisão e libertação (insularidade), a sua natureza ilusória e a dualidade mar/terra.

Um outro ponto de contacto pode ser encontrado nas descrições dos homens do mar, mais concretamente, na figura do pescador. Em Portugal, *Os Pescadores*[8], de Raul Brandão, périplo literário pelas zonas costeiras, captando o modo de vida das comunidades piscatórias, deu o mote para uma série de produções artísticas[9]. Espécie de equivalente popular dos navegadores dos tempos do expansionismo, o pescador luso, sobretudo o nazareno, pelo seu carácter apolítico, o seu «fatalismo» e a sua etnografia específica, encaixava perfeitamente no português pretendido pela propaganda salazarista.

No que respeita ao arquipélago, apesar de ter predominado a imagem do «emigrante», coube a Mário Leite, em «Apontamentos para a história das ilhas de Cabo Verde», consagrar algumas páginas aos pescadores das diferentes ilhas[10]. Insistindo na sua bravura e descrevendo as suas técnicas e hábitos, Mário Leite pareceu querer rivalizar com Raul Brandão. Numa palavra: a crença do mar como destino, mesmo quando conduzia à emigração e à diáspora. Vejam-se os termos em que Julião Quintinha falava do povo cabo-verdiano, os quais, excepção feita à morna, facilmente se diriam exprimir a maneira de ser do povo português dos finais do século XIX e parte do século XX:

---

[8] Ver Raul Brandão, *Os Pescadores*. Porto: Porto Editora, 2003.

[9] A peça de teatro *Tá Mar*, de Alfredo Cortez, laureada com o Prémio Gil Vicente do SPN, em 1936 – e a partir da qual Rui Coelho escreveria uma ópera homónima; o bailado *Nazaré* (1949), de Frederico de Freitas; alguns documentários; os filmes *Nazaré, Praia de Pescadores* (1929); *Ala-Arriba* (1942), de Leitão de Barros e *Nazaré* (1952), de Manuel Guimarães; e a obra etnográfica de António Santos Graça, *O Poveiro* (1932).

[10] Mário Leite, «Apontamentos para a história das ilhas de Cabo Verde», in *Boletim da Sociedade de Geografia de Lisboa*, Maio e Junho de 1937, série 55.ª, n.os 5 e 6, pp. 205-208.

Gente sofredora, pobre, que trabalha o solo ingrato; povo de pescadores marinheiros que emigra para voltar, num amor entranhado à Terra-mãe; gente que traduz o seu sentimento artístico na morna — canção dolente, canção de amor, canção de embalar, que é ao mesmo tempo um queixume delicado contra o destino agressivo e a síntese do que lhes inspira o amor, a saudade e a Natureza[11].

4.1.2. *A morna como fado tropical*

Em 1938, o *Notícias de Cabo Verde*, sob o título de «almas gémeas», publicava dois sonetos aproximando os géneros musicais do fado e da morna[12]. De modo algum se tratou de uma novidade, pois, era corrente encontrarem-se paralelos entre estas formas de expressão. Assim como associar a «índole» portuguesa e a «natureza» cabo-verdiana com base nas músicas ditas mais representativas da sua essência popular.

A esta tentativa de comparação não foi alheia a vontade em descobrir que ambos os cantares partilhariam sentimentos contemplativos análogos aos dois povos, como a saudade, a dolência, a melancolia e o fatalismo. Da mesma forma que, também, se chegou a entrever similitudes entre a hospitalidade lusa e a «morabeza» (amorabilidade) cabo-verdiana.

Como explicar esta crença que, ao longo do século XX, encheu muitas das páginas redigidas a respeito do arquipélago? Teriam os dois géneros musicais uma origem comum ou todos os escritos produzidos não passariam de meras impressões de viagem? Ou haveria, uma vez mais, algum intento de ordem propagandística?

É perfeitamente admissível que, de uma maneira ou de outra, todas estas hipóteses tenham a sua razão de ser, tanto mais que o conhecimento

---

[11] Julião Quintinha, *África Misteriosa. Crónicas e impressões duma viagem jornalística na Colónias da África Portuguesa.*

[12] Costa Guimarães, «Almas Gémeas», in *Notícias de Cabo Verde*, S. Vicente, Junho de 1938, n.º especial.

cabal das origens de ambos os cantares nos escapa[13]. E, longe de provirem da noite dos tempos ou traduzirem a psicologia das gentes, talvez, como produto cultural que são, também tenham estado disponíveis para as mais variadas leituras de recorte ideológico. É que, legitimadora de nacionalidades, a música possui em si virtudes que a tornam num dos veículos propagandísticos (e publicitários) mais eficazes[14].

Nem Osório de Oliveira[15], nem tão-pouco Augusto Casimiro[16], apesar do grande interesse demonstrado pela morna, teceram grandes considerações acerca de um inequívoco parentesco entre os dois géneros musicais. De resto, quase todas as análises não tiveram por base qualquer método musicológico, mas mais a impressão colhida no momento.

No entanto, em 1938, em *O Mundo Português*, na esteira de Osório de Oliveira — que afirmara que nunca «a alma de um povo encontrou, tão perfeitamente, a sua expressão, numa única manifestação de arte»[17] —, Afonso Correia escrevia sobre a «quási universal canção cabo-verdiana», essa «apreciável forma musical»[18].

Um outro artigo do mesmo autor, vindo a lume no ano seguinte, focava «os traços entre a mesma *morna* e a canção nacional — o fado»[19]. Vale a

---

[13] Cf. José Ramos Tinhorão, *Fado. Dança do Brasil, cantar de Lisboa. O fim de um mito.* Lisboa: Editorial Caminho, 1994; Cf. Moacyr Rodrigues e Isabel Lobo, *A Morna na Literatura tradicional. Fonte para o estudo histórico-literário e a sua repercussão na sociedade.* Praia: Instituto Caboverdiano do Livro e do Disco, 1996.

[14] Cf. Oliver Thomson, *Uma História da Propaganda.* Lisboa: Temas e Debates, 2000, pp. 42-43.

[15] Relembre-se que Osório de Oliveira se empenhou em publicar uma antologia de mornas de Eugénio Tavares.

[16] Ainda que Augusto Casimiro tenha escrito: «Canção amorosa ou bregeira, sentimental ou irónica, – é o fado sem o alvitamento das ruelas, é a canção do amor e da saudade, à sombra do velame ou na terra do exílio». Augusto Casimiro, *Portugal Crioulo.* Lisboa: Editorial Cosmos, 1940, p. 87.

[17] José Osório de Oliveira, «A Morna expressão da alma de um povo», in *O Mundo Português*, n.º 9, 1942, p. 323.

[18] Afonso Correia, «As 'Mornas' de Cabo Verde e os seus poetas», in *O Mundo Português*, 1938, vol. V, p. 81. Como estavam longe os tempos da música «dissolvente» e «libertina».

[19] *Idem*, «A música africana – como a vê a sensibilidade dum europeu», in *O Mundo Português*, 1938, vol. VI, p. 301.

pena citar longamente tal texto que, de bom grado, ilustra tudo quanto se escreveu a este respeito ao longo de muitas décadas:

> A maioria dos fados portugueses, de Lisboa ou Coimbra, centros donde são irradiados para todo o país, é essencialmente dolente. Suas notas oferecem por vezes os gumes da tristeza, seus requebros têm laivos de crepes ou arrancos amargurantes de marcha fúnebre. A *morna* canta o amor, a paixão, o despeito pelo afecto não correspondido. Nos seus versos, há a ironia característica dos poetas do fado, a mesma sensibilidade tocante, o mesmo lirismo que inebria como um hausto de perfume. O melhor e o maior poeta cabo-verdiano traduziu, em versos crioulos de eterno brilho, o melhor e o maior poeta português. Por outras palavras, Eugénio Tavares traduziu Camões. A *morna* canta o mar, o sol, a aventura, a natureza, o céu, a beleza, em versos que são umas vezes ironicamente delicados, outras imensamente sentimentais, de longe em longe perenes da rubra emotividade tropical. O fado é isto mesmo, revestindo-se sempre da ternura sem fim dos portugueses, canta as desgraças, acarinha a miséria, estigmatiza a opressão, eleva o amor a todos os topos do sentimento mais puro, alonga-se nas líricas interpretações do mutismo da natureza[20].

Espécie de fado tropical, a morna teria raízes comuns ao fado, sendo o produto da «tristeza» e da «saudade» despertadas pelo «marinheiro exilado» nas mulheres africanas encontradas no decorrer das suas viagens. Se o mestiço seria uma consequência do seu encontro amoroso, a morna e o fado passavam por resultados artísticos da dor infligida pela separação[21]. Em suma, o mar e a ausência e, por outro lado, a saudade e a ironia portuguesa das «cantigas de escárnio», teriam ditado o surgimento de géneros musicais similares, a que o clima tropical de Cabo Verde emprestara uma faceta mais extrovertida, embora igualmente fatalista.

---

[20] *Idem, ibidem*, p. 303.

[21] Cf. Fausto Duarte, *Da Literatura Colonial e da 'Morna' de Cabo Verde*, pp. 12-13.

4.2. Cabo Verde no roteiro do Mundo Português

4.2.1. S. Tomé e Príncipe ou o modelo concorrente

Segundo Francisco Tenreiro, no campo das representações, a maior parte das parcelas africanas dos impérios coloniais tendeu a ser lida sob uma dupla perspectiva: por um lado, a terra, reputada de «misteriosa», «virgem» e «ubérrima»; por outro, o homem africano, apostrofado de «selvagem», «indolente» e «primitivo»[22]. Formulada nestes termos, tal equação outro resultado não poderia ter que não a crença numa profunda discrepância entre uma Natureza indomável e um «indígena» sem meios intelectuais e materiais para nela agir, contentando-se este em retirar, do seio daquela, o indispensável à sobrevivência. Daí que, no entender de Tenreiro, o colonizador europeu arrogasse que a responsabilidade de desbravar tão hostil terra deveria repousar sobre os seus ombros.

Embora Tenreiro — um geógrafo natural de São Tomé e Príncipe, que leccionou no Instituto Superior de Estudos Ultramarinos e deu à estampa, em 1942, a primeira obra em língua portuguesa tributária da Negritude[23] — tivesse destinado estas reflexões à generalidade do continente africano colonizado, a verdade é que, sem o mencionar, teve em vista o seu território natal e as visões e preconceitos portugueses que sobre este recaíam. Na verdade, tais estereótipos veiculavam a ideia de que o autóctone, vegetando na indolência, vivia da generosidade de uma terra que não cultivava, nada fazendo para a valorizar do ponto de vista económico.

Nos anos 30 e 40, foi a revista *O Mundo Português* quem melhor difundiu esta imagem. A começar pelos relatos redigidos pela «mocidade académica», com base nas impressões recolhidas no decorrer do 1.º Cruzeiro de Férias às Colónias. Organizada pela citada revista, em 1935, tal «cruzada de patriotismo e de acção» tocou Cabo Verde, Guiné, S. Tomé e Príncipe e Angola. Os escritos produzidos pelos estudantes, como não po-

---

[22] Cf. Francisco Tenreiro, «Acerca do diálogo entre a Europa e a África Negra», in *Estudos*, Coimbra, 1959, Fascs. II-III, pp. 6-8.

[23] *Idem, Ilha de Nome Santo*. Coimbra: Portugália, 1942.

deria deixar de suceder, fixaram-se no «exótico», no «pitoresco» e no «fascínio» africano, não se cansando de louvar o «génio» colonizador português. Em relação a S. Tomé, eram sublinhados «o esforço individual do colono português» e a beleza da paisagem, uma «sinfonia verde», considerando-se o autóctone um tanto descaracterizado pelo contacto europeu[24].

Um viajante mais ilustre, como Manuel Múrias, o qual, em 1938, acompanhou o Chefe de Estado, Óscar Carmona, em visita oficial a Angola e a S. Tomé, ao avaliar o território, que denominou de «colónias de fazenda», lembrava a universalidade do «espírito português», bem como o seu não racismo[25]. E, se Osório de Oliveira via, em S. Tomé, «uma pequena Java»[26], Jorge de Sena, também nas páginas de *O Mundo Português*, aí se deparou com um mundo selvagem, que descreveu com o recurso a uma bela prosa literária. Para si, o homem, ante a imensidão e a tenacidade de tal paisagem, pouco poderia fazer para a domar completamente, opinião que contrastava com a subscrita pela propaganda, a qual falava num espaço selvagem, sem dúvida, mas, cujo ímpeto, à custa das diligências dos colonizadores, fora vencido[27].

Com um discurso mais optimista, dois outros viajantes, no terceiro ano de existência da revista, expunham os problemas maiores do arquipélago e as suas próprias experiências debaixo do «sol equatorial». O coronel Leite de Magalhães, recordando o ano de 1926, data em que aí aportara, contava, em traços largos, os factos históricos decisivos na colonização de S. Tomé e Príncipe, «produto do trabalho de dezoito gerações de gente 'branca'»[28]. Já o Marquês do Lavradio, referindo-se às condições de assistência ao

---

[24] Um estudante chegou mesmo a desdenhar do aspecto «civilizado» do batuque, verdadeira «cegada carnavalesca». Cf. Jorge Brotas Cardoso, «A Mocidade Académica e o 1.º Cruzeiro de Férias às Colónias», in *O Mundo Português*, 1935, vol. II, pp. 297-303.

[25] Cf. Manuel Múrias, «A Viagem do Chefe de Estado a S. Tomé e Príncipe e a Angola», in *ibidem*, 1938, vol. V, pp. 425-426.

[26] José Osório de Oliveira, «A elegia dum povo», in *ibidem*, 1939, vol. VI, p. 375.

[27] Cf. Jorge de Sena, «A Ilha que perdeu o Equador», in *ibidem*, 1944, vol. XI, pp. 181-184.

[28] Coronel Leite de Magalhães, «Recordando», in *O Mundo Português*, 1936, vol. III, pp. 239-244.

«indígena», que julgava as mais eficientes de todas as nações coloniais, considerava S. Tomé a mais rica colónia do mundo. No que concerne às roças, tinha-as por «centros de instrução onde o preto se civiliza, encontra conforto, aprende a trabalhar e vive feliz»[29], ou seja, passava a usual visão paternalista e protectora dos povos colonizados. A finalizar, registava os problemas de que enfermavam os campos: a doença dos cacaueiros, a baixa de preço dos produtos exportados e a falta de braços.

Uma vertente igualmente abordada versou a etnografia ou «folclore». Para o efeito, tanto se estimulou a imaginação acerca das tradições e dos costumes africanos, quanto se veiculou a ideia de estes ainda não se acharem corrompidos «pela mesmice insulsa que é o figurino do Chiado ou do Terreiro do Paço»[30] ou a «neurastenia europeia»[31]. No fundo, tratava-se daquela concepção herdada do século XIX que, sem negar as conquistas tecnológicas e a «superioridade» do Ocidente, descobria, nos povos da África Negra, uma maior proximidade das «origens» e, por isso mesmo, um carácter menos postiço e mais puro.

Outras conclusões são possíveis. José Brandão de Melo, que assinou dois artigos sobre a etnografia são-tomense, comprova como, nos anos 40, o pensamento de Gilberto Freyre ainda não penetrara no âmago da ideologia colonial estadonovista. É que, tomando como ponto de partida os «indíge-nas» de Angola e de Moçambique, Brandão de Melo considerava-os menos «enfraquecidos» do que os autóctones de S. Tomé e Príncipe, em virtude de não terem enfrentado sucessivos «cruzamentos», supostamente responsáveis pelo depauperamento da «raça» — leia-se menos aptos para o trabalho.

Mas, se a miscigenação, no entender desse autor, minguara o valor físi-co, também não elevara o «nível» intelectual do são-tomense, não chegando este «à craveira para 'amanuensar' em qualquer repartição da colónia»[32].

---

[29] Marquês do Lavradio, «São Tomé», in *ibidem*, 1936, vol. III, p. 246.

[30] José Brandão Pereira de Melo, «Anotações Folclóricas da Ilha do Príncipe», in *ibidem*, 1944, vol. XI, p. 55.

[31] «Turismo Colonial», in *Turismo. Revista de Hotéis, viagens e actualidades*, Lisboa, De-zembro de 1940, n.º 37.

[32] José Brandão Pereira de Melo, «Anotações Folclóricas da Ilha do Príncipe», in *O Mun-do Português*, 1944, vol. XI, p. 56.

Por fim, adjectivava-o de «esperto», «ladino» e «indolente», de uma «ingénita preguiça», desenvolvendo, após tais apodos, algumas reflexões de ordem etnográfica.

Seria, pois, perante este panorama que Francisco Tenreiro, num artigo publicado em 1956, apresentou uma perspectiva tão original quanto crítica das práticas coloniais levadas a cabo no seu arquipélago[33].

Descoberto em meados do século XV, S. Tomé e Príncipe conhecera três grandes ciclos económicos: o primeiro, que se estendera até finais de Quinhentos, e fora dominado pela produção açucareira; o segundo, que se prolongara até ao século XIX, pautado pelo comércio esclavagista, funcionando as ilhas como um entreposto entre os continentes africano e americano; e o terceiro, que chegava até à actualidade, com a introdução do café (1800) e do cacau (1822) a fazerem do arquipélago um dos maiores exportadores mundiais deste último produto. Ora, no dizer de Tenreiro, no primeiro ciclo económico ter-se-ia iniciado a construção de uma sociedade que muito se aproximaria do caso cabo-verdiano: uma similar ocupação humana (efectivos europeus e africanos); idênticas espécies agrícolas introduzidas, sobretudo, o algodão e o açúcar; e um análogo processo de miscigenação e de aculturação de práticas e saberes[34].

Contudo, no que se refere aos alicerces da actual sociedade são-tomense, era indisfarçável a decepção de Tenreiro. O geógrafo lamentava que o início do cultivo do cacau tivesse obstado ao completo desenvolvimento social, em virtude de os portugueses metropolitanos, com o intento de constituir grandes terrenos de exploração daquele produto (roças), terem arrebatado a pequena e média propriedade aos «filhos da terra»[35]. Deste modo, enquanto em Cabo Verde, apesar das estiagens, o natural tinha sabido «encontrar o

---

seu caminho», ou seja, passara a deter o controlo de alguns mecanismos do poder, já em S. Tomé, pelo contrário, os naturais mantinham-se à margem, quer possuindo numericamente pouca expressão nos postos chaves da «burocracia local», quer se recusando a trabalhar nas roças.

Este último facto, além do mais, teria contribuído para certa «descaracterização» da sociedade local, dado que a relutância dos naturais em cultivar os campos do colonizador obrigara os sucessivos regimes portugueses a importarem mão-de-obra de Angola, Moçambique e Cabo Verde — os «serviçais» —, criando uma população flutuante e dificilmente integrável. Por outro lado, a existência de grandes proprietários europeus, por oposição aos «filhos da terra» e aos «serviçais», concorrera para acentuar o racismo, algo que não se divisava em Cabo Verde.

Em suma, Tenreiro, ao cotejar os dois arquipélagos, culpava a «artificial» roça — por oposição à policultura de Cabo Verde, geradora de relações mais igualitárias —, de haver destruído a natural evolução de S. Tomé, comprometendo uma completa mestiçagem étnico-cultural e constrangendo a «ascensão social» do mulato[36].

Também Henrique Galvão, num outro sentido, discorrendo a propósito da caracterização das colónias, se permitira comparar os habitantes dos dois arquipélagos atlânticos:

> [Os são-tomenses] não chegaram, como os naturais de Cabo Verde, a constituir raça tipicamente diferenciada da branca e da negra originais, porque uma menor quantidade, variedade e continuidade de sangue branco, durante o longo período em que a colónia esteve quase abandonada pelos europeus, não deram tempo a que se distinguisse a cor negra da pele e se diluíssem os caracteres dominantes do preto[37].

Ao consultarem-se as páginas desta obra correspondentes a Cabo Verde[38], verifica-se mesmo que Galvão, num processo associativo mental típico da

---

[36] Cf. *ob. cit.*, pp. 16-17.

[37] Henrique Galvão, *Outras Terras, Outras Gentes - Viagens em África*, vol. I, p. 88.

[38] Cf. *idem, ibidem*, pp. 48-65.

época, lançava sobre cada um dos povos os ferretes estereotipados de há muito atribuídos aos respectivos grupos humanos. Assim sendo, enquanto o mestiço cabo-verdiano primava pela «instabilidade» e pela «inconstância», resultantes da dupla origem étnica, o negro são-tomense distinguia-se pela «indolência» e pela «prosápia», atitudes, para além disso, encaradas como formas de resistência passiva à colonização europeia[39].

Todavia, a mais inovadora visão de S. Tomé tomou forma num artigo da autoria de Carlos Alberto Garcia, programaticamente intitulado: *A ilha de S. Tomé como centro experimental do comportamento do Luso nos trópicos*[40]. Em boa verdade, a inspiração e o método argumentativo haviam sido colhidos nas seis páginas consagradas por Gilberto Freyre à análise do caso são-tomense, em *Aventura e Rotina*[41]. Aí, o sociólogo brasileiro erigia S. Tomé em «laboratório de sociologia» do espaço ultramarino português, reconhecendo «parecer-se em tudo com o Brasil» dos tempos coloniais.

No entanto, coube a Alberto Garcia extrair todas as consequências das achegas expendidas por Freyre. Recorrendo a argumentos mais históricos do que sociológicos, o autor defendia que toda a acção peculiar da colonização portuguesa (Luso-tropicalismo) se iniciara, afinal, em S. Tomé. Nas suas palavras: «S. Tomé é também um verdadeiro centro experimental das reacções do Europeu aos climas quentes, de ar húmido e depauperante»[42], precursor da experiência brasileira:

> À Ilha de S. Tomé, ilha perdida na vastidão do Golfo da Guiné, pode aplicar-se, melhor que a qualquer outra parcela tropical, a correcta e esclarecedora definição que Gilberto Freyre deu para o seu Lusotropicalismo — 'Estudo dum encontro dramático da cultura portuguesa em espaços definidos como tropicais'[43].

---

[39] Cf. *idem, ibidem*, pp. 88-92.

[40] Carlos Alberto Garcia, «A ilha de S. Tomé como centro experimental do comportamento do Luso nos trópicos», in *Revista Studia*, Lisboa, Dezembro de 1966, n.º 19, pp. 209-221.

[41] Gilberto Freyre, *Aventura e Rotina*, pp. 319-324.

[42] Carlos Alberto Garcia, «A ilha de S. Tomé como centro experimental do comportamento do Luso nos trópicos», p. 213.

[43] *Idem, ibidem*, p. 216.

Além do mais, considerava a ilha pioneira da miscigenação, espécie de acto premeditado que facilitara o surgimento de uma população mestiça mais apta a suportar as inclemências do clima e a «abrandar e humanizar a já branda e humana vida portuguesa», logrando os mulatos daí resultantes, esbater as relações senhor/escravo e impedir os eventuais conflitos raciais. Parecendo esquecer Cabo Verde — este arquipélago nem por uma vez é referido ao longo do seu artigo —, Alberto Garcia, ao contrário da maior parte dos estudiosos portugueses, hasteava em S. Tomé a bandeira do primeiro «pré-Brasil».

Esquecimento deliberado? Na realidade, o próprio Freyre, ao mensurar as parcelas ultramarinas portuguesas pela bitola luso-tropical do seu país, pronunciara, a propósito de Cabo Verde, os juízos mais inesperados, não devendo causar estranheza que um dos seus seguidores afinasse pelo mesmo diapasão. Porque, em última análise, onde quer que tivessem começado a ser aplicados os métodos particulares da colonização portuguesa, somente o Brasil teria gerado uma completa simbiose.

4.2.2. Um destino luso-tropical para Angola?

Se, aos olhos da propaganda, Cabo Verde poderia encarnar um Brasil miniatural, Goa representar um padrão de «imorredoura glória»[44] quinhentista e Macau ser uma «janela» europeia aberta ao Extremo Oriente, Angola tinha, definitivamente, as honras de «jóia da coroa» do império colonial, sendo vista por Hugo Rocha, numa série de sonetos dedicados à descrição das parcelas ultramarinas, como:

> De todas a maior: catorze vezes
>
> a extensão da Metrópole distante.
>
> Terra fecunda, por si só, garante
>
> a vida de milhões de portugueses[45].

---

[44] A expressão pertence a Lourenço Cayolla, professor da Escola Colonial. «A obra da colonização portuguesa. Discurso proferido na sessão solene realizada, em 11 de Novembro de 1925 na Sociedade de Geografia de Lisboa, celebrando o seu cinquentenário», in *Boletim da Agência-Geral das Colónias*, 1926, n.º 7, p. 24.

[45] Hugo Rocha, «Poemas Exóticos», in *O Mundo Português*, 1940, vol. VII, p. 23.

Na antevisão que fez da Exposição Colonial do Porto de 1934, publicada na revista *Ultramar*, dizia este autor que, enquanto de Cabo Verde «hão-de chegar-nos as *mornas* lânguidas», já de Angola virá «tropa negra, missionários, um pequeno mundo com o seu *clima* próprio, com as suas *sanzalas* [...] os seus *batuques*»[46].

Na sua simplificação das realidades coloniais, a ideologia, desde os tempos da Primeira República, tendeu a destacar a extensão geográfica e os recursos naturais de Angola. Um curioso mapa, surgido na *Revista da Sociedade Luso-africana do Rio de Janeiro*, a fazer lembrar aquele outro, decerto mais conhecido, no qual a superfície das colónias portuguesas cobria boa parte da Europa[47], disso mesmo dava fé. Assim, ao mapa de Angola, eram sobrepostas as representações de diversos países europeus: Bélgica, Holanda, Áustria, Suiça, Dinamarca, Estónia, Lituânia, Grécia, Turquia (Istambul), Jugoslávia, a própria metrópole, Luxemburgo e São Marino. Se é certo que as nações escolhidas pautavam pela sua pequena dimensão, a verdade é que tal imagem transmitia uma ideia forte.

Mas, mais do que um monumento cartográfico do império português, Angola era um mosaico multiforme de etnias, povos e culturas, exemplo acabado das partilhas territoriais europeias em terras de África ao longo de quase um século de disputas, conquistas, acordos e tratados[48]. Com a presença portuguesa a marcar a sua história desde o século XV, o território angolano apenas foi definitivamente ocupado nos inícios do século XX, após uma série de «campanhas de pacificação» movidas aos «indígenas» mais renitentes em conformar-se ao completo domínio do colonizador.

Ponto de abastecimento de escravos com destino aos engenhos açucareiros do Brasil e, mais tarde, alfobre de serviçais, tendo como rumo as roças são-tomenses, Angola não conheceu processos de miscigenação comparáveis aos ocorridos nos arquipélagos atlânticos[49]. De qualquer modo, o

---

[46] *Idem*, «O exotismo na Exposição Colonial», in *Ultramar. Órgão oficial da Exposição Colonial*, Porto, Fevereiro de 1934, n.º 1, p. 1.

[47] Com o título de *Portugal não é um país pequeno*.

[48] Cf. René Pélissier, *História das Campanhas de Angola. Resistência e Revoltas (1845-1941)*. Lisboa: Editorial Estampa, 1997, 2 vols.

[49] Cf. Fernando Pimenta, *Brancos de Angola. Autonomismo e Nacionalismo (1900-1961)*, pp. 25-26.

integralista Hipólito Raposo, num texto já citado a propósito da mestiçagem, *Luanda Mulata*[50], após considerar a capital de Angola uma «terra sem beleza construtiva, mas simpática»[51], e os colonos «hospitaleiros», ajuizava acerca do «mulato». Achava-o «um ser imprevisto no plano do mundo» e na «alquimia da vida»[52], mas, em todo o caso, o único autêntico natural da cidade. É que, não obstante «a feição portuguesa em usos e hábitos das gentes», os «brancos são aqui exilados, hóspedes os negros»[53], que o mesmo é dizer que essa «alimária híbrida», desprezada a um tempo por portugueses e africanos, julgava sua a cidade, imprimindo-lhe um cunho próprio que muito teria de descaracterizado.

À distância de pouco mais de 40 anos, o livro quase homónimo, *Luanda 'ilha crioula*[54], de Mário António, trazia consigo uma visão diametralmente oposta do lugar da mestiçagem nessa cidade. Discípulo confesso de Gilberto Freyre, o autor, no que respeita à hibridez étnico-cultural, não só estabelecia paralelos entre Luanda e os arquipélagos de Cabo Verde e de S. Tomé e Príncipe, como chamava à colação o próprio Brasil. A seu ver, todos estes territórios não passavam de ilhas banhadas por oceanos culturais diversos. Luanda constituiria um outro exemplo simbiótico a levar em linha de conta. Aí teria existido, no século XVII, uma forma de crioulo, bem como a família mestiça fora predominante na sociedade local até bem tarde[55].

Outros elementos, como a culinária, os festejos populares e a literatura, eram, também, equacionados como dependentes de uma «matriz crioula», defendendo o autor que o caminho a ser trilhado pelos literatos angolanos teria que passar por uma reavaliação das diferentes culturas postas em jogo. Ademais, Luanda teria a desempenhar um papel ainda mais decisivo no mundo luso-tropical do que os arquipélagos atlânticos e o Brasil: enquan-

---

[50] Hipólito Raposo, «Luanda Mulata», in *Ana a Kalunga (Os filhos do mar)*, pp. 35-58. Ver, especialmente, pp. 50 e ss.

[51] *Idem, ibidem*, p. 37.

[52] *Idem, ibidem*, pp. 55-56.

[53] *Idem, ibidem*, p. 56.

[54] Mário António, *Luanda 'ilha crioula'*. Lisboa: Agência-Geral do Ultramar, 1967.

[55] Cf. *idem, ibidem*, p. 48.

to estes seriam prova viva de sociedades estabilizadas, Luanda, qual farol, deveria irradiar a sua luz crioula ao interior da província[56].

Não diferiu em muito a leitura de Gilberto Freyre. Cioso em fazer corresponder cada província ultramarina portuguesa a um diferente estádio da história colonial brasileira, Freyre tomou como critério a «população mestiça já considerável[57]» existente, escrevendo que a Guiné estava para o Brasil de Quinhentos como Angola para um «Brasil já amadurecido». E, aparte alguns remoques às condições de habitação impostas pela Companhia de Diamantes (DIAMANG) aos seus trabalhadores, bem como uma ou outra observação crítica acerca dos novos projectos arquitectónicos das cidades, que, na sua óptica, comprometiam a atmosfera luso-tropical, Freyre garantiu encontrar-se Angola perfeitamente integrada no sistema teórico por si desenvolvido. Era um novo Brasil que estava em marcha.

Similar previsão vaticinara essa notável peça de propaganda, editada em 1942, que era *O Império Colonial Português*[58]. Não assinada, esta obra situa-va-se, claramente, num tempo de charneira, pois, ao mesmo tempo que pregava os princípios ideológicos consagrados pela mística imperial, não se coibia de veicular alguns ensinamentos do catecismo freyriano. O que surpreende pela precocidade, tanto mais que o sociólogo brasileiro e o seu pensamento somente foram apadrinhados pelo Estado Novo nos inícios dos anos 50. Ou, talvez, seja a prova de que tal teoria, longe de revolucionária, se limitou a sistematizar o que sempre estivera latente.

O ensaio começava por insistir no imemorial poder de absorção da gente lusa. Primeiro, na metrópole, integrando tanto «massas importantes mouriscas e judaicas, como de colonos nórdicos»[59]. Depois, em terras de além-mar, criando o Brasil, «raça histórica feita de diversas etnias».

Este ensaio endereçava a Cabo Verde um rasgado elogio. Enquanto em Portugal e no Brasil se procedera à integração de populações «exógenas»

---

⁵⁶ Cf. *idem, ibidem*, p. 53.

⁵⁷ Gilberto Freyre, *Aventura e Rotina*, p. 328.

⁵⁸ *O Império Colonial Português*. Lisboa: Secretariado da Propaganda Nacional - Agência-Geral das Colónias, 1942, s. a.

⁵⁹ *Idem, ibidem*, p. 94.

minoritárias, já em Cabo Verde, o concurso do elemento metropolitano fora mínimo, facto que, ainda assim, originara um arquipélago de «ilhas crioulas» e não de «ilhas negras». Um pouco mais à frente, escrevia-se que «a sua população negra está nacionalizada», revelando-se os mestiços, do ponto de vista «moral» e «intelectual», «inteiramente dignos da melhor população branca»[60].

Nesta ordem de ideias, impunha-se nacionalizar Angola e Moçambique, rejeitando o texto, veladamente, a mestiçagem como solução: «mesmo não absorvidas pelo sangue, as populações o estão sendo e o serão completamente por uma assimilação crescente da nossa capacidade civilizadora»[61]. As duas maiores colónias africanas seriam nacionalizadas pelo espírito — leia-se o incremento do número de colonos —, abstendo-se o texto de nomear os cabo-verdianos como eventuais colaboradores ou sequer apontar o arquipélago como possível paradigma de povoamento mestiço.

Craveiro Lopes, que aportou a Cabo Verde em Junho de 1955, a pretexto de uma viagem na qualidade de Chefe de Estado, mantinha, no essencial, esta opinião, pois, ainda que evocasse a «cooperação» dos ilhéus na colonização das outras parcelas africanas, deixava passar em claro uma hipotética formação mestiça desses territórios:

> Cabo Verde é a primeira floração duma cultura que amorosamente transplantámos da Europa, já largamente afirmada pelo valor dos seus filhos que em grande número têm contribuído para o progresso da Nação, na administração pública, na carreira das armas, na magistratura, no professorado, na política, nas profissões liberais. Daqui partiram por sua vez os agentes da civilização que para o continente africano foram portadores de cultura recebida, sobretudo para a Guiné e Angola. A natural vocação deste povo marinheiro e a sua acentuada capacidade e ânsia de instrução, têm-lhe permitido o desempenho de tarefas destacadas, não só nos quadros do funcionalismo, como nas fainas marítimas[62].

---

[60] *Idem, ibidem*, p. 95.

[61] *Idem, ibidem*, p. 96.

[62] Craveiro Lopes, «Discurso de despedida», in *Boletim Geral do Ultramar*, Lisboa, 1955, n.º 360, p. 7.

Portanto, fixando-se na imagem recorrente de Cabo Verde «sentinela lusíada», ou melhor, «posto avançado» da metrópole, Craveiro Lopes ia ao encontro da ideologia adoptada após a visita de Freyre a Portugal: reter os princípios, mas não os fins do Luso-tropicalismo, ou, numa palavra, perfilhar a «boa colonização», esquecendo o lugar primordial da mestiçagem nesse processo.

4.2.3. *Do Atlântico médio às margens do Mandovi*

No roteiro do mundo luso-tropical, o Brasil e a Índia personificavam exemplos extremos, nos antípodas mesmo, das possíveis ocupações humanas levadas a cabo pelos portugueses. Tirando os casos macaense e timorense, acerca dos quais nunca foi formulado um estudo em profundidade, a confrontação do caso brasileiro com o indiano testava a teoria até aos seus limites últimos, passe a redundância.

Como conceber que culturas tão diferentes, antes da chegada dos portugueses, tivessem desembocado em aglomerados populacionais tão homogéneos como a propaganda sustentava? Particularizando: como admitir que a presença lusa lograsse actuar da mesma forma perante a milenar sociedade indiana das castas e a nascente sociedade brasileira dos colonos europeus, dos escravos africanos e dos autóctones ameríndios?

A resposta, longe de se circunscrever ao lugar-comum da «lei Albuquerque», que Gilberto Freyre tanto gostava de citar, teria de entroncar em factos bem mais substanciais. De qualquer maneira, o sociólogo brasileiro, que, em 1940, na obra *O Mundo que o Português criou*, encarava Portugal, Brasil, arquipélagos adjacentes e colónias como «uma unidade de sentimentos e de cultura»[63], somente em 1951, quando da sua famosa viagem, se inteirou *in loco* da realidade indiana. Sabe-se hoje que, mais do que em qualquer outro território por si visitado, as autoridades locais procuraram limitar o alcance da propaganda anticolonialista[64]. Este facto reveste-se do maior

---

[63] Gilberto Freyre, *O Mundo que o Português criou*, p. 40.

[64] Cf. Cláudia Castelo, *«O modo português de estar no mundo»*, p. 89.

interesse, uma vez que Freyre, em dado momento da sua «aventura», resolveu debater a questão do futuro de Goa, Damão e Diu. Sem ser salomónico, remetia a decisão para os luso-indianos, embora acrescentasse:

> Do ponto de vista da cultura, no seu largo sentido sociológico, não me parece haver dúvida quanto ao facto de que, nos seus estilos dominantes de convivência, a Índia Portuguesa, sem deixar de ser Índia, é caracteristicamente portuguesa. Profundamente portuguesa[65].

Discorrendo acerca da «inépcia» britânica em se acomodar à paisagem e vida tropicais, Freyre salientava o facto de Portugal «ser hoje na Ásia uma zona de confraternização da cultura europeia com as do Oriente»[66], frase que, transposta para linguagem ideológica, poderia ser interpretada como Goa bastião ocidental anticomunista.

Leitura forçada? Talvez. No entanto, houve quem a fizesse, e daí que a queda de Goa fosse sentida como prelúdio do fim do império português[67]. Aliás, que representava a viagem de Freyre, senão uma tentativa para estancar a vaga anticolonialista surgida nos finais dos anos 40?

Como quer que seja, o sociólogo, de acordo com a sua visão do mundo, buscou pontos de contacto entre Goa e o Brasil, considerando o seu território natal fruto de uma prévia aculturação portuguesa em terras indianas (e africanas). Uma vez mais, baseado em observações pontuais — paisagem, arquitectura, «simplificação» da língua do colonizador —, Freyre firmava analogias entre as cidades brasileiras e aquelas que ia encontrando ao longo da viagem. A Índia não constituiu excepção, e aí teceu as mais elogiosas referências com respeito ao ultramar, declarando tratar-se de uma «quase--nação», de «quase um Canadá com relação à Grã-Bretanha», essa «Província portuguesa de grande número de pessoas cultas e inteligentes»[68].

---

[65] Gilberto Freyre, *Aventura e Rotina*, pp. 276-277.

[66] *Idem, ibidem*, p. 277.

[67] Cf. Maria Manuela Stocker, *Xeque-mate a Goa*. Lisboa: Temas e Debates, 2005, pp. 248 e ss.

[68] Gilberto Freyre, *Aventura e Rotina*, p. 289.

Este derradeiro aspecto assume capital relevância, visto que, mais do que com o Brasil, a Índia foi objecto de comparação com Cabo Verde. Por exemplo, Tomás Ribas, professor no Teatro de S. Carlos, afiançava que, no ultramar, «Cabo Verde só poderá ter semelhança com o que passa na Índia Portuguesa»[69], pois, em ambos se haviam fundido «padrões de cultura lusitana» com as práticas locais. Dentre as características postas lado a lado, a questão das elites letradas e do ensino revelou-se essencial. Os dois territórios, que nunca haviam conhecido o regime do indigenato e se contavam entre os mais «assimilados», possuíam as maiores taxas de alfabetização do mundo português.

Em 1934, uma curta notícia publicada na revista oficial da Exposição Colonial do Porto garantia que, apesar de a Índia «ter uma dotação de estabelecimentos de ensino mais importante» do que o arquipélago atlântico, não conseguira «difundir entre os seus naturais a média cultura que Cabo Verde apresenta»[70]. Em sentido oposto, Gilberto Freyre, na famosa entrevista à revista *Império* de Lourenço Marques, ao mostrar-se «de certo modo decepcionado» com os letrados cabo-verdianos, assegurava habitarem a Índia «núcleos mais homogéneos, possuidores de sólida cultura»[71].

Porém, mais do que qualquer outro estudioso, coube ao geógrafo Orlando Ribeiro, um seguidor da teoria luso-tropical, debruçar-se sobre o problema goês, tendo-se aí deslocado em 1955/56. O facto de, alguns anos antes, quando das erupções do vulcão do Fogo, Orlando Ribeiro ter tomado o caminho de Cabo Verde, a fim de observar o fenómeno, permitiu-lhe tomar consciência das especificadas humanas locais, propiciando um exercício comparativo entre os dois territórios.

---

[69] Tomás Ribas, «Introdução ao estudo das danças de Cabo Verde. Tentativa de compreensão de um fenómeno de cultura luso-tropical», in *Garcia de Orta*, 1961, vol. 9, n.º 1, p. 115.

[70] «A Instrução na Colónia de Cabo Verde», in *Ultramar. Órgão oficial da Exposição Colonial*, Porto, Agosto de 1934, n.º 14, p. 3, s. a.

[71] Vergílio de Lemos, «Entrevista», in *Império. Revista Mensal Ilustrada*, Lourenço Marques, Junho/Julho de 1952, n.ºs 14-15, p. 15.

Se a ida ao arquipélago surgiu de um desafio por si lançado ao Ministro do Ultramar, Sarmento Rodrigues, a jornada indiana teve também na origem um repto, desta feita, endereçado ao Ministério dos Negócios Estrangeiros, o qual prontamente anuiu. Era desejo do governo poder brandir, contra a União Indiana e a comunidade internacional, um relatório solidamente fundado numa óptica luso-tropicalista[72]. A feitura desse relatório por um geógrafo de nomeada adicionaria a credibilidade requerida a uma argumentação colonialista cada vez mais desacreditada.

A realidade indiana veio surpreender tanto o geógrafo quanto as instâncias oficiais, nunca chegando o mencionado relatório a conhecer publicação. Acompanhado por Raquel Soeiro de Brito e Mariano Feio, seus congéneres no ofício, Orlando Ribeiro permaneceu aí alguns meses, estudando temáticas atinentes à geografia e à história, à cultura e à língua, ao contencioso luso-indiano e respectivas posições subscritas pelos dois países, e aos «sentimentos dos goeses em relação a Portugal»[73].

Iniciando o relato com uma descrição física do território que se constituíra em redor da velha cidade tomada por Afonso de Albuquerque, o geógrafo distinguia duas zonas: a das *Velhas Conquistas*, núcleo inicial da ocupação lusitana; e a das *Novas Conquistas*, resultado do expansionismo dos séculos XVII e XVIII, interessado em criar uma cintura defensiva ante o crescente poder do império marata. Coexistiam, assim, «dois mundos físicos e humanos, justapostos mas interpenetrados»: o primeiro mais marcado pela influência portuguesa, com uma assinalável percentagem de cristãos; e o segundo, de origem mais recente, menos permeável à cultura ocidental[74].

---

[72] Cf. Suzanne Daveau, «A 'Missão de Geografia da Índia' na obra científica de Orlando Ribeiro», in Orlando Ribeiro, *Goa em 1956. Relatório ao Governo*. Lisboa: Comissão Nacional para as Comemorações dos Descobrimentos Portugueses, 1999, p. 28.

[73] Relembre-se, a propósito, que o próprio Salazar, num discurso proferido alguns anos mais tarde, atestava que o «goês não pode ser confundido com o indiano», pois superara a «divisão e irredutibilidade das castas», havendo recebido «do Ocidente uma luz nova». António Oliveira Salazar, *O Ultramar Português e a ONU*. Discurso pronunciado na Sessão Extraordinária da Assembleia Nacional, em 30 de Junho de 1961. Lisboa: Secretariado Nacional de Informação, 1961, p. 11.

[74] Cf. Orlando Ribeiro, *Goa em 1956. Relatório ao Governo*, pp. 39-47.

Procurando desembaraçar-se dos bordões propagandísticos dos «mistérios e a sedução da Índia»[75] e da imagem forte do Primeiro Império Português[76], Orlando Ribeiro apresentava Goa como um caso ímpar, um caso de mestiçagem de «ordem espiritual», acusando a rígida sociedade de castas pela sua não concretização ao nível étnico. Por outro lado, admirava-se da «pouca difusão» da língua portuguesa entre os naturais, mas contrapunha o entendimento e a tolerância entre cristãos, hindus e muçulmanos. Este facto, à luz do Luso-tropicalismo, e tanto mais se tivermos em linha de conta as desinteligências havidas no seio do Congresso Nacional Indiano quanto ao nascimento de um país capaz de englobar as diversas sensibilidades religiosas[77], recobria a nossa colonização com aquela aura fraternalmente benigna tão cara aos ideólogos.

Mas, para todos os efeitos, envoltas numa inegável desilusão, as palavras de Orlando Ribeiro reconstruíam um espaço que, a todos os títulos, lhe pareceu diferir de Cabo Verde, o paradigma por excelência das províncias ultramarinas. Diferenças, pois, entre uma «população crioula [...] sentimentalmente tão próxima de nós» e os goeses, que «conservaram a pureza da sua casta»; ou entre «um patriotismo português, tão vivo» e as reservas que pairavam na comunidade goesa acerca da administração do território. Estas dúvidas, pacientemente apontadas pelo geógrafo, incluíam abusos de poder, alguma indiferença e até animosidade, discriminação racial, um clima de suspeição e, nas entrelinhas, o peso repressivo do Estado Novo, cada vez mais atento a movimentações nacionalistas de concerto com a União Indiana[78].

---

[75] «Exposição de Fausto Sampaio», in *O Mundo Português*, 1945, vol XII, p. 584, s. a.

[76] Gervase Clarence-Smith, *O Terceiro Império Português (1825-1975)*. Lisboa: Teorema, 1990, p. 9.

[77] E que, em última análise, resultariam no nascimento de dois Estados: a Índia de maioria hindu e o Paquistão de maioria muçulmana. Recorde-se que o próprio Gandhi foi vítima mortal desses desentendimentos, tendo sido assassinado por um extremista hindu quando procurava reunir as duas comunidades num único país.

[78] Cf. Orlando Ribeiro, *Goa em 1956. Relatório ao Governo*, pp. 119-125.

A terminar, Orlando Ribeiro lamentava o «passado de abandono e um futuro de incertezas», como que abrindo as portas ao desenlace do contencioso, que teria lugar, em 1961, com a queda do Estado Português da Índia. Maculando o carácter luso-tropical que alguns, a um primeiro olhar, haviam descortinado em Goa, o eminente geógrafo parecia dar razão, pelo contrário, àqueles que, prisioneiros do passado, continuavam a exaltar, acima de tudo, a «Goa Dourada» do século XVI, a deslumbrante «Roma do Oriente», o baluarte do «terrível» Afonso de Albuquerque. Conquistada pelas armas, Goa cairia pelas armas.

Recentemente, o jornalista português Francisco Fontes organizou uma antologia de contos inéditos, oriundos de Cabo Verde. Intitulada *Tchuba na Desert*[1], a colectânea é a primeira no género a ser empreendida desde a pioneira *Antologia da ficção cabo-verdiana contemporânea* de 1960. Embora o fio condutor seja «o momento actual da narrativa de ficção caboverdiana»[2], não restam dúvidas que, na maior parte dos casos e de uma maneira ou de outra, o conjunto de contos se encontra em estreito diálogo com o passado literário do arquipélago, em especial, com aquelas questões que mais inquietaram *Claridade*.

Aparte o carácter original de alguns deles — sobretudo a crítica desmitificadora da figura de Jorge Barbosa e uma incursão na literatura oriental dos poemas *haikai* —, predominam as temáticas da emigração, do quotidiano das ilhas e da cultura popular, continuando estas a revelarem-se capazes de inspirar uma nova plêiade de autores. O próprio título da colectânea, que não deixa de lembrar Manuel Lopes, parece remeter para a necessidade de culturalmente fertilizar um território economicamente pobre. Uma vez mais, a literatura dá mostras de se encontrar ao serviço da comunidade, chamando agora a atenção, num contexto pós-colonial, da nem sempre fácil vivência nas ilhas.

Perante isto, resulta pertinente perguntar: até que ponto *Claridade* não terá desempenhado, numa outra lógica, é certo, o mesmo papel? Ou como

---

[1] Francisco Fontes (org.), *Tchuba na Desert. Antologia do conto inédito caboverdiano*. Coimbra: Saúde em Português, 2006.

[2] *Idem, ibidem*, p. 11.

não inserir essa revista num processo de continuidade que veio a desembocar no nacionalismo e na conquista da independência?

É forçoso reconhecer que o seu ideal regionalista — esgotado já nos anos 50 e daí a crítica da qual foi alvo — teve, ao longo das duas décadas anteriores, o condão de personificar uma alternativa possível no quadro do império colonial português. Assim, *Claridade* não terá andado longe de outros movimentos ditos «protonacionalistas», apesar de, normalmente, não ser enquadrada neste lote. E esse não enquadramento, na medida em que a geração anterior à revista do Mindelo tem sido cunhada com o epíteto de protonacionalista, permite, uma vez mais, questionar o conceito de «protonacionalismo». É que, nesta ordem de ideias, a produção de Baltasar Lopes e dos seus colaboradores teria sido um passo atrás na construção da nacionalidade cabo-verdiana, passo esse apenas acertado ao tempo de Cabral e na forma de um projecto bi-nacional que não vingou. Mais ainda: constituindo *Claridade* um parêntesis entre «protonacionalismo» e nacionalismo propriamente dito, como entender a importância do seu legado na actual cultura cabo-verdiana?

Decerto que questões ideológicas de aproximação à Europa não explicam por si só a presença dos «claridosos» no «panteão» da memória cívica nacional. Por outro lado, terão ido os ditos «protonacionalistas» mais longe do que os «claridosos» na reivindicação dos direitos devidos? Apesar de tudo, a contestação panfletária e jornalística dos primeiros inseria-se no espírito da época (finais da Monarquia Constitucional e Primeira República), para além de que o seu trajecto profissional ligado ao jornalismo a isso convidava. Mas, em última análise, tal como os seus sucessores geracionais, também eles não abandonaram o campo das ideias a fim de abraçar a acção directa.

Paradoxalmente, o grande equívoco construído em torno de *Claridade* proveio da sua longevidade. Não atender a este factor, num território no qual as publicações, em muitos casos, pautaram pela irregularidade, seria relegar um dado significativo para o esquecimento. De facto, entre o primeiro e o último ano de publicação decorreram cerca de 24 anos. Entretanto, *Claridade* trilhara um longo caminho. A obscura «revista de arte e letras» dos meados dos anos 30 acabara, inadvertidamente, por se converter num autêntico «cartão-de-visita» do arquipélago «Crioulo».

Aqui surge o paradoxo, ou melhor, o desfasamento temporal, que atingiu, outrossim, um dos inspiradores do movimento: Gilberto Freyre. Enquanto nos anos 30, tanto *Claridade* quanto o sociólogo brasileiro podiam ser olhados com desconfiança pelos círculos coloniais de Lisboa, visto que a sua apologia da mestiçagem colidia com os ensinamentos do Darwinismo Social, já nos finais dos anos 40, o Estado Novo reconhecia a necessidade de os perfilhar, procurando passar aos anticolonialistas uma imagem de tolerância rácica ligada ao passado expansionista do país. Por outro lado, durante esse lapso de tempo, desenrolara-se a Segunda Guerra Mundial, cujo termo havia fortalecido os movimentos anticolonialistas, os quais se tornaram a referência da mais recente geração de intelectuais cabo-verdianos.

Apegados ao projecto de adjacência e/ou de autonomia alargada, fiéis a uma demanda identitária quase somente apoiada na realização literária e pouco dispostos a prescindir do seu lugar no seio da sociedade cabo-verdiana, os «claridosos» não quiseram (ou não puderam) enveredar pela via tendencialmente independentista. Talvez não acreditassem na sobrevivência do arquipélago pelos seus próprios meios, o que deve ser confrontado com a inépcia das autoridades coloniais em fazer face às crises alimentares.

Determinado a apresentar, *urbi et orbi*, um rosto tolerante, o regime de Salazar viu-se obrigado a fazer escolhas, prescindindo, como era de seu timbre, do que não fosse essencial. Mantendo a costumada política discriminatória, encetou a construção de um discurso baseado na teoria de Gilberto Freyre, ao mesmo tempo que apadrinhava Cabo Verde, a seu ver, a «melhor» concretização dos vaticínios luso-tropicais. O processo, uma osmose, vinha-se desenrolando lentamente, com alguns vultos literários portugueses, brasileiros e cabo-verdianos a trocarem entre si, durante os anos 30 e 40, percepções do arquipélago.

Também por isso, Cabo Verde foi aproximado daqueles países, sendo, doravante, erigido numa espécie de elo perdido da colonização atlântica ou vértice de um triângulo oceânico tricontinental. Daí que a sua cultura tivesse sido mais mensurada pela simbiose desta e daquela influência e não tanto pelo que, potencialmente, continha de próprio, isto é, de cabo-verdiano. E, mesmo quando se fazia a defesa da «originalidade», era sempre a marca do colonizador que, ao fim e ao cabo, se pretendia sublinhar.

Interagindo com a literatura de Osório de Oliveira, Augusto Casimiro e outros, a ideologia ultramarina filtrou e recriou uma imagem do arquipélago não distante da «claridosa» — o Cabo Verde de Barlavento e, sobretudo, a peculiar ambiência de S. Vicente. Ainda que, abstraindo-se por momentos da decadência do Porto Grande e das graves carências das ilhas, a ideologia não deixasse de chamar a atenção para o «outro Cabo Verde», o «ridente e florido».

Uma nota fatalista era, então, introduzida, acentuando-se os paralelos entre a morna e o fado, formas musicais carregadas de dolência, nostalgia e fatalismo, tal como seriam os povos que as cantavam. A perturbante omnipresença do mar e o espectro da emigração — ver igualmente diáspora — ajudariam a completar o retrato das inquietações do cabo-verdiano, retrato esse que não andou longe daquele que muitos intérpretes da «alma» lusa julgaram vislumbrar no português.

Compreendia-se tal correspondência. Esquecendo as eventuais semelhanças, que sem dúvida existem, dir-se-ia que, por força da mestiçagem, o ilhéu lograra adquirir muitos traços de carácter portugueses, responsáveis pela assimilação à civilização europeia. Eis, em suma, o dilema da propaganda ao pensar o cabo-verdiano: europeu em África? Africano europeizado? Ou nem europeu, nem africano?

Acresce o facto de que todo este interesse, para lá da curiosidade científica e até do sincero apreço, albergava, ainda, um inegável sentimento de alteridade. A persistência de uma imagética fundamentada nos lugares-comuns ligados à mestiçagem, nomeadamente, a crença na incaracterização, é disso cabal exemplo.

Curiosamente, também Gilberto Freyre não se conseguiu libertar dos seculares estereótipos acerca da miscigenação, daí advindo muitos dos equívocos quando da sua passagem pelo arquipélago. Ao guindar o Brasil a paradigma de povoamento humano ideal, o sociólogo parecia mesmo dar livre continuidade à interpretação histórica hegeliana da qual atrás se falou. Ou seja, após ter percorrido a Ásia e a Europa, o facho civilizacional — sob a forma da ideia de Liberdade — teria atravessado o Atlântico, repousando agora no Brasil (e não nos Estados Unidos), onde a democracia racial (ou Luso-tropicalismo) representaria um novo passo na afirmação plena dessa mesma Liberdade. Pensar que o facho se tivesse transviado num certo arquipélago a meio do Atlântico foi hipótese que Freyre não contemplou. Tal conclusão extraíram-na antes os seus seguidores e até críticos, quando quiseram ver em Cabo Verde uma nova Utopia ou as Ilhas Afortunadas da tolerância rácica, num derradeiro render da guarda da ideologia colonial portuguesa.

Fontes e Bibliografia

Periódicos

Acção Colonial (1930-1934).

Actualidade Colonial (1935).

África (1932-1934).

África Ilustrada (1945-1946).

África Magazine (1932).

Águia (A) (1910-1932).

Álbum das Colónias Portuguesas (1933).

Anais da Junta de Investigações das Colónias/Ultramar (1946-1960).

Atlântico. Revista Luso-Brasileira (1942-1950).

Boletim da (Agência) Geral das Colónias/Ultramar (1925-1965).

Boletim do Centro Colonial de Lisboa (1909-1919).

Boletim Cultural da Guiné (1946-1973).

Boletim da Sociedade de Geografia de Lisboa (1881-1965).

Boletim da Sociedade Luso-Africana do Rio de Janeiro (1932-1938).

Cabo Verde – Boletim de Propaganda e Informação (1949-1964).

Caboverdeano (O) (1918-1919).

Certeza (1944).

Claridade (1936-1960).

Colonial (O) (1927).

Correio d'África (1921-1924).

Diário de Cabo Verde (1956).

Diário de Notícias (diversos números).

Eco (O) de Cabo Verde (1933-1935).

Estudos Coloniais/Ultramarinos (1948-1962).

Expansão Nacional (1928).

Futuro (O) de Cabo Verde (1913-1916).

Garcia d'Orta (1961).

Humanidade (1935-1939).

Império. Revista Mensal Ilustrada (1951-1952).

Império Português (1929-1940).

Informação Colonial (1929-1931).

Integralismo Lusitano (1932-1934).

Jornal das Colónias (1927-1931).

Jornal da Europa (1927-1931).

Lusocolonial (1927-1929).

Manduco (O) (1923-1924).

Mocidade Africana (1930-1932).

Mundo (O) Português (1934-1947).

Nação Portuguesa (1924-1937).

Notícias de Cabo Verde (1931-1962).

Ocidente (1939-1944).

Panorama (1941-1973).

Popular (O) (1912).

Portucale (1928-1935).

Portugal d'Aquém e d'Além Mar (1937-1953).

Portugal Colonial (1931-1937).

Portugália (1925-1926).

Presença Crioula/Cabo-verdiana (1973-1975).

Presença. Folha de Arte e Crítica (1927-1940).

Progresso (O) (1912-1913).

Ressurgimento (1933-1935).

Revista d'Aquém e d'Além Mar (1950-1964).

Revista dos Centenários (1939-1940).

Revista Colonial (1912).

Revista Colonial (1913-1923).

Revista do Gabinete de Estudos Ultramarinos/Ultramar (1951-1973).

Revista de Portugal (1937-1940).

Revista Portugueza Colonial e Marítima (1897-1910).

Revista Turismo (1939-1969).

Revista do Ultramar (1948-1953).

S. Tomé e Príncipe. Boletim de Informação, Propaganda e Estatística (1951-1952).

Seara Nova (1927-1968).

Século (O) (diversos números).

Ultramar. Órgão oficial da Exposição Colonial do Porto (1934).

Ultramar (1960-1973).

Vértice (1942-1964).

Vida Colonial (1935-1936).

Voz de Cabo Verde (1911-1919).

Voz das Colónias (1933).

Artigos e Livros

AA. VV., *Portugal. Breviário da Pátria para os portugueses ausentes.* Lisboa: Edições do Secretariado Nacional de Informação, 1946.

AA.VV., «Cabo Verde visto por cabo-verdianos», in *Cabo Verde – Boletim de Propaganda e Informação*, Praia, Agosto de 1957, n.º 95, pp. 5-13.

AA.VV., «Cabo Verde visto por cabo-verdianos», in *Cabo Verde – Boletim de Propaganda e Informação*, Praia, Setembro de 1957, n.º 96, pp. 3-11.

ÁFRICA, João de, «O Boletim do Centro Colonial», in *Boletim do Centro Colonial de Lisboa*, Lisboa, 15 de Abril de 1909, n.º 1, pp. 3-5.

ALMEIDA, António de «Sobre a terminologia anatómica dos crioulos de Cabo Verde», in *Anais da Junta de Investigações das Colónias.* Lisboa: JIC, 1949, Tomo V – «Estudos de Antropologia e Etnologia», pp. 5-17.

ALMEIDA, João de, «O Porto Grande de S. Vicente de Cabo Verde. Plano de melhoramento para valorizar este porto e atrair a Cabo Verde a navegação de longo curso», in *Boletim da Agência-Geral das Colónias*, Setembro de 1925, n.º 3 pp. 78-115.

ALMEIDA, João de, «O Porto Grande de S. Vicente de Cabo Verde. Plano de melhoramento para valorizar este porto e atrair a Cabo Verde a navegação de longo curso», in *Boletim da Agência-Geral das Colónias*, Outubro de 1925, n.º 4 pp. 74-180.

ANDRADE, Alfredo da Costa e, «Cabo Verde», in *Boletim da Sociedade de Geografia de Lisboa*, n.ºˢ 2-3, Março de 1931, 31.ª Série, pp. 49-89.

ANDRADE, António Alberto de, «O tradicional anti-racismo da acção civilizadora portuguesa», in *Boletim Geral do Ultramar*, 1953, n.º 339, pp. 33-68.

ANDRADE, Mário de, «A superstição da cor preta», in *Boletim da Sociedade Luso-africana do Rio de Janeiro*, Dezembro de 1938, Série 52.ª, n.ºˢ 5 e 6, pp. 49-50.

ANSELMO, Manuel, «Ideia Portuguesa de Império», in *O Mundo Português*, 1935, vol. II, pp. 57-59.

«Apelo aos caboverdianos», in *Correio de África. Quinzenário defensor dos interesses de África*, Lisboa, 15 de Dezembro de 1921, n.º 20, p. 1.

ARCHER, Maria, «Aspectos da 'paisagem social' na África portuguesa e no Brasil do passado sugeridos pelos livros de Gilberto Freyre», in «A questão colonial», in *Seara Nova*, 27 de Novembro de 1937, n.º 537, pp. 197-200.

AZEVEDO, Fernando, Alves de *Mística Imperial.* Lisboa: Editorial Cosmos, s. d.

BARBOSA, Jorge, «Crónicas de S. Vicente - 'Nós e Gilberto Freyre'», in *Cabo Verde – Boletim de Propaganda e Informação*, Praia, Março de 1952, n.º 30, pp. 23-24.

BARBOSA, Jorge, «Crónicas de S. Vicente», in *Cabo Verde – Boletim de Propaganda e Informação*, Praia, Novembro de 1952, n.º 38, pp. 21-22.

BARROS, A. F., «A proposito das crises de fome em Cabo Verde», in *Revista Portugueza Colonial e Marítima*, Lisboa, Setembro de 1903, n.º 72, pp. 241-255.

BARROS, A. F., «A proposito das crises de fome em Cabo Verde», in *Revista Portugueza Colonial e Marítima*, Lisboa, Outubro de 1903, n.º 73, pp. 1-5.

BELCHIOR, Manuel Dias, *Fundamentos para uma política multicultural em África*, Lisboa, 1966.

BERGSTRÄUS, T. S., «Crises alimentícias de Cabo Verde», in *Boletim da Sociedade de Geographia de Lisboa*, 1889, 9.ª série, n.º 12, pp. 37-44.

BORGES, José dos Reis, «A instrução pública em Cabo Verde», in *Jornal da Europa*, 22 de Abril de 1928, 3.º Número especial, 2.ª Série, p. 10.

BONUCCI, Gaetano, «À volta de Cabo-Verde. O arquipélago dos contrastes», in *O Mundo Português*, 1943, vol. X, pp. 873-877.

BORGES, Vasco, «Impressões da segunda visita presidencial ao Império», in *O Mundo Português*, 1939, vol. VI, pp. 497-501.

BOTELHO, Abel *Amor Crioulo (vida argentina)*. Porto: Livraria Chardron, 1921.

BOTZARIS, Alejandro, *África e o Comunismo*. Lisboa: Junta de Investigações do Ultramar, 1959, vol. 1.

BRAGA, Teófilo *Epopêas da Raça Mosárabe*. Porto: Imprensa Portuguesa - Editora, 1871.

BRANCO, Emílio Castelo, «O Batuque», in *O Mundo Português*, 1938, vol. V, pp. 461-463.

BRÁSIO, António, «Descobrimento, Povoamento, Evangelização do Arquipélago de Cabo Verde», in *Studia*, Lisboa, Julho de 1962, n.º 10, pp. 49-97.

BRITO, António de Paula, «Dialectos crioulos-portuguezes. Apontamentos para a grammatica do crioulo que se falla na ilha de S. Thiago de Cabo Verde», in *Boletim da Sociedade de Geographia de Lisboa*, 1887, 7.ª série, n.º 10, pp. 613 e ss.

BRITO, António de Paula, «Subsidios para a corographia da ilha de S. Thiago de Cabo Verde», in *Boletim da Sociedade de Geographia de Lisboa*, 1889, 9.ª série, n.º 12, pp. 453-517.

Cabo Verde – Pequena Monografia. Lisboa: Agência-Geral do Ultramar, 1961.

CABRAL, Amílcar, «Regresso», in *Cabo Verde – Boletim de Propaganda e Informação*, Praia, Novembro de 1949, n.º 2, p. 11.

CABRAL, Amílcar, «Apontamentos sobre poesia caboverdiana», in *Cabo Verde – Boletim de Propaganda e Informação*, Praia, Janeiro de 1952, n.º 28, pp. 5-8.

CABRAL, Amílcar, *Guiné-Bissau, nação africana forjada na luta*. Lisboa: Publicações Nova Aurora, 1974.

CABRAL, Morais, «A vitória do nosso espírito colonizador», in *O Mundo Português*, 1939, vol. VI, pp. 215-217.

CADBURY, William, *Os Serviçais de S. Tomé*. Lisboa: Livraria Bertrand, 1910.

CAETANO, Marcelo, «Impressões de uma viagem», in *Boletim da Sociedade de Geografia de Lisboa*, Janeiro e Fevereiro de 1936, 54.ª série, n.ºs 1 e 1, pp. 34-44.

CAETANO, Marcelo, *Tradições, Princípios e Métodos da Colonização Portuguesa*. Lisboa: Agência-Geral do Ultramar, 1951.

CAJÃO, Luís, *Panorâmica de São Tomé e Príncipe*. Lisboa: Agência-Geral do Ultramar, 1965.

«Calvário (O) de Cabo Verde», in *África*, Lisboa, 6 de Outubro de 1932, n.º 21, p. 2.

CARDOSO, Jorge Brotas, «A Mocidade Académica e o 1.º Cruzeiro de Férias às Colónias», in *O Mundo Português*, 1935, vol. II, pp. 297-304.

CARDOSO, Pedro, (Afro), «À mocidade caboverdeana», in *Correio de África. Quinzenário defensor dos interesses de África*, Lisboa, 15 de Fevereiro de 1923, n.º 61, p. 2.

CARDOSO, Pedro Monteiro, *Folclore Caboverdiano*. Porto: Edições Maranus, 1933.

CARMONA, Óscar, «Discurso», in *Boletim da Agência-Geral das Colónias*, 1939, n.º 172 - Número especial dedicado à viagem de S. Ex.ª O Presidente da República a Cabo Verde, Moçambique e União Sul Africana, pp. 53-54.

«Carta do Padre António Vieira escripta de Cabo Verde ao padre confessor de sua alteza, indo arribado aquele Estado», in *Cabo Verde. Boletim de Propaganda e Informação*, Praia, Agosto de 1951, n.º 23, p. 11.

CARVALHO, Jerónimo Paiva de, *Trabalho indígena na Provincia de S. Thomé e Príncipe. Monografia de defesa contra as acusações feitas no estrangeiro*. Lisboa: Tip. do Comercio, 1907.

CASIMIRO, Augusto, «As Ilhas Encantadas – Visão de Cabo Verde», in *Suplemento Literário* do Diário de Lisboa, 16 de Agosto de 1935, pp. 1-4.

CASIMIRO, Augusto, *Ilhas Crioulas*. Lisboa: Editorial Cosmos, 1935.

CASIMIRO, Augusto, *Portugal Crioulo*. Lisboa: Editorial Cosmos, 1940.

CASTRO, Luís Filipe de Oliveira e, «Uma nação multi-racial em África», in *Ultramar*, Abril-Junho 1961, n.º 4, pp. 119-124.

CAYOLLA, Lourenço, «Deputados Coloniaes», in *Revista Colonial*, Lisboa, Agosto de 1921, II série, n.º 2, pp. 55-56.

CAYOLLA, Lourenço, «A obra da colonização portuguesa». Discurso proferido na sessão solene realizada, em 11 de Novembro de 1925 na Sociedade de Geografia de Lisboa, celebrando o seu cinquentenário, in *Boletim da Agência-Geral das Colónias*, 1926, n.º 7, pp. 6-29.

CÉSAR, Amândio, «Algumas vozes poéticas de África», in *Ultramar*, Abril-Junho 1962, Ano XI, vol. X, n.º 9, pp. 83-115.

CÉSAR, Amândio, *Presença de S. Tomé e Príncipe na Moderna Cultura Portuguesa*. São Tomé: Câmara Municipal de S. Tomé, 1968.

CHAVES, Luís, «Folclore Português em Terras de Além-Mar – uma quadra portuguesa em Malaca», in *O Mundo Português*, 1937, vol. IV, pp. 31-32.

«Chegada (A) do novo governador de Cabo Verde», in *Cabo Verde – Boletim de Propaganda e Informação*, Praia, Janeiro de 1954, n.º 52, pp. 2-7.

COELHO, Adolfo, «Os dialectos românicos ou neo-latinos na Africa, Asia e America», in *Boletim da Sociedade de Geographia de Lisboa*, 1880, 2.ª série, n.º 3, pp. 129-196.

CORREIA, Afonso, «As 'Mornas' de Cabo Verde e os seus poetas», in *O Mundo Português*, 1938, vol. V, pp. 79-81.

CORREIA, Afonso, «A música africana - como a vê a sensibilidade dum europeu», in *O Mundo Português*, 1938, vol. VI, pp. 301-304.

CORREIA, António Mendes, *Os mestiços nas colónias Portuguesas*. Comunicação ao I Congresso Nacional de Antropologia Colonial. Porto: Edição da 1.ª Exposição Colonial Portuguesa, 1934.

CORREIA, António Mendes, *O mestiçamento nas colónias portuguesas*. Comunicação apresentada ao Congresso Colonial. Lisboa, 1940.

CORREIA, António Mendes, *Raças do Império*. Porto: Portucalense Editora, 1943.

CORREIA, António Mendes, *Ultramar Português*. Lisboa: Agência-Geral do Ultramar, 1954, vol. II – Ilhas de Cabo Verde.

CORTESÃO, Armando Zuzarte, «O Boletim da Agência-Geral das Colónias», in *Boletim da Agência-Geral das Colónias*, 1925, n.º 1, p. 5.

COSTA, F., «Figuras. Freire de Andrade. Colonialista», in *Mocidade Africana*, Lisboa, Setembro de 1931, n.º 21, p. 2.

COSTA, Gomes da, «Pelas nossas Possessões. Canárias e cabo Verde», in *Revista Colonial*, Lisboa, Maio de 1913, n.º 8, pp. 18-19.

COSTA, Gomes da, «Colonização», in *Revista Colonial*, Lisboa, Agosto de 1913, n.º 8, pp. 5-6.

COSTA, Jorge Felner da, «Quem parte leva saudades. Quem fica saudades tem», in *Panorama. Revista Portuguesa de Arte e Turismo*. Lisboa: SNI, 1954, II série, n.º 10-11.

COSTA, José Maria, «Devemos evitar o criolo, o criolo é uma inferioridade», in *Cabo Verde – Boletim de Propaganda e Informação*, Praia, Abril de 1953, n.º 43, pp. 24-25.

CUNHA, Amadeu, «O Império Português», in *Portugal. Breviário da Pátria para os portugueses ausentes*. Lisboa: Edições do SNI, 1946, pp. 187-218.

CUNHA, Augusto «Uma patriótica iniciativa de *O Mundo Português* - Os Cruzeiros de Férias às Colónias», in *O Mundo Português*, 1939, vol. VII, pp. 305-309.

«Documentário. Gilberto Freyre visita Cabo Verde», in *Cabo Verde – Boletim de Propaganda e Informação*, Praia, Novembro de 1951, n.º 26, pp. 20-21.

DOMINGOS, Eduardo Pessoa, «Impressões de S. Vicente», in *Turismo*, Lisboa, Novembro/Dezembro de 1945, n.º 65.

DUARTE, Fausto, *Da Literatura Colonial e da 'Morna' de Cabo Verde*. Porto: Edições da 1.ª Exposição Colonial Portuguesa, 1934.

DUARTE, Manuel, «Caboverdianidade e Africanidade», in *Vértice*, Lisboa, Novembro de 1954, n.º 134, pp. 639-644.

DUARTE, Teófilo, «Discurso proferido na Praia», in «Capitão Teófilo Duarte - um grande amigo de Cabo Verde», in *Cabo Verde – Boletim de Propaganda e Informação*, Praia, Fevereiro de 1954, n.º 53, pp. 13-15.

«Exposição de Fausto Sampaio», in *O Mundo Português*, 1945, vol XII, pp. 583-585, s. a.

FARINHA, António Lourenço, «A mentalidade do preto I», in *Revista Colonial*, Lisboa, Fevereiro de 1917, n.º 50, pp. 27-28.

FARINHA, António Lourenço, «A mentalidade do preto V», in *Revista Colonial*, Lisboa, Junho de 1917, n.º 54, pp. 134-135.

FERREIRA, Manuel, «Colá San Jon», in *O Mundo Português*, 1934, vol. IV, pp. 33-35.

FERREIRA, Manuel, «Onde Gilberto Freyre fala de Cabo Verde», in *Cabo Verde – Boletim de Propaganda e Informação*, Praia, Setembro de 1952, n.º 36, pp. 16-19.

FERREIRA, Manuel, «Consciência Literária Cabo-Verdiana. Quatro gerações: Claridade – Certeza – Suplemento Literário – Boletim do Liceu Gil Eanes», in *Estudos Ultramarinos. Revista trimestral do Instituto Superior de Estudos Ultramarinos*, Lisboa, 1959, n.º 3, pp. 31-53.

FERREIRA, Manuel, «Do regionalismo cabo-verdiano», in *Ocidente*, Lisboa, 1962, vol. LXIII, pp. 163-183.

FERREIRA, Manuel, *A Aventura Crioula*. Lisboa: Ulisseia, 1967.

FERRO, António, *A Fé e o Império*. Lisboa: Edições Secretariado da Propaganda Nacional, 1935.

FIGUEIREDO, Amadeu Gomes de, «Discurso», in *Boletim Geral das Colónias*, 1939, n.º 172, pp. 139-141.

FONSECA, João Gomes da, «Breve notícia sobre o fomento de Cabo Verde», in *Boletim da Agência-Geral das Colónias*, Março de 1929, n.º 45, pp. 104-135.

FONSECA, Xavier da, «A emigração de Cabo Verde», in *Jornal das Colónias. Semanário independente, defensor da causa ultramarina*, Lisboa, 13 de Novembro de 1928, Ano II, n.º 97, p. 1.

FRANÇA, Arnaldo, *Notas sobre a poesia e ficção cabo-verdianas*. Praia: Centro de Informação e Turismo, 1962.

FREIRE, Maria da Graça, *Portugueses e Negritude*. Lisboa: Agência-Geral do Ultramar, 1971.

FREYRE, Gilberto, *O Mundo que o Português criou*. Lisboa: Livros do Brasil, 1940.

FREYRE, Gilberto, «Palavras de Gilberto Freyre», in *Cabo Verde – Boletim de Propaganda e Informação*, Praia, Novembro de 1951, n.º 26, p. 1.

FREYRE, Gilberto, «Um brasileiro em Cabo Verde», in *Notícias de Cabo Verde*, S. Vicente, Abril de 1953, n.º 277, p. 2.

FREYRE, Gilberto, *Aventura e Rotina*. Lisboa: Edições Livros do Brasil, 1954.

FREYRE, Gilberto, *Um Brasileiro em Terras Portuguesas*. Lisboa: Edições Livros do Brasil, 1954.

FREYRE, Gilberto, *Casa Grande e Senzala*. Lisboa: Edições Livros do Brasil, 1957.

FREYRE, Gilberto, *Arte, Ciência e Trópico*. Lisboa: Difel, 1980.

GALVÃO, Henrique, *O Império*. Lisboa: Edições Secretariado da Propaganda Nacional, s. d.

GALVÃO, Henrique, *Outras terras, outras gentes*. Porto: Empresa do Jornal de Notícias, 1944.

GALVÃO, Henrique, e SELVAGEM, Carlos, *Império Ultramarino Português. Monografia do Império*. Lisboa: Empresa Nacional de Publicidade, 1950-1953, 1 vol.

GARCIA, Carlos Alberto, «A ilha de S. Tomé como centro experimental do comportamento do Luso nos trópicos», in *Revista Studia*, Lisboa, Dezembro de 1966, n.º 19, pp. 209-221.

«Gilberto Freyre em Cabo Verde», in *Notícias de Cabo Verde*, S. Vicente, Dezembro de 1951, n.º 277, pp. 1- 2.

GOBINEAU, Arthur de, *Essai sur l'inégalité des races humaines*. Paris: Firmin-Didot et C.ª, 1940, 2 Tomes.

GONÇALVES, António Aurélio, «Dois astros: Januário Leite e Eugénio Tavares», in *Mocidade Africana*, 1 de Agosto de 1931, n.º 20.

GUIMARÃES, Costa, «Almas Gémeas», in *Notícias de Cabo Verde*, S. Vicente, Junho de 1938, n.º especial.

HENRIQUES, Victor, «Sotavento, ilhas crioulas - na ilha do Fogo; na ilha do Maio», in *Panorama. Revista Portuguesa de Arte e Turismo*. Lisboa: SNI, 1968, IV série, n.º 25, pp. 21-32.

HERDER, Johann Gottfried, *Ideas para una filosofia de la historia da humanidade*. Buenos Aires: Editorial Losada, 1959.

Império (O) Colonial Português, Lisboa, Secretariado da Propaganda Nacional - Agência Geral das Colónias, 1942, s. a.

«Impressões de Gilberto Freyre», in *Cabo Verde – Boletim de Propaganda e Informação*, Praia, Dezembro de 1951, n.º 27, pp. 31-32.

«Instrução (A) na Colónia de Cabo Verde», in *Ultramar. Órgão oficial da Exposição Colonial*, Porto, Agosto de 1934, n.º 14, p. 3, s. a.

JÚNIOR, Augusto José de Lima, «Discurso do Governador da Guiné», in *Boletim da Agência-Geral das Colónias*, 1937, n.º 143, pp. 131-134.

JÚNIOR, Joaquim Mota *O Feitiço do Império*. Lisboa: Agência-Geral das Colónias, 1940.

JÚNIOR, Júlio Monteiro, *Cabo Verde, ilhas adjacentes (apontamentos para a história de uma ideia)*. Praia: Minerva, 1942.

LAUCEREAU, F., «Cartas de longe», in *Revista Colonial*, Lisboa, Setembro de 1918, n.º 67, pp. 114-115.

LAVRADIO, Marquês do, «São Tomé», in *O Mundo Português*, 1936, Vol. III, pp. 245-247.

LEITE, Mário, «Apontamentos para a história das ilhas de Cabo Verde», in *Boletim da Sociedade de Geografia de Lisboa*, Maio e Junho de 1937, 55.ª Série, n.ºs 5 e 6, pp. 195-213.

LEMOS, Vergílio de, «Entrevista», in *Império. Revista Mensal Ilustrada*, Lourenço Marques, Junho/Julho de 1952, n.ºs 14-15, pp. 13 e 15.

LESSA, Almerindo, *Seroantropologia das Ilhas de Cabo Verde: mesa redonda sobre o Homem Cabo-verdiano*. Lisboa: Junta de Investigações do Ultramar, 1957.

LEVY, Bento, «Em marcha», in *Cabo Verde – Boletim de Propaganda e Informação*, Praia, Novembro de 1949, n.º 2, p. 2.

LOPES, Baltasar, «Regionalismo e Nativismo», in *Notícias de Cabo Verde*, S. Vicente, Março de 1931, n.º 1, p. 6.

LOPES, Baltasar, *Cabo Verde visto por Gilberto Freyre*. Praia: Imprensa Nacional, 1956.

LOPES, Baltasar, *O Dialecto Crioulo de Cabo Verde*. Lisboa: Imprensa Nacional, 1957.

LOPES, Baltasar, *Chiquinho*. Lisboa: Livros Horizonte, 1961.

LOPES, Higino Craveiro, «Discurso de despedida», in *Boletim Geral do Ultramar*, Lisboa, 1955, n.º 360, pp. 7-9.

LOPES, José, «Acção da imprensa caboverdeana», in *Jornal da Europa*, 22 de Abril de 1928, 3.º número especial, 2.ª série, p. 25.

LOPES, José, «Ecrã», in *Claridade*, S. Vicente, Março de 1936, n.º 1, p. 4.

LOPES, José, «Assuntos de linguagem», in *Cabo Verde – Boletim de Propaganda e Informação*, Praia, Abril de 1953, n.º 43, p. 23.

LOPES, Manuel, «Temas cabo-verdianos. Claridade», in *Estudos Ultramarinos. Revista trimestral do Instituto Superior de Estudos Ultramarinos*, Lisboa, 1959, pp. 81-88.

LOPES, Pedro Corsino, «Fomento de cabo Verde», in *Correio de África. Quinzenário defensor dos interesses de África*, Lisboa, 21 de Novembro de 1921, n.º 16, p. 1.

LOPES, Pedro Corsino, «Homenagem à Terra-martir», in *Correio de África. Quinzenário defensor dos interesses de África*, Lisboa, 4 de Maio de 1922, n.º 40, p. 1.

LYALL, Archibald, *Black and white make brown*, London, 1928.

MACEDO, José de, «A educação do negro», in *Revista Portugueza Colonial e Marítima*, Lisboa, 1901, pp. 287-297.

MANTERO, Francisco, «A mão d'obra em S. Tomé e *Príncipe*», in *Boletim do Centro Colonial de Lisboa*, Lisboa, Outubro de 1910, n.º 7, pp. 3-11.

MANTERO, Francisco, «A mão d'obra em S. Tomé e *Príncipe*», in *Boletim do Centro Colonial de Lisboa*, Lisboa, Setembro de 1910, n.º 6, pp. 3-13.

MANTERO, Francisco, *A mão d'obra em S. Tomé e Príncipe*. Lisboa: Edição do Autor, 1910.

MATZENETTER, Sepp, «Viagem de estudo às ilhas de Cabo Verde em 1958», in *Cabo Verde – Boletim de Propaganda e Informação*, Praia, Agosto de 1959, n.º 119, pp. 14-19.

MAGALHÃES, Coronel Leite de, «Recordando», in *O Mundo Português*, 1936, vol. III, pp. 239-244.

MARGARIDO, Alfredo, «Crónicas de Lisboa - Aristocracia e raça (comentários sugeridos por um artigo do Sr. Gilberto Freyre)», in *Cabo Verde – Boletim de Propaganda e Informação*, Praia, Dezembro de 1960, n.º 135, pp. 6-9.

MARGARIDO, Alfredo, *Estudos sobre Literaturas Africanas de Língua Portuguesa*. Lisboa: A Regra do Jogo, 1980.

MARIANO, Gabriel, «A morna expressão da alma de um povo», in *Cabo Verde – Boletim de Propaganda e Informação*, Praia, Março de 1952, n.º 30, pp. 18-20.

MARIANO, Gabriel, «A Mestiçagem: seu papel na formação da sociedade caboverdiana», in *Suplemento Literário* n.º 1 de *Cabo Verde – Boletim de Propaganda e Informação*, Praia, Outubro de 1958, n.º 109, pp. 11-24.

MARIANO, Gabriel, «Do funco ao sobrado ou o 'mundo' que o mulato criou», in *Colóquios Cabo-Verdianos*, Lisboa, Junta de Investigações do Ultramar - Centro de Estudos Políticos e Sociais, 1959, n.º 22, pp. 23-49.

MARIANO, Gabriel, «Inquietação e Serenidade. Aspectos da Insularidade na poesia de Cabo Verde», in *Estudos Ultramarinos. Revista trimestral do Instituto Superior de Estudos Ultramarinos*, Lisboa, 1959, pp. 59-79.

MARTINS, J. P. Oliveira, *O Brasil e as Colónias Portuguesas*. Lisboa: Guimarães e C.ª Editores, 1978.

MARTINS, J. P. Oliveira, *História da Civilização Ibérica*. Lisboa: Guimarães Editores, 1994.

MATOS, Alexandre, «Falando claro», in *Revista Colonial*, Lisboa, Maio de 1914, n.º 8, pp. 151-152.

MATOS, Luís, «O caboverdiano», in *Cabo Verde – Boletim de Propaganda e Informação*, Praia, Março de 1951, n.º 18, pp. 25-28.

MELO, José Brandão Pereira de, «Anotações Folclóricas da Ilha do Príncipe», in *O Mundo Português*, 1944, vol. XI, pp. 55-91.

MELO, Luís de, «Entrevista com o Professor Richard Pattee», in *Cabo Verde – Boletim de Propaganda e Informação*, Praia, Agosto de 1957, n.º 95, pp. 16-19.

MIRANDA, Augusto, «Em prol da Língua Portuguesa», in *Notícias de Cabo Verde*, S. Vicente, 15 de Setembro de 1937, n.º 153, pp. 1-2.

MIRANDA, Nuno, «Integração ecuménica em Cabo Verde», in *Estudos Ultramarinos. Revista trimestral do Instituto Superior de Estudos Ultramarinos*, Lisboa, 1959, pp. 89-92.

MIRANDA, Nuno, «Em Cabo Verde – Tempo ilhéu», in *Panorama. Revista Portuguesa de Arte e Turismo*, Lisboa, SNI, 1968, IV série, n.º 39, pp. 25-29.

MONTEIRO, Armindo, e CASTRO, João, «O pensamento imperial português. Dois notáveis discursos que traduzem duas opiniões sobre a reorganização do Estado Nacional», in *África*, Lisboa, 7 de Junho de 1932, n.º 8, pp. 4-5.

MONTEIRO, Armindo, «Os portugueses na colonização contemporânea», in *Boletim Geral das Colónias*, Maio de 1933, n.º 95, pp. 3-21.

MONTEIRO, Armindo, «O Mundo Português», in *O Mundo Português*, Lisboa, Edição da Agência-Geral das Colónias e do Secretariado de Propaganda Nacional, 1934, Vol. I, pp. 1-6.

MONTEIRO, Félix, «O que Sua Excelência o Presidente do Conselho nos perguntou sobre Cabo Verde», in *Cabo Verde – Boletim de Propaganda e Informação*, Praia, Março de 1952, n.º 30.

MONTEIRO, Guilherme de Ayala «O grande futuro de Cabo Verde», in *Jornal da Europa*, 22 de Abril de 1928, 3.º Número especial, 2.ª Série, p. 7.

MONTEIRO, Macedo, «Problemas de Cabo Verde», in *Boletim da Agência-Geral das Colónias*, Agosto de 1928, n.º 38, pp. 200-201.

MONTEIRO, Silva, «Obras, palavras não servem», in *Revista Colonial*, Lisboa, Fevereiro de 1916, n.º 38, pp. 39-40.

MORAIS, Mário de, «Ilhas do Sol e da Morna», in *O Mundo Português*, 1935, vol. II, n.º 2, pp. 199-202.

MÚRIAS, Manuel, «A Viagem do Chefe de Estado a S. Tomé e Príncipe e a Angola», in *O Mundo Português*, 1938, vol. V, pp. 423-426.

MÚRIAS, Manuel, *Cabo Verde. Memória breve*. Lisboa: Agência-Geral das Colónias, 1939.

OLIVEIRA, José Osório de, «A alma caboverdeana», in *Jornal da Europa*, 22 de Abril de 1928, 3.º Número especial, 2.ª Série, p. 18.

OLIVEIRA, José Osório de, «As ilhas adjacentes de Cabo Verde I», in *Seara Nova*, 28 de Junho de 1928, n.º 123.

OLIVEIRA, José Osório de, «As ilhas adjacentes de Cabo Verde II», in *Seara Nova*, 12 de Julho de 1928, n.º 124, pp. 71-76.

OLIVEIRA, José Osório de, «A Mestiçagem. Esboço de uma opinião favorável», in *O Mundo Português*, 1934, vol. I, pp. 367-369.

OLIVEIRA, José Osório de, «A suposta inferioridade do mestiço», in *O Mundo Português*, 1939, vol. VI, pp. 57-60.

OLIVEIRA, José Osório de, «A verdadeira literatura portuguesa. Conferência que devia ter sido dita no Brasil», in *Nação Portuguesa*, Lisboa, 1926, n.º 11, pp. 471-478.

OLIVEIRA, José Osório de, «A elegia dum povo», in *O Mundo Português*, 1939, vol. VI, pp. 375-376.

OLIVEIRA, José Osório de, «A literatura Cabo-Verdiana é uma realidade», in *Cabo Verde – Boletim de Propaganda e Informação*, Praia, Dezembro de 1951, Ano III, n.º 27, pp. 29-30.

OLIVEIRA, José Osório de, *As Ilhas Portuguesas de Cabo Verde*, Campanha Nacional de Educação para Adultos, 1955.

ORION (Eugénio Tavares?), «Emigração», in *A Voz de Cabo Verde*, Praia, 15 de Maio de 1912, p. 2.

PACHECO, Fernando Assis, «Claridade: Número 9 (Dezembro de 1960)», in *Vértice*, Abril de 1961, vol. XXI, n.º 211, pp. 280-281.

PARREIRA, Carlos, «Cabo Verde na 'Sala Algarve' da Sociedade de Geografia», in *O Mundo Português*, 1939, vol. VI, pp. 147-149.

PASCOAES, Teixeira de, «Renascença», in *A Águia*, Porto, Janeiro de 1912, n.º 1, pp. 1-3.

PASCOAES, Teixeira de, *A arte de ser português*. Lisboa: Assírio & Alvim, 1998.

PATTEE, Richard, «A Província de Cabo Verde», in *Cabo Verde – Boletim de Propaganda e Informação*, Praia, Março de 1958, n.º 102, pp. 7-9.

PATTEE, Richard, *Portugal em África. Impressões e reflexões de viagem pela África Portuguesa.* Lisboa; Agência-Geral do Ultramar, 1959.

PATTEE, Richard, *Portugal na África Contemporânea.* Lisboa: Junta de Investigações do Ultramar, 1971-1974, 3 vols.

PEDRO, António, «Cabo Verde. Notas da viagem presidencial», in *O Mundo Português*, 1939, vol. VI, pp. 449-452.

PENHA GARCIA, Conde de, «Semana das Colónias de 1934», in *Boletim da Sociedade de Geografia de Lisboa*, Maio e Junho de 1934, Série 52.ª, n.ºs 5 e 6, pp. 214-223.

«Primeira visita oficial de sua Excelência o Governador a S. Vicente», in *Cabo Verde – Boletim de Propaganda e Informação*, Praia, Março de 1954, n.º 54, pp. 25-28.

QUENTAL, Antero de, *Causas da Decadência dos Povos Peninsulares*. Lisboa: Guimarães Editores, 2001.

QUINTINHA, Julião *África Misteriosa. Crónicas e impressões duma viagem jornalística nas Colónias da África Portuguesa.* Lisboa: Nunes de Carvalho, 1931.

RAPOSO, Hipólito, «Luanda Mulata (excerto)», in *Nação Portuguesa*, Lisboa, 1925, 3.ª série, n.º 4, pp. 181-185.

RAPOSO, Hipólito, «Luanda Mulata», in *Ana a Kalunga (Os filhos do mar)*, Lisboa, Ottosgráfica, 1926, pp. 35-58.

RIBAS, Tomás, «Introdução ao estudo das danças de Cabo Verde. Tentativa de compreensão de um fenómeno de cultura luso-tropical», in *Garcia de Orta*, 1961, vol. 9, n.º 1, pp. 115-121.

RIBEIRO, Juliano, «Rota Imperial», in *Boletim Geral das Colónias*, Lisboa, Novembro 1939, n.º 173, pp. 639-693.

RIBEIRO, Orlando, *A Ilha do Fogo e as suas erupções*. Lisboa: Comissão Nacional para as Comemorações dos Descobrimentos Portugueses, 1997.

RIBEIRO, Orlando, *Goa em 1956. Relatório ao Governo*. Lisboa: Comissão Nacional para as Comemorações dos Descobrimentos Portugueses, 1999.

ROÇADAS, Carlos Alves, «Recomecemos», in *Cabo Verde – Boletim de Propaganda e Informação*, Praia, Outubro de 1949, n.º 1, p. 2.

ROCHA, Hugo, «O exotismo na Exposição Colonial», in *Ultramar. Órgão oficial da Exposição Colonial*, Porto, Fevereiro de 1934, n.º 1, pp. 1-2.

ROCHA, Hugo, «Poemas Exóticos», in *O Mundo Português*, 1940, vol. VII, pp. 19-26.

RODRIGUES, Luís Nuno, «Missão impossível. O Plano Anderson e a Questão Colonial Portuguesa em 1965», in *Relações Internacionais*, Lisboa, 2004, n.º 2, p. 99-112.

RODRIGUES, Manuel Sarmento, «Harmonia racial e expansão económica na África Portuguesa», in *Cabo Verde – Boletim de Propaganda e Informação*, Praia, Abril de 1956, n.º 79, pp. 23-24.

ROMANO, Luís, *Cabo Verde. Renascença de uma Civilização no Atlântico Médio*. Lisboa: Edição da Revista *Ocidente*, 1970.

ROSS, Eduardo Alsworth, *Relatório sobre o trabalho indígena na África Portuguesa*. Luanda: Imprensa Nacional, 1925.

«Salazar», in *Cabo Verde – Boletim de Propaganda e Informação*, Praia, Abril de 1953, n.º 43, p. 2.

SALAZAR, António Oliveira, «Discurso de S Ex.ª o Presidente do Conselho às Comissões Políticas da União Nacional», in *Boletim Geral das Colónias*, 1951, n.º 172, p. 307, pp. 3-22.

SALAZAR, António Oliveira, *O Ultramar Português e a O. N. U.* Discurso proferido por sua Excelência o Presidente do Conselho, Prof. Doutor Oliveira Salazar, na Sessão Extraordinária da Assembleia Nacional, em 30 de Junho de 1961. Lisboa: SNI, 1961.

SALDANHA, Machado, «Cabo Verde na Exposição Colonial», in *Ultramar. Órgão Oficial da Exposição Colonial*, Porto, n.º 9, 1 de Junho de 1934, p. 1.

S. Tomé e Príncipe – pequena monografia, Lisboa, Agência-Geral do Ultramar, 1964, s. a.

SARMENTO, Alexandre *Cabo Verde,* «Sentinela Lusíada no Atlântico», in *Ultramar*, Abril-Junho 1961, Ano X, vol. X, n.º 39, pp. 87-91.

SARTRE, Jean-Paul, *Orphée Noire*, préface in *Anthologie de la nouvelle poésie nègre et malgache de Langue Française*. Paris: PUF, 1948.

SENA, Jorge de, «A Ilha que perdeu o Equador», in *O Mundo Português*, 1944, vol. XI, pp. 181-184.

SÉRGIO, António, «Prefácio», in *O mundo que o Português criou*, Lisboa, Livros do Brasil, 1940, pp. 9-27.

SILVEIRA, Onésimo, *Consciencialização da literatura caboverdiana*. Lisboa: Edição da Casa dos Estudantes do Império, 1963.

SILVEIRA, Pedro «Um escritor que continua vivo», in *Seara Nova*, Outubro de 1968, n.º 1476.

SOUSA, Henrique Teixeira de, «Da *Claridade* à *Certeza*», in *Certeza «Folha da Academia»*, S. Vicente, 1944, n.º 2, pp. 4 e 6.

SOUSA, Henrique Teixeira de, «Uma visita desejada», in *Cabo Verde – Boletim de Propaganda e Informação*, Praia, Dezembro de 1951, n.º 27, pp. 31-32.

SOUSA, Henrique Teixeira de, «Será o caboverdeano indolente», in *Cabo Verde – Boletim de Propaganda e Informação*, Praia, Novembro de 1952, n.º 38, pp. 25-28.

SOUSA, Luís de «O sentido da 'morna'», in *Jornal da Europa*, 22 de Abril de 1928, 3.º Número especial, 2.ª Série, p. 15.

SPENCER, Maria Helena, «O que pensa de Cabo Verde e da sua gente o Provincial da Congregação do Espírito Santo», in *Cabo Verde – Boletim de Propaganda e Informação*, Praia, Abril de 1954, n.º 55, pp. 9-12.

SPENCER, Maria Helena, «Aqui Cabo Verde», in *Revista d'Aquém e d'Além mar*, 1955, n.º 60, p. 12.

SPENCER, Maria Helena, «Terra e a gente de Cabo Verde estudadas por estrangeiros ilustres», in *Cabo Verde – Boletim de Propaganda e Informação*, Praia, Outubro de 1958, n.º 109, pp. 23-24.

TENREIRO, Francisco, *Ilha de Nome Santo*. Coimbra: Portugália, 1942.

TENREIRO, Francisco, «Cabo Verde: esquema de uma evolução conjunta», in *Cabo Verde – Boletim de Propaganda e Informação*, Praia, Janeiro de 1956, n.º 76, pp. 12-15.

TENREIRO, Francisco, «Acerca do diálogo entre a Europa e a África Negra», in *Estudos*, Coimbra, 1959, Fascs. II-III, pp. 2-20.

TENREIRO, José, *A Ilha de São Tomé*. Lisboa: Memória da Junta de Investigações do Ultramar, 1961.

TERRY, Luís, «O Destino Histórico de Portugal», in *O Mundo Português*, 1935, vol. II, pp. 313-314.

VALE, Leopoldo Carlos Carvalho do, e BASTOS, Manuel Alarcão Ferreira, «Dois depoimentos sobre Cabo Verde», in *Cabo Verde – Boletim de Propaganda e Informação*, Praia, Maio de 1951, n.º 20, pp. 2-4.

VIEIRA, António, «Carta do Padre António Vieira escripta de Cabo Verde ao padre confessor de sua alteza, indo arribado aquele Estado», in *Cabo Verde – Boletim de Propaganda e Informação*, Praia, Agosto de 1951, n.º 23, pp. 11-12.

Z. Z., «Cabo Verde», in *Vida Colonial. Jornal de Propaganda e Informação Colonial*, Lisboa, Maio de 1935, n.º 1, p. 10.

Bibliografia

ALBUQUERQUE, Luís de, «O Descobrimento das Ilhas de Cabo Verde», in Maria Emília Madeira Santos e Luís de Albuquerque (coord.), *História Geral de Cabo Verde*. Lisboa-Praia: Instituto de Investigação Científica Tropical, Instituto Nacional de Investigação Cultural, 2001, 1.º vol., pp. 23-39.

ALBUQUERQUE, Luís de, e SANTOS, Maria Emília Madeira (coord.), *História Geral de Cabo Verde*. Lisboa-Praia: Instituto de Investigação Científica Tropical, Instituto Nacional de Investigação Cultural, 2001-2002, 3 vols.

ALMEIDA, Fabrice d', *Images et Propagande*. Firenze: Casterman – Giunti, 1998.

ALMEIDA, Miguel Vale de, *Um mar da cor da terra. Raça, cultura e política da identidade*. Oeiras: Celta Editora, 2000.

ANDERSON, Benedict *Comunidades Imaginadas*. Lisboa: Edições 70, 2005.

ANDRADE, Mário Pinto de, *Origens do Nacionalismo Africano. Continuidade e ruptura nos movimentos unitários emergentes da luta contra a dominação colonial Portuguesa (1911-1961)*. Lisboa: Publicações Dom Quixote, 1997.

ANJOS, José Carlos Gomes dos *Intelectuais, literatura e poder em Cabo Verde*. Porto Alegre – Praia: Universidade Federal do Rio Grande do Sul do Brasil – Instituto Nacional de Investigação e Patrimónios Culturais de Cabo Verde, 2002.

ANTUNES, José Freire, *O Império com Pés de Barro*. Lisboa: Publicações D. Quixote, 1980.

ANTUNES, José Freire, *Kennedy e Salazar. O leão e a raposa*. Lisboa: Difusão Cultural, 1991.

ANTUNES, José Freire, *Nixon e Caetano. Promessas e abandono*. Lisboa: Difusão Cultural, 1992.

AREIAS, Laura, *Ilhas riqueza, ilhas miséria. Uma expressão literária da insularidade num triângulo atlântico lusófono*. Lisboa: Novo Imbondeiro, 2002.

BERNAND, Carmen «Impérialismes Ibériques», in Marc Ferro, *Le livre noir du colonialisme*. Paris: Éditions Robert Laffont, 2003, pp. 180-236.

BOISSEL, Jean, *Victor Courtet (1813-1867) premier théoricien de la hiérarchie des races*. Paris: PUF, 1972.

BOXER, Carl, *Relações Raciais no Império Colonial Português (1415-1825)*. Porto: Afrontamento, 1977.

BOXER, Carl, *O Império Colonial Português*. Lisboa: Edições 70, 1981.

BRANDÃO, Raul, *Os Pescadores*. Porto: Porto Editora, 2003.

BRITO-SEMEDO, Manuel, *A construção da identidade nacional. Análise da imprensa entre 1877 e 1975*. Praia: Instituto da Biblioteca Nacional e do Livro, 2006.

CABECINHAS, Rosa, e CUNHA, Luís, «Colonialismo, identidade nacional e representações do 'Negro'», in *Estudos do Século XX*. Coimbra: Quarteto, 2003, n.º 3, pp. 157-184.

CAHEN, Michel, «À la recherche de la Nation. Le 'Congrès des cadres capverdiens de la diaspora'», in *Lusotopie*. Paris: Éditions Karthala, 1995, n.º 2, pp. 69-74.

CARDOSO, Gaudino José Tavares, *Questões de poder, autoridade e legitimidade em Cabo Verde. Análise Histórica e Antropológica*. Porto: Edição do Autor, 2001.

CARREIRA, António, *Cabo Verde. Classes sociais, estrutura familiar, migrações*. Lisboa: Ulmeiro, 1977.

CARREIRA, António, *Estudos de economia Caboverdiana*. Lisboa: Imprensa Nacional, 1982.

CARREIRA, António, *Cabo Verde. Formação e Extinção de uma Sociedade Escravocrata (1460-1878)*. Praia: Instituto de Promoção Cultural, 2000.

CARVALHO, João Carlos de, *Ciência e alteridade na literatura de viagens. Estudo de processos retóricos e hermenêuticos*. Lisboa: Edições Colibri, 2003.

CASTELO, Cláudia, *«O modo português de estar no mundo»*. Porto: Edições Afrontamento, 1999.

CATROGA, Fernando, «História e Ciências Sociais em Oliveira Martins», in *História da História em Portugal*. Temas e Debates, 1998, pp. 137-185.

CATROGA, Fernando, «A História Começou a Oriente», in Ana Maria Rodrigues (coord.), *O Orientalismo em Portugal (séculos XVI-XX)*. Lisboa: Comissão Nacional para a Comemoração dos Descobrimentos Portugueses, 1999, pp. 197-239.

CATROGA, Fernando, *Caminhos do Fim da História*. Coimbra: Quarteto, 2003.

CERRONE, Frederico, *Cabo Verde, cruzamento do Atlântico Sul*. Mindelo: Edição Rádio Nova, 1998.

CLARENCE-SMITH, Gervase, *O Terceiro Império Português (1825-1975)*. Lisboa: Teorema, 1990.

CRISTOVÃO, Fernando de, (coord.), *Condicionantes Culturais da Literatura de Viagens – Estudos e Bibliografias*. Lisboa: Edições Cosmos, Centro de Literaturas de Expressão Portuguesa da Universidade de Lisboa, 1999.

CRISTOVÃO, Fernando de, (coord.), *O Olhar do Viajante. Dos navegadores aos exploradores*. Coimbra: Almedina, 2003.

DAVEAU, Suzanne, «A 'Missão de Geografia da Índia' na obra científica de Orlando Ribeiro», in RIBEIRO, Orlando, *Goa em 1956. Relatório ao Governo*. Lisboa: Comissão Nacional para as Comemorações dos Descobrimentos Portugueses, 1999, pp. 25-36.

DAVIDSON, Basil, *No fist is big enough to hide the sky. The liberation of Guine and Cape Verde. Aspects of an African Revolution*. London: Zed Books, 1984.

DAVIDSON, Basil, *As Ilhas Afortunadas. Um estudo sobre a África em transformação*. Lisboa: Editorial Caminho, 1988.

DELGADO, Alexandre, *A Sinfonia em Portugal*. Lisboa: Editorial Caminho, 2002.

FALCÃO, Ana Maria, NASCIMENTO, Maria Teresa e LEAL, Maria Luísa (org.), *Literatura de viagem, narrativa, história, mito - Colóquio de Literatura*. Lisboa: Edições Cosmos, 1997.

FARIA, António, *Linha estreita de liberdade. A Casa dos Estudantes do Império*. Lisboa: Edições Colibri, 1997.

ELIADE, Mircea, *O Mito do Eterno Retorno*. Lisboa: Edições 70, 1993.

FERNANDES, Gabriel, *A diluição da África*. Florianópolis: Universidade Federal de Santa Catarina, 2002.

FERREIRA, Manuel, «Prefácio», in *Claridade - edição fac-similada*. Linda-a-Velha: Edições Manuel Ferreira, 1986, pp. XIX-XCIX.

FERREIRA, Manuel, *No Reino de Caliban I. Antologia panorâmica da poesia africana de expressão portuguesa*. Amadora: Plátano Editora, 1997.

FERRO, Marc, *Le livre noir du colonialisme*. Paris: Éditions Robert Laffont, 2003.

FERRONHA, Luís (coord.), *O Confronto do Olhar. O encontro dos povos na Época das Navegações Portuguesas*. Lisboa: Editorial Caminho, 1991.

FILHO, João Lopes, *Cabo Verde. Subsídios para um levantamento cultural*. Lisboa: Plátano, 1982.

FILHO, João Lopes, *Contribuição para o estudo da cultura cabo-verdiana*. Lisboa: Ulmeiro, 1983.

FILHO, João Lopes, *Defesa do património sócio-cultural de Cabo Verde*. Lisboa: Ulmeiro, 1985.

FILHO, João Lopes, *Cabo Verde. Retalhos do quotidiano*. Lisboa: Editorial Caminho, 1995.

FILHO, João Lopes, *Introdução à cultura cabo-verdiana*, Praia, 2003.

FONTES, Francisco (org.), *Tchuba na Desert. Antologia do conto inédito caboverdiano*. Coimbra: Saúde em Português, 2006.

FURTADO, Cláudio Alves, *A transformação das estruturas agrárias numa sociedade em mudança - Santiago, Cabo Verde*. Praia: Instituto Caboverdiano do Livro e do Disco, 1993.

GALLO, Donato, *O Saber Português. Antropologia e Colonialismo*. Lisboa: Heptágono, 1988.

GARCIA, José Luís Lima, «A Ideia de Império na Propaganda do Estado Novo», in *Revista de História das Ideias*, Coimbra, 1992, vol. 14, pp. 411-423.

GARCIA, José Luís Lima, *A História do* Boletim da Agência-Geral das Colónias/Boletim Geral do Ultramar *e a propaganda colonial. A acção do primeiro Director, Dr. Armando Cortesão (1924-1932)*. Guarda: Instituto Politécnico da Guarda, 1997.

GELLNER, Ernest, *Nações e Nacionalismos*. Lisboa: Gradiva, 1993.

GUIMARÃES, José António Nobre Marques, *A difusão do nativismo em África. Cabo Verde e Angola, séculos XIX e XX*. Tese de Mestrado em História de África. Universidade de Lisboa. Lisboa, 2002.

HAMMOND, Richard, *Portugal and Africa (1815-1910). A study in uneconomic Imperialism*. Stanford: Stanford University Press, 1966.

HENRIQUES, Isabel, Castro *São Tomé e Príncipe - a invenção de uma sociedade*. Lisboa: Vega, 2000.

HOBSBAWM, Eric, *A Questão do Nacionalismo, nações e nacionalismo desde 1780*. Lisboa: Terramar, 1998.

HORTA, José da Silva, «A imagem do Africano pelos portugueses antes dos contactos», in António Luís Ferronha (coord.), *O Confronto do Olhar. O encontro dos povos na época das Navegações Portuguesas*. Lisboa: Editorial Caminho, 1991, pp. 43-64.

HORTA, José da Silva, «A representação do africano na literatura de viagens, do Senegal à Serra Leoa (1453-1508)», in *Maré Liberum*, 1991, n.º 2, pp. 209-338.

HORTA, José da Silva, «O Africano: produção textual e representações (séculos XV-XVII)», in Fernando Cristovão (coord.), *Condicionantes Culturais da Literatura de Viagens - Estudos e Bibliografias*, Lisboa, Edições Cosmos, Centro de Literaturas de Expressão Portuguesa da Universidade de Lisboa, 1999.

KI-ZERBO, Joseph, *História da África Negra*. Mem Martins: Publicações Europa-América, 1999-2002, 2 vols.

LAGARTO, Mariana, «Cabo Verde, descobrimento do arquipélago de», in *Dicionário de História dos Descobrimentos Portugueses*, dir. de Luís de Albuquerque, Círculo de Leitores, Lisboa, 1994, pp. 148-152.

LAPLANTINE, François, e NOUSS, Alexis, *A Mestiçagem*. Lisboa: Instituto Piaget, s. d.

LARANJEIRA, José Luís Pires, *Literaturas africanas de expressão portuguesa*. Lisboa: Universidade Aberta, 1995.

LE BOM, Gustav, *Psicologia das Multidões*. Mem Martins: Publicações Europa-América, s. d.

LESOURD, Michel, «Insularismes et développement en République du Cap-Vert», in *Lusotopie*. Paris: Éditions Karthala, 1994, n.º 1, pp. 113-133.

LOPES, José Vicente, *Cabo Verde. Os Bastidores da independência*. Praia-Mindelo: Instituto Camões, Centro Cultural do Mindelo, 1996.

LOPES, José Vicente, *Cabo Verde, as causas da independência*. Praia: Editora Spleen, 2003.

LOURENÇO, Eduardo, *Nós e a Europa ou as duas razões*. Lisboa: Imprensa Nacional, 1994.

LOURENÇO, Eduardo, *O Labirinto da Saudade*. Lisboa: Gradiva, 2004.

LÖWITH, Karl, *O Sentido da História*. Lisboa: Edições 70, 1991.

LUCAS, Maria Manuela, «A Ideia Colonial em Portugal (1875-1914)», in *Revista de História das Ideias*, Coimbra, 1992, vol. 14, pp. 297-324.

MASSA, Jean-Michel, «Heurs et malheurs de Gilberto Freyre en Guinée Portugaise et au Cap-Vert», in *Lusotopie*. Paris: Éditions Karthala, 1997, n.º 4, pp. 227-236.

MACQUEEN, Norrie, «As Guerras Coloniais», in ROSAS, Fernando, e OLIVEIRA, Pedro Aires (coord.), *A Transição Falhada. O Marcelismo e o Fim do Estado Novo (1968-1974)*. Lisboa: Círculo de Leitores, 2004, pp. 263-300.

MARGARIDO, Alfredo, «Pour une histoire des géopolitiques culturelles des îles du Cap-Vert», in *Lusotopie*. Paris: Éditions Karthala, 1994, Nº 1, pp. 103-112.

MATA, Inocência, *Emergência e Existência de uma Literatura: o caso santomense*, Linda-a-Velha, ALAC, 1993.

MEDINA, João, *Salazar, Hitler e Franco. Estudos sobre Salazar e a Ditadura*. Lisboa: Livros Horizonte, 2000.

MEDINA, João, *Portuguesismo(s)*. Lisboa: Centro de História da Universidade de Lisboa, 2007.

MIKKELI, Heikki *Europa, Storia di un'ideia e di un'identità*. Bologna: Società Editrice il Mulino, 2002.

MOREIRA, Adriano e VENÂNCIO, José Carlos (org.), *Luso-tropicalismo. Uma teoria social em questão*. Lisboa: Vega, 2000.

NETO, Sérgio, «Para o Estudo da 'Estética Oficial' do Estado Novo - Os prémios de teatro 'Gil Vicente' do SPN/SNI (1935-1949)», in revista *Estudos do Século XX*. Coimbra: Quarteto, 2001, n.º 1, pp. 117-155.

NETO, Sérgio, «Cabo-verdianidade e luso-tropicalismo. Duas visões de Cabo Verde em tempos de Estado Novo», in *Estudos do Século XX*. Coimbra: Quarteto, 2003, n.º 3, pp. 289-321.

OLIVEIRA, João Nobre de, *A Imprensa Cabo-verdiana (1820-1975)*. Macau: Fundação Macau, 2002.

PÉLISSIER, René, *História das Campanhas de Angola. Resistência e Revoltas (1845-1941)*. Lisboa: Editorial Estampa, 1997, 2 vols.

PEREIRA, Ana Leonor *Darwin em Portugal. Filosofia, História, Engenharia Social*. Coimbra: Almedina, 2001.

PEREIRA, Aristides, *Uma luta, um partido, dois países. Guiné Bissau, Cabo Verde*. Lisboa: Editorial Notícias, 2002.

PEREIRA, Carlos Lopes, *Alguns aspectos da Resistência Cabo-Verdiana através de Meio Século de Imprensa (1911-1961)*. Lisboa: Departamento de História da Universidade de Lisboa, 1985.

PEREIRA, José Augusto, «A economia de Cabo Verde no contexto do Estado Novo (1940-1960)», in *Ler História*. Lisboa: ISCTE, 2004, n.º 47, pp. 55-79.

PICCHIO, Luciana Stegnano, *Mar Aberto. Viagens dos Portugueses*. Lisboa: Editorial Caminho, 1999.

PIMENTA, Fernando, *Brancos de Angola. Autonomismo e Nacionalismo (1900-1961)*. Coimbra: Minerva, 2005.

PIZARROSO QUINTERO, Alejandro, *História da Propaganda*. Lisboa: Planeta Editora.

POLIAKOV, Léon, *O Mito Ariano: ensaio sobre as fontes do racismo e dos nacionalismos*. S. Paulo: Editora Perspectiva, 1985.

REAL, Miguel, *Portugal. Ser e Representação*. Lisboa: Difel, 1998.

READER, John, *África. Biografia de um continente*. Mem Martins: Publicações Europa-América, 2002.

RIBEIRO, Orlando, *A ilha do Fogo e as suas erupções*. Lisboa: Comissão Nacional para as Comemorações dos Descobrimentos Portugueses, 1997.

RODRIGUES, Moacyr, e LOBO, Isabel, *A Morna na Literatura tradicional. Fonte para o estudo histórico-literário e a sua repercussão na sociedade*. Praia: Instituto Caboverdiano do Livro e do Disco, 1996.

ROMAINE, Suzanne *Pidgin and Creole Languages*. London and New York: Longman, 1993.

ROSAS, Fernando, «Estado Novo, Império e ideologia imperial», in *Revista de História das Ideias*, Coimbra, vol. 17 - «Do Estado Novo ao 25 de Abril» - II, 1994, pp. 19-32.

SAID, Edward, *Orientalismo*. Lisboa: Edições Cotovia, 2004.

SAINT-MAURICE, Anne de, *Identidades Reconstruídas - Cabo-Verdianos em Portugal*. Oeiras: Celta Editora, 1997.

SANTOS, Joaquim António Fernandes dos, *Do Império da Raça à «Raça do Império». Etnicidade e Colonialismo (1870-1914)*. Dissertação de Mestrado em História Contemporânea apresentada à Faculdade de Letras da Universidade de Coimbra, 2002 (policopiado).

SENGHOR, Léopold Sédar, *Lusitanidade e Negritude*. Lisboa: Academia das Ciências de Lisboa, 1975.

SILVA, António Correia e, *Nos Tempos do Porto Grande do Mindelo*. Praia-Mindelo: Centro Cultural Português, 1998.

SILVA, Alveno Figueiredo e, *Aspectos político-sociais na música de Cabo Verde do século XX*. Praia-Mindelo: Centro Cultural Português, 2003.

SILVESTRE, Osvaldo «A Aventura Crioula Revisitada. Versões do *Atlântico Negro* em Gilberto Freyre, Baltasar Lopes e Manuel Ferreira», in BUESCU, Helena Carvalhão e SANCHES, Manuela Ribeiro, *Literatura e Viagens Pós-Coloniais*. Lisboa: Edições Colibri, 2002, pp. 63-103.

SMITH, Anthony, *The ethnic origins of nations*. Cambridge: Blackwell, 1993.

SMITH, Anthony, *Nacionalismo y Modernidad*. Madrid: Ediciones Istmo, 2000.

SMITH, Anthony, *Nacionalismo*. Lisboa: Editorial Teorema, 2006.

SOUSA, Julião Soares, «Os movimentos unitários anti-colonialistas (1954-1960). O contributo de Amílcar Cabral», in *Estudos do Século XX*. Coimbra: Quarteto, 2003, n.º 3, pp. 323-349.

STOCKER, Maria Manuela, *Xeque-mate a Goa*. Lisboa: Temas e Debates, 2005.

THOMSON, Oliver, *Uma História da Propaganda*. Lisboa: Temas e Debates, 2000.

TINHORÃO, José Ramos, *Fado. Dança do Brasil, cantar de Lisboa. O fim de um mito*. Lisboa: Editorial Caminho, 1994.

TORGAL, Luís Reis, «Cinema e Propaganda no Estado Novo - 'A Conversão dos Descrentes'», in *Revista de História das Ideias*, vol. 18, 1996, pp. 277-337.

TORGAL, Luís Reis, «'Literatura Oficial' no Estado Novo. Os Prémios Literários do SPN/SNI», in *Revista de História das Ideias*. Coimbra: FLUC, 1999, pp. 401-420.

TORGAL, Luís Reis, «'Muitas Raças, uma Nação' ou o mito do Portugal multirracial na 'Europa' do Estado Novo», in *Estudos do Século XX*. Coimbra: Quarteto, 2002, n.º 2, pp. 147-165.

VEIGA, Manuel (coord.), *Cabo Verde. Insularidade e Literatura*. Paris: Éditions Karthala, 1998.

WILENSKY, Alfredo Héctor, *Tendencias de la Legislación Ultramarina Portuguesa en África*. Braga: Editora Pax, 1968.